科技创新与制度创新
"双轮驱动"研究

罗小芳 卢现祥 ◎ 著

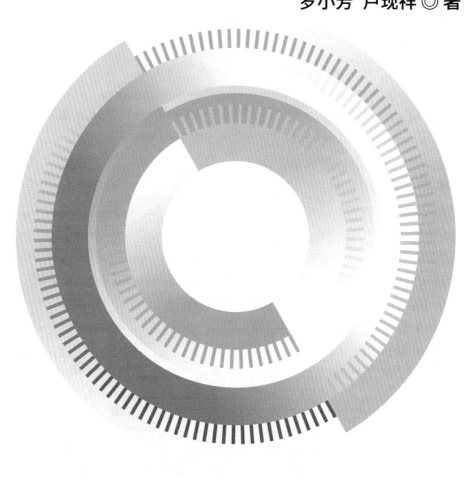

中国财经出版传媒集团

经济科学出版社
Economic Science Press

图书在版编目(CIP)数据

科技创新与制度创新"双轮驱动"研究/罗小芳,
卢现祥著. — 北京:经济科学出版社,2023.6
ISBN 978 - 7 - 5218 - 4826 - 7

Ⅰ.①科…　Ⅱ.①罗…②卢…　Ⅲ.①技术革新 - 研
究 - 中国　Ⅳ.①F124.3

中国国家版本馆 CIP 数据核字(2023)第 101052 号

责任编辑:白留杰　杨晓莹
责任校对:李　建
责任印制:张佳裕

科技创新与制度创新"双轮驱动"研究
罗小芳　卢现祥　著
经济科学出版社出版、发行　新华书店经销
社址:北京市海淀区阜成路甲 28 号　邮编:100142
教材分社电话:010 - 88191309　发行部电话:010 - 88191522
网址:www. esp. com. cn
电子邮箱:bailiujie518@ 126. com
天猫网店:经济科学出版社旗舰店
网址:http://jjkxcbs. tmall. com
北京密兴印刷有限公司印装
710×1000　16 开　17.25 印张　270000 字
2023 年 6 月第 1 版　2023 年 6 月第 1 次印刷
ISBN 978 - 7 - 5218 - 4826 - 7　定价:72.00 元
(图书出现印装问题,本社负责调换。电话:010 - 88191545)
(版权所有　侵权必究　打击盗版　举报热线:010 - 88191661
QQ:2242791300　营销中心电话:010 - 88191537
电子邮箱:dbts@ esp. com. cn)

目　录

Contents

>   >   >   >   > ·   >

引言：何谓科技创新与
制度创新"双轮驱动"

党的二十大报告提出，必须坚持"创新是第一动力"。21世纪以来，全球科技创新进入空前密集活跃期，新一轮科技革命和产业变革突飞猛进，全球经济结构正在重塑，各主要国家纷纷把科技创新作为国际战略博弈的主战场。创新是多方面的，包括理论创新、制度创新、科技创新、文化创新等。坚持创新在我国现代化建设全局中的核心地位，既要重视科技创新，也要重视与生产关系有关的制度创新，还要重视理论创新、文化创新等，坚持科技创新和制度创新"双轮驱动"，着力解决谁来创新、如何激发创新动力等问题①。

为什么要坚持科技创新和制度创新"双轮驱动"？创新从来不单纯是技术的创新，创新非常重要的部分是制度创新。中国改革开放前30年取得相当大的成绩，其中最大的成绩是制度。所谓制度创新，核心是废弃过去约束的制度，建立有利于创新的包容性制度。技术创新成本高、风险大，一定需要制度的基本条件。早在二三十年前，诺贝尔奖获得者卢卡斯就指出，世界上有不发达经济的原因都是因为制度，除非那些地方永远有严重的自然灾害，永远有严重的疾病。从发展中国家变成发达国家，一定先是制度上的创新。为什么一些经济体表现出令人瞩目的技术创造能力，而多数经济体却没有？莫基尔发现，如果一个社会想要在技术上具有创造力，其必须满足以下三方面的条件：第一，该社会必须存在具有创造能力、足智多谋的革新者队伍。这些革新者出于自身进步的需要，愿意并且能够向周围环境发起挑战。第二，

① 陈劲.创新是第一动力［N］.人民日报，2023-01-13.

经济制度和社会制度必须鼓励潜在的革新者，为革新者构造适当的激励结构。这些激励部分是经济性的，如果革新者能够预期变得富有，则更有利于技术创造力的形成。当然，非经济激励可能也是重要的，例如诺贝尔奖、声望等无形的荣誉等，这些非经济激励同样对成功的革新者具有奖励作用。第三，该社会需要具备多样性和宽容性。在每一个社会中都存在倾向于维持现状的所谓的稳定性力量，其中有些势力是为了保护既得利益，如果引入革新的话，这些既得利益就可能受到损害，技术革新必须克服这些阻碍力量①。

中国式现代化必须强调科技创新和制度创新"双轮驱动"。如前所述，科技创新和制度创新"双轮驱动"就是要解决谁来创新、如何激发创新动力等问题，从而促进我国经济高质量发展。莫基尔注意到，早在 1400 年以前的数百年里，中国在技术上的发展势头曾经令人惊叹，其发展速度甚至高于欧洲。然而，中国没有能够维持其技术上的优势。他认为技术进步的社会成本及其变化导致了中国的技术发展呈现倒 U 型。他所说的"技术进步的社会成本及其变化"问题就是一个制度层面的问题。这里的制度是指两个层面的，一是制度层面；二是组织层面。制度是社会游戏的规则，是人们创造的、用以约束人们相互交流行为的框架。如果说制度是社会游戏的规则，组织就是社会玩游戏的角色。组织是由一定目标所组成，用以解决一定问题的人群。制度是游戏规则，而"组织是游戏人"，是为了实现共同目标而结合到一起的群体。赫伯特·西蒙说，组织是指群体内人们交流的复杂模式和其他关系。该模式给群体中每个人提供了决策所需的大量信息、假设、目标和态度，同时也给他提供了关于群体内其他人所作所为和别人对自己言行的反应的一系列稳定和可理解的预期。诺思把组织区分为两种类型，一种是黏合型组织，特征是成员间有自我实施的、激励相容的协议。这类组织不依赖于第三方来实施其内部协议，一个黏合型组织成员间的合作，必须是在任何时点上，对所有成员都是激励相容的。华为企业文化的核心是"艰苦奋斗"。艰苦奋斗是20 世纪五六十年代的价值观，而在今天这样一个消费主义的时代，华为近 15

---

① 高鸿鹰，潘建伟，乔尔·莫基尔对经济增长历史起源与动力研究的贡献——科睿唯安"引文桂冠"经济学奖得主学术贡献评介 [J]. 经济学动态，2022（8）.

万名员工，而以"80后"为主，为什么能形成艰苦奋斗的文化？他们怎么会信奉艰苦奋斗的精神？这也要归功于制度设计。华为的制度设计是"高效率、高压力、高工资"，从招聘、待遇、晋升到淘汰，所有的制度设计都围绕着"奋斗"这一主题展开，围绕着保证奋斗者的利益最大化而展开，有责任心和有才能的人会不断进入公司的中坚层。在激励方面，华为采取的是"1+1"的机制，即薪酬由工资、奖金和股票分红收入三部分构成。在华为高速发展期，内部股分红高达70%。在这种机制下，员工工作的目的就不仅仅是为了拿到基本工资。奖金使得员工有了主动提高自己绩效的动机，而股票红利使得员工会主动关注企业的整体业绩。员工的个人利益和企业的整体利益紧紧地联系在一起，员工和企业形成了利益和命运共同体。华为由此被打造成一个奋斗者的平台，奋斗由此也就变成了员工自觉、自发的行为，从而推动着公司的迅速发展。二是契约型组织，这种组织需要合同的第三方实施，并需要在成员间签订激励相容协议。

从制度层面讲科技创新与制度创新"双轮驱动"。这可分为两个层面，第一层面是我国通过科技创新与制度创新"双轮驱动"建立起世界制造业大国。早期依赖苏联的援助开启工业化进程，随后开始独立自主的社会主义经济探索，期间虽然经历了一些挫折，但始终坚持学习和模仿国外先进的工业化模式，实现追赶目标。从学习和引进苏联的技术设备，到学习模仿德国、美国、日本等西方发达国家的工业模式，将工业化不断推向新的高度，最终建立起独立完整的工业体系，成长为世界制造业大国，为未来的经济转型和制造业强国建设奠定了坚实基础。无论是在计划经济体制时期，还是改革开放后的市场经济体制时期，我国都存在科技创新与制度创新"双轮驱动"的问题。只是在计划经济体制时期，我国的科技创新及技术引进主要是学习和追赶苏联。与此相适应，制度和体制也是计划经济的，即制度创新层面的。这种"双轮驱动"的路径依赖还影响着我国的创新。

第二层面是如何通过科技创新与制度创新"双轮驱动"建立起世界制造业强国。改革开放后，我国的科技创新及技术引进主要是学习和追赶欧美（包括日本）国家，与此相关的是制度创新方面并没有完全欧美化，制度创新方面是把计划经济时期的一些制度进行改革，引进了一些欧美国家具体的经济制度。在这两个阶段我国都是作为后发国家。国富、国穷不在于"先天"要素禀赋、比较优势或地理的差异,而在于"后天"创新能力差异(Erik S. Reinert,2008)。客观而言,后发国家的发展基础条件和内外部环境较发达国家更加复杂,某种层面决定了后发国家的经济增长和转型要更加缓慢。其中涉及两个问题:一是杨小凯曾提出的制度变革与后发劣势的问题,即后发国家不能仅依靠技术学习和模仿,必须同步进行制度变革,否则会处于落后阶段,并不能达到更高水平的增长;二是林毅夫提出的经济发展与制度改革的阶段性,即后发国家先通过技术引进和市场开放获得后发优势,具备了比较好的经济基础再择机推动改革,二者不必然同步,而是依据实践发展条件随机应变,更具有弹性。实证角度看,一些后发国家逐渐认识到后发优势与后发劣势的相对性,即在学习和模仿发达国家的过程中更加注重本土化实践。杨小凯强调后发国家科技创新和制度创新应该双轮驱动,而林毅夫则主张科技创新这个轮子可先驱动,而后再制度创新轮子驱动。

俄裔美国经济史学家亚历山大·格申克龙(Gerschenkron,1962)在总结了德国、意大利、俄罗斯等在19世纪开始的工业化国家追赶成功的经验基础上,提出后发优势理论,即通过现有的成功案例、可复制的经济模式以及经验来取得短期内的成功,至少在某种程度上改变现状,改善贫穷和落后的局面。格申克龙指出,后发国家引进先进国家的技术和设备可以节约科研费用和时间,快速培养本国人才,利用发达国家的成熟技术或者直接引进成套设备可以跳过研发阶段,为发展大规模工业化奠定了基础。杨小凯(2001)指出,中国20世纪80~90年代令人瞩目的增长绩效主要归功于它落后的起始发展水平和模仿新的出口导向型工业化模式的新机会。由此可见,过去后发国家依赖发达国家技术引进和模仿学习的路径已经出现了各种挑战。在全球产业链重构的大背景下,越来越多的发达国家开始重塑产业链供应链,导致后发国家在国际贸易中的地位"岌岌可危",而短期内又很难在芯片、集成电路、半导体、新材料等高科技创新领域实现创新,后发国家的优势产业也面临创新停滞和衰退风险。同时,一些发展迅速的后发国家内部的产业升级较慢,全要素生产率偏低,体制机制层面的障碍增加,演变为后发劣势。因此,后发国家除了加强本土技术创新外,还应从制度创新层面花大力气,寻求新的突破,否则很难保持比较稳定的经济增速。"对发展中国家来说,最重要的创新是制度创新，或者更确切地说是制度改革，这是全面创新的基本条件。全面创新包含技术创新，不顾制度条件和经济发展水平，以行政方式、政府主导方式，强推技术创新，不但有巨大风险，而且会制造风险，可能把风险制造得很大。制度创造的核心是改革和建造市场制度、法治制度、政府制度[①]。"

从组织层面研究科技创新与制度创新"双轮驱动"。我们把创新的组织分为政府主导的自上而下的组织模式与市场主导的自下而上的组织模式。下面我们从科技创新的四个问题入手来比较这两种组织模式的优势与不足。

第一，是创新者为什么创新，动力是什么？是内源性创新还是外在性创新？中国的外在性创新比较多，制度环境还难以让创新者去创新。自上而下组织模式下的创新是政府通过产业政策、补贴、财政支持、税收减免等方式让创新者去创新；而自下而上组织模式下的创新是来自市场、市场需求，以及创新者对机会的把握。

第二，谁能创新。可能有一万人、十万人，甚至一百万人都说自己创新，在他们中间谁能创新？谁真的想创新？怎么选择？不同的创新组织模式在决定谁能创新上是不一样的。如前所述，自下而上的创新组织模式在谁能创新上是由市场即人才市场决定的，是非人格化的选择方式。而自上而下的创新组织模式则需要挑选赢家。近年来，我国出台了多种高端人才计划，但不少高校的"重金引才"效果并不理想。

第三，创新什么？创新方向是什么？创新什么由谁决定？第二次世界大战后，美国、苏联都在大力发展半导体研究，但在发展过程中苏联计划优先选择了微电子器件，而没有选择半导体器件；在半导体里面其优先权也是在氧化铜，而不是在硅。为什么会产生优先权的判定？因为苏联的举国体制，集体讨论决定了重点发展方向。这是一种自上而下的创新组织模式。而在美国没有人做决定，不同的实验室选择不同的道路进行研发，而这些研发都是有风险的，都是个人行为。创新什么是进入无人区，要与组织模式配合。

---

① 许成钢在 2016 年 9 月 12 日由《比较》、北京大学法学院、北京大学市场与网络经济研究中心、北京大学知识产权学院联合主办的"知识产权与创新论坛"上的发言。

　　自上而下的创新组织模式在技术模仿追赶、创新目标明确时是有优势的。但是,其局限性表现在:一是在无目标时,创新阶段的委托代理问题愈发严重。创新既然是一种"创造性破坏",也就是很难从既有规则获得可借鉴经验。没有学习的榜样,决策主体也就丧失了信息优势,方向选择变得无法确定。在此情况下,上级给下级的行政指令往往变得模糊不定,继而影响到政策的执行。领先阶段目标的模糊性,使得早期清晰的考核指标荡然无存。行政指导中标准缺失的后果,便是上级对下级的监督滑落,政府对企业的掌控失效。创新阶段的委托代理问题愈发严重,滋生政策寻租行为,政策效力不断被腐蚀。二是即便决策主体制定出具体的目标,也面临巨大的失败风险。创新本身高风险的特征就要求分散风险的战略,不能将"所有鸡蛋放在一个篮子里",具体而言就是需要尽可能多的分散试错。然而,产业政策的战略却是集中资源,也就是集风险于一处。这就使得追赶阶段创造竞争力的规模优势,此时成为集聚风险的助推器。随着投入的增加,改变错误决策的可能性越来越小,风险就在一次次投入下,如雪球般越滚越大,直至无法挽回(陈玮,耿曙,2015)。由上述分析可见,国家主导的产业政策原本在追赶阶段,通过集中投入创造的规模优势,到了领先阶段,在扶持创新行为时反而成了赤裸裸的劣势。

　　第四,谁愿意出钱,出谁的钱,赔了怎么办?是自己的钱,还是别人委托的钱,还是用政府的钱,三个不同来源,涉及了不同的激励机制。弗里德曼花钱办事的四种模式理论:一是花自己的钱给自己办事,既讲节约又讲效果——如上街买菜讨价还价;二是花自己的钱给别人办事,只讲节约不讲效果——如到医院看病人买礼物;三是花别人的钱给自己办事,只讲效果不讲节约;四是花别人的钱给别人办事,不讲节约也不讲效果。自下而上的创新组织模式主要是花自己的钱给自己办事,而自上而下的创新组织模式是花别人的钱给别人办事。

　　美国主要是一种自下而上的创新组织模式。换言之,美国创新的投资主要是来自企业和个人。那么政府投资于创新的钱是自上而下的创新组织模式吗?这是的,但是美国政府把政府投资于创新的钱变成了"花别人(政府)的钱给自己(企业)办事",这个不同于我国政府投资于创新的钱是一种"花别人(政府)的钱给别人(政府)办事"。这里举两个例子说明一下:一个例子是《美国创新简史》^① 一书中讲道，美国政府主导的公共研发投入和科技研究促进了科技进步，政府的前瞻性科技投入成为很多规模巨大产业的源头，并且扶持了其早期的增长。书中举了一些非常直接的数据，就以半导体产业为例，在 1949～1958 年，贝尔实验室半导体研究预算的 25% 由美国军方资助。从 20 世纪 50 年代末到 70 年代初，国防部资助了近一半的半导体研发经费。在 20 世纪 70 年代的美国，游戏机和个人使用的微型计算机陆续出现并且开始在个人消费者市场爆发式增长，因此极大地带动了芯片的销售，于是民用市场接棒成为美国半导体技术研发经费的主要来源，极大地推动了芯片产业的发展。该书作者把美国国立卫生研究院这个机构称为创新机器。2010～2016 年，美国食品药品监督管理局（FDA）批准的 210 种新药中，全部有美国国立卫生研究院的研究资助，这表明美国政府实际上在大量资助私人企业的科技研发。2016 年有 11.5 万篇论文中提及了美国国立卫生研究院的支持。第二个例子，美国政府还承担了风险投资的角色，尽管私人资本的风险投资在美国非常发达，但美国政府同样大量地资助初创科技企业的发展。1982 年的小企业创新研究项目（SBIR）是由美国联邦政府支持私营研发的最大计划，通常只有 10% 的小企业申请者能够获得资金。它分为两个阶段，第一阶段给予 15 万美元的赠款，用于前 9 个月的概念验证工作；第二阶段是在第一阶段之后的两年给予 100 万美元的赠款。这个项目有同行评议流程用于确保项目的可行性，同时政府的资金投入可以极大地弥补那些私人风险资本投入的不足，尽管项目金额并不大，却获得了巨大的成功。实际上第一个获得该项目资金的是人是加里·亨德里克斯，他用这笔资金创建了著名的赛门铁克软件公司。另一个知名的早期案例是，小企业创新研究项目在 1987 年资助了高通公司，当时这家芯片公司只有 35 名员工，而如今已经成长为拥有数万名员工的全球前十大芯片巨头。这表明，政府打造一个具有品牌效力的小企业资助项目，承担起对小企业进行风险投资的任务，是非常有帮助的，不仅仅是本身资金的帮助，也有利于小企业吸引其他的私人资本。

　　本书从微观层面、中观层面及宏观层面探讨我国经济发展中科技创新和制度创新的"双轮驱动"及双轮驱动的不充分、不协调问题。在企业层面，

---

① 乔纳森·格鲁伯. 美国创新简史 [M]. 北京：中信出版集团，2021（4）.

坚持企业的创新主体地位,增强企业技术创新能力,鼓励企业参与基础研究和核心技术攻关,突破高端制造壁垒,打造国际品牌。在中观层面,在区域层面,要凝聚区域内企业、科研院所,建设区域科技创新生态,推动区域创新体系建设;在产业层面,要完善产业创新体系,加速创新链、价值链、产业链的融合,构筑新型产业集群;在宏观层面,在国家层面,关键是构筑具有全球竞争力的开放创新生态。构筑多层次科技创新体制机制,提高国家科技创新体系的整体效能要从国家、区域、产业、企业、高校、科研机构等多层面、多主体协同来完善科技创新体制机制。

一、微观层面的科技创新与制度创新"双轮驱动"

工业革命为什么首先发生在英国,为什么发生在 18 世纪?莫基尔及其合作者认为英国有效地处理了两方面的关系:一方面,强大稳定的英国保持了力量、财富和中央政府的稳定;另一方面,经济转型推动工业技术进步和商业自由,从而逐渐摆脱了重商主义的束缚。于是,出现了既相互分离又相互联系的两部分内容:一是技术优势,英国的发明者更加具有竞争力,且企业能够更好地应用其他地方的发明;二是制度优势,其鼓励有才能和足智多谋的个人以充分利用技术进步所提供的机遇。也就是说,到了 18 世纪,英国的社会环境已经开始超越机会主义对技术潜力可能形成的阻碍。莫基尔进一步注意到,伴随着英国工业革命,工厂制度导致了消费地(家庭)和生产地(工厂或办公室)的相互分离。他从生产知识库分割的视角分析了工厂系统出现的原因,并对这种分离进行了解释。微观层面主要讲企业作为创新主体的科技创新与制度创新的关系。

第一章企业创新影响因素及其作用机制。企业创新是提升企业、地区乃至国家核心竞争力的关键。本章对影响企业创新的研究进展进行了梳理,首先阐述了基本财务特征、治理结构特征、管理者特征,以及获取与利用资源特征等微观因素影响企业创新的作用机理;然后介绍了市场竞争和金融发展作用于企业创新的传导机制;接着分析了宏观因素中制度环境与政府扶持对企业创新的影响渠道;最后构建了企业创新影响因素作用机理的整合模型,并对未来研究进行了展望。熊彼特在谈及他的创新理论时，特别强调两个群体的作用：一是具有冒险精神的企业家；二是愿意提供资金的资本家，但他很少强调技术的作用。金融体系对创新的支持不足是我们的一大短板。不要以为有了创业板，有了中小板，就意味着我们对创新支持的金融体系很健全。事实上，中小微企业的创新，需要一个金融的支持体系。中小微企业的融资问题，需要专门的机构。在我们国家，像微众银行这样专门为中小微企业服务的金融机构太少了，而大的金融机构又不愿意为中小微企业服务，这导致长期以来为中小微企业服务的金融似乎沦为了慈善和政策的被动行为。

中国缺乏支撑创新的一整套制度体系，特别是在金融支持方面严重不足。创新是一整套的制度安排，并非仅仅属于科技和技术领域。欧美等国之所以能够成为创新经济体，创新源源不断，一个根本原因是建立起一整套为创新服务的制度体系，我们把这套体系称为国家创新体系。例如，在金融方面，如何支持创新，这不是一时的政策，而是一整套的制度体系。我们对金融的重要性明显认识不够。有些人总是认为，创新就是技术的事，但过去多年的经验告诉我们，在金融等制度体系没有发生根本转变的情况下，无论在技术层面如何努力，都不可能成为真正的创新经济体。英国能够最早爆发工业革命，是英国在金融领域率先有了一套支持创新的制度安排。国外的股票价格对创新非常敏感，如果一家企业有了技术突破，即使产品还没生产出来，股价就开始大涨了，所以创新才更加有动力，因为新技术就意味着更高的收益。

第二章强化企业创新主体地位，提升企业技术创新能力。《中共中央关于制定国民经济和社会发展第十四个五年规划和二〇三五年远景目标的建议》（以下简称《建议》）第三部分"坚持创新驱动发展，全面塑造发展新优势"中指出，提升企业技术创新能力。强化企业创新主体地位，促进各类创新要素向企业集聚。推进产学研深度融合，支持企业牵头组建创新联合体，承担国家重大科技项目。发挥企业家在技术创新中的重要作用，鼓励企业加大研发投入，对企业投入基础研究实行税收优惠。发挥大企业引领支撑作用，支持创新型中小微企业成长为创新重要发源地，加强共性技术平台建设，推动产业链上中下游、大中小企业融通创新。深入探讨"十四五"规划关于提升企业技术创新能力的重要阐述，有助于我们深刻理解和把握"强化企业创新主体地位，提升企业技术创新能力"的基本内涵与重大意义，提高我国科技体制改革与创新政策实施的时效性与精准性。

企业在我国创新主体地位的确立不是一蹴而就的，关于企业创新主体地位的研究亦不断丰富。张振海（2006）指出，要想在我国构建企业为主体的技术创新体系，把处于技术创新上游位置的高校最新科研成果与位于下游的市场结合起来是关键。郭树东（2004）认为，我国在建立以企业为主体的创新体系过程中存在以下不足：一是科技创新体系中要素匹配存在失衡；二是市场机制还不够完善导致各创新要素不能充分发挥作用；三是政府行为存在缺位、错位及越位。谢科范（2008）利用博弈模型对比分析了国内外科技创新体系中的政府行为，其结论支持了政府在企业为主体的创新体系中存在着缺位、错位及越位现象的观点。谢科范和陈刚（2010）运用定量分析方法研究了阻碍企业在技术创新体系中成为主体的各种因素，认为激励障碍和保健障碍是潜在障碍因子。陈云（2011）提出企业成为技术创新主体表现在，企业是技术创新投入主体、技术创新活动主体及科技成果转化主体。卢现祥（2020）提出企业成为创新主体的关键在于动力机制。企业的创新动力机制分为内源性与外源性两种。对中国而言，要实现外源性动力机制向内源性动力机制的转变，首要的是进一步深化要素市场化改革。

提升我国企业技术创新能力研究涉及几个重大问题需要进一步研究：第一，突破性技术创新少，偏数量创新而创新质量不高，这与企业创新能力是什么有关。第二，2013 年，全国共投入研究与试验发展经费 11846.6 亿元。这些大量的研发投入中 74% 来自公共经济部门，但是这些投入能否转化为提高中国经济附加值和生产力的创新，这个问题值得深入研究。第三，在早期大多数模仿依赖作为创新能力的基础，中国非常善于通过多种方法采纳和模仿技术，如通过 FDI、技术准入以及海外技术的获得等。能否成功地获得和吸收更先进的技术或者进入高附加值的科技领域取决于提供必要转化能力的社会技术条件（Lewin et al.，2016）。因此，研究企业创新能力必须与我国创新的方式、组织方式等联系起来。

党的二十大继续强调创新在我国现代化建设全局中的核心地位，但在加快实施创新驱动发展战略方面，对企业的定位前所未有，加强企业主导的产学研深度融合，强化企业科技创新主体地位，发挥科技型骨干企业引领支撑作用，优化国家科研机构、高水平研究型大学、科技领军企业定位和布局。

企业主导、主体地位、引领支撑、科技领军企业与国家科研机构以及高水平研究型大学并列，这些论述是创新驱动发展国家战略的经验总结，也反映了新时代创新驱动发展的新特点。

第三章知识溢出、知识产权保护与企业创新。知识溢出、知识产权保护通过知识的外部性、产权化创新成果，在企业创新活动中发挥着重要的激励作用。基于此，本书以知识溢出作为中介变量对知识产权保护影响企业创新的传导机制进行了分析，并利用中国企业2005～2013年省级面板数据对知识溢出的中介效应进行了详尽的实证检验。研究发现，知识产权保护水平的提升能促进企业创新；同时，知识产权保护畅通知识溢出通道，加强知识产权保护能提高知识溢出水平；知识产权保护水平能通过促进知识溢出而激励企业创新，即知识溢出对知识产权保护促进企业创新存在显著的中介效应，且在不同知识产权指标衡量下，以2005～2007年企业微观数据为样本时均具有稳健性。进一步的实证研究还发现，知识溢出、知识产权保护对企业创新的影响因企业技术水平的不同存在差异，离技术前沿越近企业的创新活动受知识溢出的影响越小、受知识产权保护的影响越大，离技术前沿越远企业的创新活动受知识溢出的影响越大、受知识产权保护的影响越小。

二、中观层面的科技创新与制度创新"双轮驱动"

中观层面重点分析加入政府产业政策和地方政府后的中国科技创新与制度创新"双轮驱动"。从国家体系（中观）视角分析创新，无论是区域（地方）视角还是产业视角，其基本逻辑与企业视角和国家视角其实是一致的，都是要分析科技创新与制度创新的"双轮驱动"。

第四章产业政策和产业补贴政策。本章从产业政策的制定动机、中外产业政策的比较研究与产业补贴政策的制度困境这三个方面，梳理了现有文献在产业政策尤其是产业补贴政策动机、方式、效果方面的研究。现阶段的研究更多地关注到"如何有效实施产业政策"，通过中外产业政策的比较研究认识到体制、制度及非人际关系化交换方式的构建是影响产业政策效果的重要因素。通过产业政策及产业补贴政策对交易成本的影响、制度适应性效率的高低及政策实施方式的效果进行归纳发现，产业政策及产业补贴政策对创新与竞争方面既有积极影响也有消极影响，这就形成了产业补贴政策的制度困境。同样的产业政策及产业补贴政策产生不同结果的原因在于体制和制度。因此，研究产业政策及产业补贴政策要重视体制和制度因素。

中国继续保持高质量发展，需实现"再工业化"，这一过程需要大量科技创新，而作为科技创新"总开关"的基础研究投入尤为关键。2021 年，我国 R&D 经费投入总量为 2.8 万亿元，占我国 GDP 比重为 2.44%，但是其中只有1817 亿元用于基础研究，占 R&D 总量仅为 6.5%。而这一数字在美国为17.2%，在法国更是高达 25%。党的二十大报告明确提出，要集聚力量进行原创性引领性科技攻关，坚决打赢关键核心技术攻坚战。通过发行特别国债所获得的资金，可以大量且长期投资于基础研究领域。根据过去 20 年我国 R&D 经费投入 18% 的增速计算，未来五年要使基础研究投入占比达到 10%，从而更接近美国等发达国家的水平，需要 2.36 万亿元的资金投入。因此，建议特别国债的资金也可以大规模投资于基础研究，为中国式现代化打下坚实的科技基础。

要想发力智能手机、新能源汽车、半导体、光伏、液晶面板这些先进制造业，门槛极高，除了引进外资，还需要政府持续的投入，包括补贴、贷款、基础设施建设等。中国过去 10 年主要依靠地方政府发债和卖地的方式解决这些资金来源，印度目前看还没有找到有效的融资方式。过度依赖外资从拉美和东南亚的教训看，外资的快进快出对于发展中的经济体来说伤害很大。

全球已形成壁垒分明现代化"生态位"，"中等收入陷阱"的背后是后发国家产业升级路径被锁定。相对于欧美发达国家通过早期工业革命和海外殖民掠夺完成原始积累，"亚洲四小龙"及其他后发式现代化以发挥劳动力、土地、资源等低成本生产要素和引进技术、管理等外源性生产要素实现经济赶超。然而，当后发国家产业发展到临界点，或因国内矛盾激化而走向福利赶超或政策摇摆，或受困于生产要素成本上升而耗尽比较优势，或遭遇先发国家贸易、科技等制裁而丧失后发优势，或被迫接受开放市场和金融自由化而转让垄断性/优势性企业股权（如三星、台积电等），允许国际资本自由流动"收割财富"。换言之，后发式现代化不仅要克服阻碍比较优势和后发优势释放的国内矛盾，同时也要探索突破先发国家对产业升级外围锁定的可行路径。

第五章生产性服务业集聚与制造业企业技术创新。本章运用 2005 ~ 2017 年 31 个省份 2715 家制造业企业技术创新数据，从微观层面研究生产性服务业集聚对技术创新的空间溢出效应。通过研究发现，生产性服务业专业化集聚对本地区制造业企业技术创新的影响呈现 U 型特征，对邻近地区制造业企业技术创新呈现倒 U 型影响特征；生产性服务业多样化集聚与本地区以及邻近地区制造业企业技术创新均具有倒 U 型非线性关系；另外，市场规模的扩大，政府支持力度的加强，技术创新基础设施建设的完善以及环境规制规范均有利于制造业核心技术的创新。本文为提高制造业企业技术创新水平提供了有力的经验支撑。

许多经济学家和企业家并不觉得美国丧失制造业是一件需要引以为憾的事。他们认为，美国的经济发展模式更多地以服务业、生产知识和创新为导向。然而，创新与生产之间存在着本质上的内在联系。美国国内研发支出的一半以上都流向了制造业，而且正如十多年前英特尔首席执行官安迪·葛洛夫（Andrew Grove）所言，创新的关键环节是随着新技术从产品原型投入规模量产而发生的"规模化"。但由于制造业大规模迁往海外，这种"规模化"在美国国内出现得越来越少。葛洛夫哀叹道，"缺乏'规模化'，我们不仅将失去工作机会，还将丢失对新技术的掌握，最终摧毁我们的创新能力。"

第六章我国高技术产业技术创新路径与技术创新效率。本章运用 1998 ~ 2012 年中国高技术产业 5 大行业 15 个细分行业的面板数据，构建超越对数随机前沿生产函数模型，将技术创新过程分解为技术研发与技术成果转化两个阶段，实证分析了自主创新、国内技术购买、国外技术引进与外资研发四种技术创新路径对技术创新效率的影响。研究结果表明，我国高技术产业的四种技术创新路径与技术创新效率之间并不完全是简单的线性关系，自主创新、国内技术购买、外资研发与技术创新效率之间存在 U 型或倒 U 型关系；自主研发有利于提高技术创新效率，而且在技术创新过程中采用多种技术途径相结合的方式比单纯依赖一种技术方式的效率更高。

我们虽然在政策层面似乎非常重视创新，但事实上，中国产业发展的主要逻辑之一是以低成本出口为导向，中国相当一部分产业的发展是以成本而不是以创新作为核心竞争力，这使得中国的产业结构还处在低端的水平。制造业总体处在全球价值链的中低端，出口竞争力主要依赖于生产要素的低成本，产品档次偏低，标准水平和可靠性不高，高品质、高附加值的产品不足。由于缺乏全球知名品牌或核心技术，中国的高技术产品出口超过一半都是由外资企业的产品贡献，从高技术产品中获得的收益非常低。例如，中国是苹果手机的最大生产和出口基地，但中国从苹果手机获得的收益不超过售价的3%。

党的十八大以来，我们深入实施创新驱动发展战略，运用"加减乘除法"推动经济结构调整，培育壮大新兴产业，产业加快向价值链中高端迈进，制造业基础更加稳固。近年来，航空航天、电子通信、新能源、新材料等产业发展迅猛，充电桩、光伏电池、移动通信基站设备等新能源、新动能产品蓬勃发展，高铁、核电等重大装备竞争力居世界前列；高技术制造业和装备制造业持续增长，2022年高技术制造业增加值对规模以上工业增长的贡献率达32.4%；数字经济广泛渗透，现代服务业与先进制造业、现代农业融合步伐加快，个性化定制生产、协同研发制造、工业互联网等快速兴起，产业数字化、智能化、绿色化水平持续提升，2021年我国数字经济规模占GDP比重达39.8%；加快推进科技自立自强，实施产业基础再造工程，一些关键核心技术实现突破，产业体系更加自主可控和安全可靠。

第七章数字经济、就业与收入增长。近年来，数字经济增长迅猛，给经济社会带来了深刻的影响。本章旨在研究中国数字经济对劳动收入增长的影响，采用"纵横向"拉开差距法测算了中国30个省份的数字经济综合指数，以中国家庭追踪调查（CFPS）数据为样本，实证研究了数字经济与劳动收入的关系，并对就业的中介效应进行检验。研究结果发现，中国东部地区数字经济水平最高，但中部、西部及东北地区均未达到全国平均水平，整体而言中国数字经济综合指数水平仍然较低。数字经济能够提高劳动收入，对不同收入群体的收入增长均有促进作用，对低收入群体的劳动收入提升作用更大，数字经济的收入效应在教育、地区两个变量上具有异质性影响，就业作为中介变量提高劳动者收入的影响机制是显著的。研究表明，中国数字经济的发展对提高劳动收入具有重大意义，有利于缩小收入差距，表现出普惠性、偏向劳动的特征。

第八章地方市场分割与技术创新。一国产业发展主要取决于两大因素：一是产权保护；二是市场规模。多年来，中国政府一直致力于建设国内一体化市场。然而，地方的市场分割贸易壁垒始终存在，各地政府在科技研发的补贴政策、购买政策、技术标准、市场准入等方面设置了一定的壁垒。地方贸易壁垒主要表现在地方政府对区际间的要素流动和商品贸易给予不合理的行政性干预上，市场分割的形成并不全都是由于人为因素所致，也有可能是空间隔断、产品属性等自然因素影响而产生。虽然中国市场分割程度总体上有下降的趋势，但近几年市场分割程度有所上升，研究发现市场分割对技术创新存在负向影响，地方市场分割不利于技术创新；政府消费支出比重、国有经济比重对技术创新存在负向影响，而人均受教育年限、人均收入对技术创新有正向影响。为了提高产业技术创新能力，政府在不断增加 R&D 经费投入的同时，应该协同制度创新，破除地方保护，坚持不懈地推进全国一体化市场的建设，减少政府干预，完善产权保护，增加国民的教育投资，建立起中国经济创新驱动发展的长效机制。

三、宏观层面的科技创新与制度创新"双轮驱动"

第九章提升我国技术创新能力。科技创新的关键是如何提高科技创新能力的问题。本章从技术创新能力取决于技术创新与制度创新的有效互动机制建立视角来分析我国技术创新能力问题。缺乏有利于技术创新能力提高的制度支撑成为制约我国技术创新能力提升的瓶颈。从制度层面来看，制度是促进技术创新的激励机制；制度是促进技术创新的组织构架；制度及组织的创新可以降低技术创新的交易成本。因此提升我国技术创新能力要从建立有效的科技体制、完善组织形式及制度安排入手。

改革开放 40 多年来，我国通过创新体制机制，利用较低的要素成本，引进、消化和吸收国外先进经验、管理理念和前沿技术，在提高发展水平和经济效率的同时也带来了资源的过度消耗和环境的持续恶化。在推进经济高质量发展的背景下，资源环境的约束不断提高，加之要素低成本优势逐步消失，以创新为驱动的发展模式成为我国经济发展的核心动力。创新发展注重的是解决发展动力问题。我国作为 GDP 排名在世界第二的经济体，致命弱点就是科技的整体水平较低并且其无法成为经济发展的支柱，我国经济增长中源于科技的贡献比例远远低于欧美等先进国家。在全球掀起科技革命浪潮之时，只有大力推进科技创新，寻求新的经济动能，才能从根本上提升中国经济在世界的竞争力。对我国这么大体量的经济体来讲，如果动力问题解决不好，要实现经济持续健康发展和"两个翻番"是难以做到的。

进一步完善科技创新体系应该从理论、制度、科技、文化等方面入手，重视创新和各领域专业人士的重要力量，将创新作为发展的重中之重，只有这样才能真正在实际工作中落实创新并不断发扬和推广。加强和完善党对科技工作统一领导是健全新型举国体制的核心要义，在我国社会主义市场经济体制下，要充分发挥制度优势，强化科技创新的国家战略力量，进一步优化创新资源的配置，突出国家科研机构、高水平研究型大学和科技领军企业在国家创新战略中的核心地位和战略布局。要构建社会主义市场经济条件下关键核心技术攻关新型举国体制，把集中力量办大事的制度优势、超大规模的市场优势同发挥市场在资源配置中的决定性作用结合起来，以健全国家实验室体系为抓手，加快建设跨学科、大协作、高强度的协同创新基础平台，强化国家战略科技力量。

深化科技体制改革，加大多元化科技投入，要加大基础研究投入，出台鼓励支持基础研究、独立创新的政策，促进企业、高等院校、研究机构之间的对接与协同，优化科技创新成果评价与转化机制，推动产业升级。发挥好政府在创新发展中的作用至关重要。一是进一步简政放权，破除影响创新的制度性障碍，优化营商环境，降低创新门槛。二是提供充分的政策保障，加强知识产权保护，构建产权清晰、权责明确的知识产权保护体系，坚决打击一切侵权行为。三是建立良性的激励机制，给予创新企业必要的政策扶持和优惠。坚持创新发展，在关键领域、"卡脖子"的地方下大工夫，加快实现发展的动能转换。四是健全风险投资市场，畅通创新融资渠道，充分发挥市场的筛选机制，激发创新活力和动力。

第十章高质量发展中的创新组织方式转型。我国正在从高速增长转向高质量发展，而高质量发展的关键是创新。改革开放40多年来，中国的高速增长是建立在要素投入和低成本优势基础上的。高质量发展要从要素驱动转变到创新驱动上来。国内关于中国创新与制度的关系分析比较多，但是从组织层面系统分析不够。制度与组织是相互联系的。创新既取决于制度，也取决于组织。制度和组织决定着技术进步。本章从创新的组织层面分析中国创新组织模式转变的问题。中国有利于创新的制度不足和组织缺陷是制约我国创新潜力难以发挥出来的深层次原因。高质量发展必须转变中国创新组织模式，中国创新组织模式从自上而下的组织方式转变到自下而上的组织方式并不仅仅是一个顺序的颠倒，而是一种观念、体制及机制、制度层面的变革。自上而下的创新组织方式不利于推动科技进步和产业升级。

莫基尔认为，制度与创新的相互作用决定了创新产生重大经济效益的可能性。如果没有企业家、风险资本以及培训制造和维护新设备技术人员的学校，新技术将难以迅速扩散。总之，制度影响知识的创造方式和传播方式，从而对知识经济产生影响。莫基尔关于经济增长的起因和动力的历史认识对当今经济发展具有启示意义，首先，技术进步是推动经济增长的重要动力，但是正如新增长理论所论证的那样，导致内生技术进步出现的市场机制是一个关键问题。鼓励竞争的技术市场以及有利于"有用知识"传播的制度和文化是促进内生技术进步的必要条件。其次，经济发展涉及经济、社会、制度和文化等多个方面，不仅是效用增加和经济结构调整，还在很大程度上取决于人的认知和信念以及这些信念如何影响他们的经济行为，也就是说发展最终取决于并表现为人的发展①。

第十一章推进要素市场制度建设。与过去只把土地、资金、劳动力看作生产要素不同，2019 年党的十九届四中全会通过的《中共中央关于坚持和完善中国特色社会主义制度 推进国家治理体系和治理能力现代化若干重大问题的决定》把"知识、技术、管理、数据"也作为生产要素，反映了现代经济中知识、技术、管理、数据等要素对经济增长的贡献越来越重要。要素市场制度是随着市场经济体制的不断发展而逐步建立起来的。推进要素市场制度建设是坚持和完善社会主义基本经济制度的需要；是加快完善社会主义市场经济体制的需要；是高质量发展的需要。我国要素市场制度建设的实质就是通过产权改革使要素由行政配置转变为市场化配置。这个转变涉及三个层面，（1）产权明晰及其制度安排；（2）自主流动有序及价格市场决定；（3）配置

---

① 高鸿鹰，潘建伟. 乔尔·莫基尔对经济增长历史起源与动力研究的贡献——科睿唯安"引文桂冠"经济学奖得主学术贡献评介［J］. 经济学动态，2022（8）.

高效公平。我国要素市场制度建设的难点有两个方面：一是过去只重视要素市场的技术层面建设，并形成了模拟要素市场管理模式，但忽视要素市场制度建设。二是我国是自上而下的制度安排，在基本经济制度和社会主义市场经济体制的基础上建设要素市场的制度安排仍存在一些制约因素。《决定》为克服要素市场制度建设的难点指明了方向。要素市场制度建设有利于推动科技创新与制度创新"双轮驱动"。

最后我们要感谢博士生对本专著部分章节研究的参与，其中第一、二章由卢现祥与李磊合写；第三章由卢现祥与笪琼瑶合写；第四章由卢现祥与尹玉婷合写；第五章由罗小芳与王素素合写；第六章由罗小芳与范新垒合写；第七章由罗小芳与王素素合写；第八章由罗小芳撰写；第九章由罗小芳撰写；第十章由罗小芳与卢现祥合写；第十一章由罗小芳与卢现祥合写。

第一章　企业创新影响因素
及其作用机制

一、引　言

进入新发展阶段，中国企业创新能力不足不再是一个可以"搬过来""绕过去"的问题。一方面，伴随发达国家创新力逐渐"钝化"以及国外技术封锁、持续加码，以技术引进与模仿为特征的"追赶式创新"日渐乏力，自主创新成为提升中国企业核心竞争力的关键所在。另一方面，关键核心技术严重受制于人，对我国产业转型升级、国家总体安全形成严重威胁，所以，提升企业技术创新能力成为实现国民经济和社会发展的必然要求。在此背景下，重新审视企业创新的影响因素及其作用机制，契合了当前加快新旧动能转换与推动经济高质量发展的现实需求。

如何促进企业创新一直是学界关注的热点话题，学者们从不同角度探究了影响企业创新行为的内外部因素。在该领域中，熊彼特（Schumpeter，1942）开创了关于企业规模、市场结构对创新影响的现代研究。凯恩斯主义者主张充分发挥政府的促进作用，以修正市场机制对企业创新的刺激失灵，创新政策由此进入研究视野。随着新制度经济学的兴起，越来越多学者认识到，政府干预并非解决市场失灵问题的"良药"，有效的制度安排为创新活动提供了激励机制，而由正式制度与非正式制度构成的制度环境才是影响企业创新的关键因素。然而，鲁梅尔特（Rumelt，1984）在其开拓性研究中发现，企业的超额利润源于企业内部资源禀赋差异而非外在因素。沿此思路，费格伯格（Fagerberg，2005）亦指出，即使在相似的规模、市场势力以及外部环境下，企业的创新表现仍千差万别，对这些差异的解答还需打开企业的"黑箱"。此后，越来越多学者从公司治理、产权性质等视角分析企业异质性对创新行为的影响（鲁桐，党印，2014；Kang et al.，2018）。从企业创新研究的历时演变看，既有文献沿袭由外到内的研究脉络，从宏观、中观以及微观三个层次考察了企业创新的影响因素，为理解和把握企业创新提供了有益启示。

然而，囿于研究视野或数据的可得性，关于企业创新影响因素的研究，既有文献对影响因素作用机制的梳理往往是局部的或零碎的，难以形成作用机理的完整图景，同时也缺乏对不同层次影响因素作用机理的整体把握，不利于发现和厘清不同影响因素之间的潜在关联。因此，对企业创新的影响因素及其作用机理进行综合梳理与总结，对进一步丰富企业创新研究内容，提升企业技术创新能力均具有一定参考价值。遗憾的是，截至目前，系统总结企业创新影响因素及其作用机理的研究罕见。鉴于此，本书采用文献计量方法遴选出 15 个企业创新研究的热点主题（见表 1-1），结合经典文献与新近研究成果，依次梳理了微观、中观以及宏观层面影响因素对企业创新的作用机理，并对已有研究进行评述与展望，以期完善企业创新的研究蓝图。

表 1-1　　　　　　　　企业创新影响因素的选取

排名前 15 的高频关键词		冯根福（2021）文献统计	本书选取因素	
国外文献	国内文献		关键影响因素	对应层次
absorptive capacity	融资约束	企业规模	企业规模	微观层面
management	政府补贴	企业年龄	融资约束	
strategy	风险承担	负债率	产权性质	
network	市场竞争	产权性质	高管激励	
entrepreneurship	企业规模	现金流	股权结构	
competition	吸收能力	股权结构	企业家精神	
size	知识产权保护	高管激励	政治关联	
resource	股权激励	董事会治理	创新网络	
ownership	政治关联	公司成长性	吸收能力	
policy	产权性质	出口	市场竞争	中观层面
financial performance	税收优惠	政府补贴	金融发展	

续表

排名前15的高频关键词		冯根福（2021）文献统计	本书选取因素	
国外文献	国内文献		关键影响因素	对应层次
trust	金融发展	市场竞争	知识产权保护	
financial constraint	社会信任	产权保护	社会信任	
leadership	网络位置	金融发展	政府补贴	宏观层面
intellectual property right	公司治理	市场化	税收优惠	

资料来源：作者制作整理。

二、影响企业创新的微观因素：企业异质性

企业在资源禀赋、组织结构、治理机制等方面的差异直接影响企业的创新决策与绩效。企业异质性主要涵盖基本财务特征、治理结构特征、管理者特征，以及获取与利用资源特征四个方面。其中，基本财务特征包括企业规模、融资约束及产权性质等；治理结构特征涉及高管激励、股权结构等；管理者特征包含企业家精神、政治关联等；获取与利用资源特征则对应创新网络、吸收能力等。

（一）企业规模、融资约束、产权性质与企业创新

1. 规模不同意味着企业在资源禀赋、组织结构等方面存在差异，不同规模企业的创新表现截然不同。理论上，关于企业规模与创新之间关系的分歧由来已久。以熊彼特为代表的学者认为，大企业在集聚创新要素、承担创新风险、获取创新收益等方面具有显著优势，是技术创新的主要源泉与传播者（Schumpeter，1942；蔡绍洪等，2019）。然而，有学者指出，规模扩张使企业内组织惯性增强，企业内交易成本的快速增加以及对既有市场利益的过分关注，可能导致企业在创新激励、决策和管理等方面出现僵化，进而对企业家精神形成抑制，不利于企业开展创新活动（Shefer & Frenkel，2005；李宇，魏若菡，2018）。相较而言，由于存在较大生存压力，中小企业通常具有更为

灵敏的市场嗅觉及技术嗅觉,创新意愿也更为强烈,同时更为灵活的内部决策机制也有助于提升创新效率,激发创新活力(Ren et al.,2015),因而小企业创新能力更强。

也有一些学者持折中观点,认为不同规模企业在创新方面各有千秋,企业规模和创新活动之间呈倒 U 型关系,这已经在谢尔勒(Scherer,1965)、阿吉翁等(Aghion et al.,2005)的经验研究中得到证实。阿洛卡和凯斯勒(Allocca & Kessler,2006)进一步指出,从动态视角分析企业规模与技术创新之间相互作用,有助于从理论上解释倒 U 型关系的形成机理。延续该文视野,高良谋和李宇(2009)基于动态倒 U 型关系模型的研究发现,倒 U 型关系是组织特征与市场力量共同作用的结果,并由此总结出企业在规模扩张的同时保持创新活力的现实路径。

2. 融资能力也是影响企业创新决策与创新投入的关键因素之一。在完美资本市场中,企业的融资决策不会影响其创新行为。然而,现实资本市场并不完善,加之创新项目具有高度不确定性、高度信息不对称、高调整成本等特征,融资约束对企业创新有显著影响(Himmelberg & Petersen,1994)。在已有文献中,认为融资约束具有抑制作用的观点占据主流地位(张璇等,2017;余明桂等,2019)。原因在于,融资约束导致创新投入不足,企业不得不缩减创新活动,如放弃具有良好前景的创新机会,终止或中断正在进行的创新项目,从而导致创新投资无法实现最优效率(任曙明,吕镯,2014)。

部分学者抱有不同看法,认为适度融资约束有利于企业创新,其理论逻辑可总结为:其一,金融资源约束有利于缓解组织惰性约束,发挥企业家精神引导作用,增加企业家活动并促进对新机会的搜寻(Keupp & Gassmann,2013);其二,融资约束通过减少自由现金流、迫使管理者为更有价值的投资项目提供资金支持,提升企业内部资本配置效率,从而优化创新资源配置(Hovakimian,2011;Bradley et al.,2011);其三,资源约束有助于激发组织或个人的创新活力,提高企业发现与识别创新机会的能力(庄子银等,2020)。基普和加斯曼(Keupp & Gassmann,2013)、特罗伊洛等(Troilo et al.,2014)、马晶梅等(2020)的实证研究也都支持融资约束能够促进企业创新的观点。

3. 不同产权性质的企业在创新资源、制度安排等方面存在差异,其创新表现也相去甚远。从创新资源来看，预算软约束与行政性垄断扭曲了创新要素市场的资源配置，国有企业与非国有企业的资源禀赋存在悬殊差距（刘瑞明，石磊，2011）。一方面，国有企业凭借政治庇佑，以低成本获得大量创新资源，不仅直接挤占了非国有企业创新资源，还导致创新要素价格上升，间接抑制了非国有企业创新（杨治等，2015）。另一方面，预算软约束和行政垄断加剧了国有企业资源冗余，而国有企业往往沉迷于规模扩张而非技术创新（贾根良，李家瑞，2018），加之自身存在的创新效率损失，往往造成大量创新资源浪费（董晓庆等，2014）。就制度安排而言，由于存在多重代理问题，谋取自身利益最大化成为国有企业管理层的首要目标（徐晓萍等，2017）。在高管任免权由政府主导且薪酬受限的情境下，国有企业管理层具有强烈的政治晋升动机，企业家才能也更多地被配置到政治晋升与寻租，而非企业创新（潘健平等，2015）。同时，行政垄断引致的寻租与腐败还会通过"示范效应"扭曲非国有企业的企业家才能配置，降低非国有企业的创新意愿与投入。再者，由于面临更多的政府干预和政策性负担，国有企业的经营目标常与市场导向相背离（Wu，2017）。在多重目标考核作用下，国有企业管理层倾向于规避风险，不愿投资于高风险、高投入的创新活动，甚至为迎合政治需求而减少创新投入（柳卸林等，2021）。此外，在行政垄断作用下市场机制受到明显抑制，依靠不平等竞争保护获得的超额利润使国有企业管理者普遍缺乏创新意愿与动力（王永进，刘灿雷，2016）。

需要指出的是，国有企业在促进创新方面有其独特作用。如贾根良和李家瑞（2018）即指出，既有研究过于强调国有企业的效率损失与政策性负担，对特定行业、特定领域中国有企业在战略控制、组织整合等方面的创新优势关注不足。赵庆（2017）的研究表明，相较非国有企业，国有企业更能促进邻近区域创新效率的提升。叶静怡等（2019）则考察了不同所有制企业的知识溢出效应，发现国有企业不仅缓解了社会创新不足问题，还通过承担大量基础性研究形成知识溢出，促进了非国有企业创新。

（二）高管激励、股权结构与企业创新

高层管理者是企业创新活动的决策主体、执行主体与监督主体，其创新

意愿对企业创新有直接影响。高管激励机制能够有效降低委托代理成本，是促进企业创新的重要制度安排（Currim et al.，2012）。典型的高管激励机制主要包括薪酬激励与股权激励。薪酬激励方面，高额薪酬不仅能够吸引更具企业家才能的管理者，提升企业创新绩效，还可以产生利益驱动效应，抑制委托代理矛盾和高管风险规避行为，增强高管的创新积极性（鲁桐，党印，2014；Coles et al.，2006）。但也有研究指出，薪酬激励服从边际递减规律，且过高薪酬会对企业创新形成侵蚀，因而高管薪酬与企业创新之间呈倒 U 型关系（鲁小东等，2011）。股权激励方面，股权激励将高管自身利益与企业长期利益捆绑，形成共担风险、共享收益的利益趋同，促使其积极参与和监督创新活动，提高企业创新效率（朱德胜，2019）。但是，随着高管持有股份增加，可能导致内部人控制问题，由此产生管理防御效应，对企业创新产生不利影响（Cheng，2004）。在两种效应的共同作用下，股权激励与企业创新可能呈倒 U 型关系（朱德胜，周晓珮，2016；刘婷婷等，2018）。此外，有学者指出，中国企业普遍缺乏完善的激励机制，委托代理问题相对突出，股权激励的长期效应受限，而薪酬激励的短期效果显著（唐清泉，甄丽明，2009；尹美群等，2018）。

股权结构对应企业内部治理的最高层级，股权集中度不同也是企业创新表现产生差异的重要原因。理论上，股权集中度能通过多种渠道促进企业创新，首先，股权集中使企业所有者能够选择富有企业家精神的高层管理者，有利于企业形成创新导向；其次，股权集中可以缓解因监督成本过高而引起的股东"搭便车"问题，加强对高管短视行为的监督，增强高管的创新积极性（肖利平，2016）；再次，股权集中能够降低中小股东对高管施加的短期业绩压力，使高管关注企业长期发展，更多地进行创新投资（鲁桐，党印，2014）；最后，股权集中有助于提升参与决策股东之间的信息传递效率，降低了企业创新的信息成本（朱德胜，周晓珮，2016）。

股权集中程度的提高也可能引发某些问题。如股权过于集中可能诱发大股东通过关联交易等方式损害小股东利益，对企业创新产生负面影响（Shapiro et al.，2015）。又如股权集中度过高意味着大股东可能面临更高的创新风险，导致大股东降低对高风险创新项目的支持程度（杨建君等，2015）。鉴于此，有学者提出，存在一种多个大股东相互制衡、适度集中的理想股权结构，该结构能够有效缓解大股东"一家独大"与中小股东搭便车问题，从而充分发挥股权结构的创新促进效应（朱德胜，周晓珮，2016）。

（三）企业家精神、政治关联与企业创新

企业家精神是一种稀缺的创新要素，在企业创新中扮演着重要角色。熊彼特（Schumpeter，1942）首次将企业家精神引入到经济学范畴，并将企业家精神视为推动"创造性破坏"的重要因素。随后，鲍莫尔（Baumol，1968）在其开创性研究中构建了关于企业家精神的首个微观理论模型，在其后续研究中将企业家精神细分为产出性、非产出性和破坏性三类，并指出生产性企业家精神才是企业创新的源泉（Baumol，1990）。受此启发，学者们从不同角度探究企业家精神促进企业创新的影响渠道，主要可以总结为：一是有助于丰富企业创新知识，提高企业识别和发现创新机会的效率，促使企业敢于承担创新风险，引导企业形成创新导向（McCaffrey，2018）。二是激励企业尝试资源的新组合方式，改善组织创新管理流程，优化企业创新资源配置，提升企业创新效率（潘健平等，2015），在突破性创新方面作用更为显著（庄子银等，2020）。三是促进互补性知识在创新者、企业之间的交换，提高知识变异的发生概率，进而拓宽企业知识基础广度（Audretsch & Keilbach，2004），同时还能够作为知识溢出管道，促进大学、研发机构等创新主体创造的新知识转化为企业创新机会，增加企业的创新知识深度与创新潜在可能性（Audretsch & Keilbach，2010）。此外，企业家精神可以通过优化创新激励机制、增强对高层管理者与研发人员的信任等途径，营造有利于创新的良好氛围，从而调动企业人力资本的创新积极性，促进企业内的互利交流与合作，培育企业创新的内在动力（俞仁智等，2015）。

建立政治关联是企业获得外部资源与产权保护的策略行为，对企业创新行为具有潜在影响。梳理已有研究发现，政治关联主要通过资源效应、产权保护效应以及风险规避效应三种机制，对企业创新产生正向影响。从资源效应上看，建立政治关联有助于企业及时了解政策导向、发现创新机会，为企业获取政策扶持提供便利（王岭等，2019）。另外，政治关联的信号传递效应也使企业更容易获得风险投资与信贷机构的关注，从而缓解企业融资约束

（Kim & Zhang，2016）。从产权保护效应上看，政府是正式产权保护的供给者，有政治关联的企业在产权纠纷中能够得到更多保护，面临的维权成本与创新风险更低（余明桂，潘红波，2008）；同时，政治联系为企业提供了非正式的额外保护，甚至减少合同契约签订方面的约束，由此形成对不完善正式制度的替代（卢现祥，滕宇法，2020）。就风险规避效应而言，具有政治关联的高管凭借其政治影响力，降低了因创新失败而被解雇的风险；有政治关联的企业在遭遇创新失败时，获得政府救助的概率也更高（Cao et al.，2017）。由此，企业对创新失败容忍度与抗风险能力得到显著提升，从事创新活动的积极性也更强（袁建国等，2015）。

（四）创新网络、吸收能力与企业创新

创新网络是开放式创新模式下企业获取外部资源的主要途径。进入 21 世纪后，创新的复杂性与不确定性日益激增，单个企业难以拥有创新所需的全部资源，创新网络的出现与发展为企业获取外部创新资源、开展创新合作提供了新的可能（鲁若愚等，2021）。既有文献认为，创新网络存在着多种影响企业创新的机制：（1）创新是一个持续投入与消耗各种创新要素的过程，创新网络的存在使企业能够以较低成本获取外部知识和资源、掌握市场变化与技术动态，进而增强其创新意愿与绩效（Lowik et al.，2017）。（2）创新网络能够汇聚不同创新主体的互补性知识、技术与资源，弥补企业自身的创新资源不足，拓展企业的知识基础广度，使企业灵活应对市场变化与技术变革，避免陷入能力陷阱（Jugend et al.，2018）。（3）在不确定的技术环境中，创新网络降低了企业筛选优质合作者的搜索成本，降低企业创新失败的风险；同时，通过创新网络开展合作创新，有助于节约企业研发成本、分散企业创新风险（Mei et al.，2019）。（4）创新网络为企业提供更多的创造性知识重组机会，促进了新知识的创造，进而增加企业将外部知识转化为创新的可能性（钱锡红等，2010）。（5）创新网络有利于企业与合作伙伴建立长期稳定的信任关系，降低企业创新的交易成本，进一步促进创新主体之间的知识、技术与资源共享，提升企业创新效率（路畅等，2019）。

吸收能力是企业将外部资源转化为自身创新能力的基础。吸收能力不足

不仅会减弱外部知识的溢出效应，还会导致企业形成对外部知识的刚性需求，逐步丧失自主创新能力（马永军等，2021）。通过增强吸收能力，企业能够在获取外部资源、搜寻创新机会以及建立创新伙伴关系等方面不断积累创新优势，进而提升自身创新能力（刘学元等，2016）。为详细考察吸收能力的作用，学者们对吸收能力进行维度划分。科恩和利文索尔（Cohen & Levinthal，1990）最早构建知识获取、知识同化、知识应用的吸收能力三维度模型。沿此思路，扎赫拉和乔治（Zahra & George，2002）通过引入知识转化将该模型拓展至四维度，而詹森等（Jansen et al.，2005）则以此构建了首个吸收能力四维度量表。基于已有研究，一些学者区分了吸收能力不同维度对企业创新的异质性作用（钱锡红等，2010；刘学元等，2016）：知识获取不仅能够促进企业知识积累，还可以强化企业市场嗅觉，促使企业积极开展创新活动；知识同化则增强了企业新旧知识的内在联系，避免企业陷入能力陷阱，并且有助于提升研发效率，缩短创新周期；知识转化有利于更新企业对创新机会的认知，降低其陷入技术路径依赖的可能性，使企业在能力调整中保持竞争力；知识应用是将知识转变为创新的关键环节，具有较强知识应用能力的企业能够从创新项目中获得更多收益。

此外，有学者提出，网络位置理论强调对外部资源的收集，吸收能力理论则强调对内部资源的处理，将两种理论置于统一分析框架，有助于增进对企业创新行为的理解（Tsai，2001）。受此启发，现有文献从不同角度分析了网络位置与吸收能力对企业创新的影响。一些研究发现，吸收能力对网络位置影响企业创新起到调节作用（钱锡红等，2010；王黎萤等，2021）。也有研究认为，吸收能力在网络位置与企业创新之间发挥中介作用（Ferreras-Méndez et al.，2015；路畅等，2019）。

三、影响企业创新的中观因素：市场异质性

市场异质性对企业创新的影响得到学界广泛关注。一方面，竞争是市场机制的核心，企业的创新活动必然受到市场竞争的影响（夏清华，黄剑，2019）。另一方面，金融是企业技术创新环境的重要部分，金融发展对企业创

新活动有着直接影响（贾俊生等，2017）。因此，在不同市场环境中，企业面临的竞争压力与融资环境存在差异，企业的创新行为也大相径庭。

（一）市场竞争与企业创新

自创新概念被引入经济学以来，市场竞争就被视为影响企业创新的重要因素。然而，无论是理论分析，还是实证检验，市场竞争和创新之间关系仍存争议。熊彼特（Schumpeter，1942）在其开创性研究中强调了垄断利润对企业创新的重要作用。循此思路，吉尔伯特和纽伯里（Gilbert & Newbery，1982）、格林斯坦和雷米（Greenstein & Ramey，1998）的理论分析亦指出，为避免垄断租金耗散，垄断企业会通过不断创新以维持其市场势力，因而市场垄断有利于企业创新，即存在"熊彼特效应"。同样基于对垄断利润的考察，阿罗（Arrow，1962）的理论研究却发现，技术创新在降低企业生产成本的同时，也会造成原有垄断租金的耗散，从而削弱垄断企业的创新激励。与之相对，能够获得更高创新收益的竞争性企业，在市场压力作用下更愿意从事创新活动。但是后续经验研究发现，市场竞争与企业创新之间存在倒 U 型关系，而既有理论无法提供合理解释（Scherer，1967；Levin et al.，1985）。

基于以上研究，阿吉翁等（Aghion et al.，2005）在新熊彼特增长框架中引入技术水平差距，并指出市场竞争会形成促进创新的"规避竞争效应"与抑制创新的"熊彼特效应"，在两种效应共同作用下竞争与创新之间呈倒 U 型关系。为检验上述理论是否适用于中国情境，国内学者进行了有益探索。如徐晓萍等（2017）、夏清华和黄剑（2019）的研究论证了倒 U 型关系的存在。又如张杰等（2014）、康志勇等（2018）发现，中国产业结构接近"均势"状态，市场中的"规避竞争效应"占优，市场竞争对企业创新具有促进作用。

随着专业化分工深化，行业间产业关联愈加紧密，上游行业市场结构亦对下游行业企业创新产生显著影响。在此背景下，对竞争与创新关系的探讨也由从产业内拓展至产业间，一些学者由此开辟出新的影响渠道。如布尔勒斯等（Bourles et al.，2010）、刘灿雷等（2019）的研究指出，上游行业凭借政府规制形成的垄断势力，影响中间投入品的产品价格与数量，攫取下游行业的企业创新收益，对下游企业创新形成不利影响。此外，还有学者考察了银行业竞争对制造业企业创新的影响，发现银行业竞争通过提升信贷资源的配置效率缓解企业融资约束，对企业创新产生了正向影响（张璇等，2019；戴静等，2020）。

（二）金融发展与企业创新

外部融资环境是影响企业创新的重要外部因素（冯根福等，2021）。企业与金融机构之间的信息不对称导致企业可能面临融资约束，而金融市场的发展有利于降低企业融资成本、缓解企业融资约束，促进企业创新（钟腾，汪昌云，2017）。具体而言，金融发展可能通过以下渠道影响企业创新：其一，金融发展能够创造更多金融工具，为家庭提供多元化投资组合，提高储蓄向投资的转化效率，从而增加创新资金供给、降低企业融资成本（庄毓敏等，2020）；其二，金融发展促使借贷双方释放更多信息，减少金融市场中的信息不对称，降低委托代理成本，由此提升金融市场的资源配置效率，缓解企业创新融资约束（Lubošand & Veronesi，2009）；其三，金融发展能够促进风险项目管理的优化，分散投资项目风险，提升金融市场应对流动性风险和非系统性风险的能力，进而增强企业创新项目的吸引力（贾俊生等，2017）。

在金融发展相对滞后或存在金融压抑现象的经济体中，企业创新通常面临较严重的融资约束（张璇等，2017）。国内经验研究发现，整体上金融发展能够优化信贷资源配置，通过缓解企业融资约束对企业创新产生促进效应（庄毓敏等，2020）；具体到不同市场，股票市场和信贷市场发展均能显著促进企业创新，而资本市场发展的作用相对微弱（钟腾，汪昌云，2017；贾俊生等，2017）。此外，数字金融方兴未艾，一些学者开始考察数字金融发展对企业创新行为的影响。如李健等（2020）、万佳彧等（2020）发现数字金融通过缓解企业融资约束显著促进了企业创新，且数字金融的不同维度均对企业创新有正向影响。唐松等（2020）的研究指出，数字金融有助于破解传统金融的结构性问题，提升金融市场对金融资源的吸收、转化以及配置效率，从而降低企业创新机会搜寻成本、优化企业创新决策。

四、影响企业创新的宏观因素：制度环境与政府扶持

"有恒产者有恒心，无恒产者无恒心"，这体现了制度对创新等生产性活动的重要性。根据新制度经济学理论，制度可分为正式制度与非正式制度，二者共同构成了企业创新的制度环境。同时，由于创新的公共产品属性以及普遍存在的市场失灵问题，企业创新活动自发供给难以达到社会最优水平（Arrow，1962），因而需要政府扶持提供外部激励，以实现促进企业创新的目的。实践中，政府支持企业创新的常见激励手段包括政府补贴与税收优惠。

（一）知识产权保护、社会信任与企业创新

知识产权保护是促进科技创新的基础性正式制度，对企业创新具有重要意义。通过赋予创新者有限垄断收益，知识产权保护将创新的正外部性内在化，从而形成对创新活动的外部激励（Moser，2005）。学者们从不同角度分析了知识产权保护对企业创新的促进作用，其理论逻辑可归结为：一是形成激励效应。知识产权保护为创新者提供对创新成果的合法独占性与排他性，增强了企业从事创新活动的事前激励（刘思明等，2015）。二是减少溢出损失。知识产权保护不仅抑制了窃取侵占企业创新成果的机会主义行为，从而避免创新商业价值的贬值，还降低了技术转让过程中"敲竹杠"问题发生的概率，减少创新预期收益的不确定性（李爽，2017）。三是缓解融资约束。良好的知识产权记录能够形成信号传递效应，减少企业与外部投资者之间的信息不对称，增强企业对外部融资与合作创新的吸引力（吴超鹏，唐药，2016）。四是促进知识溢出。通过信息披露制度，知识产权保护能够促进优质技术知识传播，既可以减少企业重复投资，又可以促进行业知识积累与技术进步（尹志锋等，2013）。五是发挥市场扩张效应。增强知识产权保护能够吸引外国直接投资，促进跨国公司隐性技术向本土企业溢出，进而提升本土企业创新能力（魏浩，巫俊，2018）。

也有学者指出，知识产权保护也对企业创新形成抑制，而这种抑制作用

产生的原因可能为：知识产权保护抑制了市场竞争，可能导致被保护企业因垄断利润而丧失创新动力，不利于企业创新能力的持续提升（李爽，2017）。另一方面，知识产权保护限制了企业对外部专利知识的利用，对技术扩散与开放式创新形成阻碍，而且还会诱发技术价格上涨，增加低技术企业的学习成本，对低技术企业创新产生"挤出效应"（王海成，吕铁，2016；杨震宁，赵红，2020）。鉴于上述分歧，有学者认为，知识产权保护与企业创新之间并非简单线性关系，而是呈倒 U 型关系（O'Donoghue & Zweimuller，2004；Park，2008），由此提出"最优知识产权保护假说"。

回归中国现实语境，知识产权保护对企业创新的影响仍然语焉不详。如吴超鹏和唐药（2016）等的实证研究表明，知识产权保护对企业创新有显著的激励作用。又如刘思明等（2015）、李爽（2017）认为，知识产权保护与企业创新存在倒 U 型关系，且对大部分企业而言，知识产权保护强度尚未到达拐点。此外，还有研究发现，我国知识产权保护对企业开放式创新的广度与深度产生相反的影响（杨震宁，赵红，2020），而知识产权司法保护改革能够持续促进企业创新（王海成，吕铁，2016）。

作为一种非正式制度，社会信任也是影响企业创新的主要因素。非正式制度能够为微观经济主体提供稳定的心理预期，从而降低交易成本，引导其从事生产性活动（North，1990）。其中，社会信任因其重要作用得到广泛关注，并被视为非正式制度的主要代理指标（张维迎，柯荣住，2002）。梳理已有研究，社会信任促进企业创新的影响机制包括：首先，良好的社会信任降低经济主体之间相互隐瞒、欺骗的概率，加速利益相关者之间的信息传递，有助于提升企业创新效率（孙泽宇，齐保垒，2020）。其次，社会信任具有强化声誉机制的作用，不仅能够增加企业管理层自利行为的社会成本，减少企业创新过程中委托代理问题发生的可能性（Gupta et al.，2020），还可以减少政府对企业利润的侵占，增强企业创新收益预期（李双建等，2018）。再次，作为一种社会担保机制，社会信任可以为借贷双方提供稳定的心理预期，降低交易费用和信用风险，促成企业与投资者之间的融资合作，提升企业融资能力（顾雷雷，王鸿宇，2020）。在社会信任水平较高的地区，信贷资源更充足，企业融资成本也更低（凌鸿程，孙怡龙，2019）。最后，较高的社会信任程度有助于降低创新者的防备心理，增强研发人员交流意愿，促进企业间的知识交流与互补，降低创新机会的搜寻成本，提升企业研发速度（杨震宁，赵红，2020），从而对企业创新产生积极影响。此外，在正式制度不完善的地区，社会信任通过对正式制度的有效替代，起到了保护和激励企业创新的作用（孙泽宇，齐保垒，2020）。上述影响渠道在国内经验研究中得到初步验证，如顾雷雷和王鸿宇（2020）研究发现，社会信任通过缓解融资约束、促进研发投资促进企业创新。

（二）政府补贴、税收优惠与企业创新

政府补贴降低了企业的创新成本，但其对企业创新的影响效应仍有分歧。一些研究认为，政府补贴仍是激励企业创新的有效方式，其理论依据在于：一方面，政府补贴不仅补充企业创新所需资源，降低创新投入成本并提高创新边际收益，还有效分摊企业创新失败风险，提高企业创新意愿（杨洋等，2015；Guo et al.，2016）。另一方面，作为一种利好信号，政府补贴意味着政府对企业创新能力以及行业发展前景的认可，有助于促进社会中各类创新资源向企业集聚，促进企业创新能力提升（吴伟伟，张天一，2021）；同时，政府补贴还释放了企业政治关联方面的信号，与政府关系越紧密的企业，在创新过程中能够获得的政治庇护越多，进一步增强了企业对外部投资的吸引力，有利于企业开展创新活动（伍健等，2018）。

虽然政府补贴对企业创新发挥了促进作用，但是也有一些学者批判了政府在提供创新补贴中的作用，主要涉及以下方面：（1）政府补贴可能会提供不正当激励措施，使企业依赖于低成本的政府资源而减少私人性质创新投入，导致政府补贴产生了挤出效应（Boeing，2016）；（2）由于存在信息不对称和委托代理问题，政府对企业创新难以进行有效的事前筛选和事后监督，政府补贴在加剧创新资源错配的同时引起资源价格上涨，对企业创新产生不利影响（吴伟伟，张天一，2021）；（3）部分企业利用政府创新补贴政策的制度漏洞，通过策略性创新行为套取或骗取创新补贴资金，导致创新资源的利用效率极低（黎文靖，郑曼妮，2016），不利于企业创新能力的提升；（4）受有限信息和有限理性的制约，补贴政策在执行过程中容易出现寻租行为，不仅导致企业将有限资源用于寻租而非创新，还对政府补贴预期的正向激励效

应形成扭曲（张杰，2020）；（5）补贴政策的选择性可能导致企业为迎合政策而投资于能够得到政府补贴的特定范围，导致企业在其他领域中的创新投入被挤出（白旭云等，2019）。此外，由于存在政策不确定性，政府补贴可能传递企业具有高度不确定性的消极信号，导致企业难以获得外部融资，进而抑制企业创新活动（Chen et al.，2018）。

还有学者认为，由于政府补贴的政策效应可能随时间推移而递减，加之企业获得补贴程度存在差异，政府补贴对企业创新可能产生非线性影响（Boeing，2016）。该观点在后续研究中得到证实，如吴伟伟和张天一（2021）的研究发现，研发补贴与新创企业创新产出之间呈倒 U 型关系。又如张杰（2020）另辟蹊径，从企业创新投入中剔除政府补贴的影响，研究发现政府补贴与民营企业私人性质创新投入呈 U 型关系。

作为政府扶持企业创新的另一重要政策，税收优惠也得到各国政府广泛使用。国内外学者对税收优惠的创新激励效果进行评估，但研究结果仍然莫衷一是。认为税收优惠能够促进企业创新的观点占据主流地位，其依据在于：一是降低企业创新成本。税收负担过高会增加企业创新成本，不利于企业增加创新投入（Czarnitzki et al.，2011）。税收优惠能够为企业所需的各类创新要素（资金、人力资本等）提供优惠，降低企业创新成本，促进企业增加研发投资（Jia & Ma，2017），而且税负减少使企业现金流得到释放，可用于创新活动的资金积累增加，外源融资成本降低，有利于企业增加创新投入（Cai et al.，2018）。二是提高企业创新预期收益。税收优惠通过对企业创新预期收益的利益让渡，提升企业创新项目的税后利润率，使创新活动更加有利可图，从而激励企业增加创新投入（林志帆，刘诗源，2017）。三是分散企业创新风险。政府通过税收优惠成为企业的隐匿合伙人，能够发挥分担企业创新风险的作用（许玲玲，郑春美，2016）；同时，税收优惠政策也可以通过信号传递效应缓解企业融资约束，降低企业现金流不确定性，间接降低企业创新风险（李维安等，2016）。还有研究指出，税收优惠通过降低研发成本，促使企业将资金从营销等活动转移至创新项目，从而增加企业的创新投入（Czarnitzki et al.，2011）。

也有学者持相反观点，认为税收优惠对企业创新存在抑制作用，其作用机理主要表现为：首先，税收优惠具有较高的政策成本，无法有效地解决创新外部性导致的市场失灵问题，企业创新活动并未受其影响（Howell，2016）；其次，现行税收优惠存在的制度缺陷，可能诱使企业为避税"操纵"研发费用数据，而非切实提升研发强度，削弱了税收优惠创新激励效果（杨国超等，2017）；再者，当政府对低技术品提供税收优惠时，为迎合政策需求，企业可能减少对高水平创新活动的投资，对企业创新能力提升产生不利影响（陈林，朱卫平，2008）；最后，税收优惠意味着政府可能减少对其他基础设施（如教育、交通）的财政支出，从而间接抑制了企业创新（张希等，2014）。后续研究进一步指出，税收优惠对企业创新的影响方向及其显著性，不仅取决于企业获得激励的多寡，即税收优惠的作用存在门槛效应（林洲钰等，2013；冯海红等，2015），还取决于税收优惠方式的差异（林志帆，刘诗源，2017；韩仁月，马海涛，2019）。

五、总结与启示

企业是技术创新的核心主体，也是中国实现创新驱动发展的重要微观基础。党的十九届五中全会明确提出，"要强化国家战略科技力量，提升企业技术创新能力"。《国民经济和社会发展第十四个五年规划和2035年远景目标纲要》更是对"提升企业技术创新能力"进行了专章部署。因此，立足"十四五"规划开局之年，系统梳理企业创新的影响因素及其作用机理，对制定科学可行的企业技术创新能力提升政策，实现2035年远景目标具有相当的现实意义。

本书运用文献计量方法遴选出15个企业创新研究的热点主题，结合经典文献与新近研究成果，从微观、中观以及宏观三个层次系统梳理了企业创新的影响因素及其作用机理。基于以上梳理与总结，发现尽管不同影响因素的作用机理千差万别，但总体上可归为资源、组织、信号以及风险四种理论视角，由此构建企业创新影响因素作用机理的整合模型（见图1-1），在该模型中：（1）资源视角是指，从企业内、外创新资源丰裕程度以及配置效率的变化，判断特定因素是否存在该影响渠道；组织视角对应特定因素的改变是否导致企业组织惰性的形成或增强，或加剧企业内外委托代理问题；信号视角考察特定因素是否通过释放（积极或消极）信号影响企业内外信息不对称程度，或是在既定信息条件下影响信息传递的效率；风险视角包括两方面，一是通过引入显性或隐性合伙人，分散企业创新，二是通过抑制企业内机会主义行为，降低企业创新风险。（2）不同视角之间存在潜在联系，反映了企业创新提升机理的复杂性。如企业资源冗余程度增加，既可能导致组织惰性的形成与加强，又可能造成内部信息传递效率的降低。又如企业与外部投资者之间存在严重的信息不对称，会增加借贷双方的委托代理成本，从而导致企业创新投入不足，且难以分散创新失败的风险。由此，通过构建企业创新影响因素作用机理的基本框架，将不同学科理论整合到对企业创新的研究当中，有助于促进不同研究之间的交流与互补，对后续研究视角与深度的拓展也具有一定参考价值。

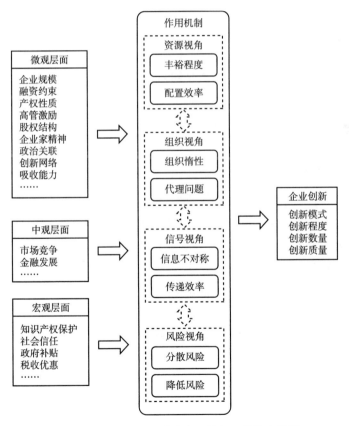

图 1 - 1　企业创新影响因素作用机理的整合模型

（一）总结

企业创新领域的研究成果颇丰，为现有研究提供了良好的基础，也为我们理解和把握企业创新提供了深刻洞见，但仍存在一些不足：对影响因素作用的关联性、层次性、动态性关注不足。关联性方面，在分析特定影响因素的作用机制时，既有研究往往孤立地考察各传导机制对企业创新的作用，而忽视不同传导机制的潜在关联，也造成了研究结论的分歧；对单一层次影响因素的研究中，对不同影响因素交互作用的考察相对较少。层次性方面，关于企业创新影响因素的跨层次研究相对匮乏，尽管少数研究考察多个层次影响因素，但并未对不同层次影响因素间的相互作用及其对企业创新的交互影响展开探讨。动态性方面，已有文献通常从静态角度考察企业创新影响因素的作用，对市场环境剧烈变化、技术快速更迭背景下，影响因素及其作用机制的动态变化是否以及如何改变企业创新决策与绩效，还有大量学术空白有待填补。

较多研究影响企业创新的显性因素，缺乏对隐性因素的分析。显性因素与隐性因素虽共同作用于企业创新，但既有文献对后者的考察相对较少。事实上，无论是微观层面的企业内隐性契约，还是中观层面的行业惯例，抑或是宏观层面的政策执行，均对企业创新行为有重要影响。若缺失对这些隐性因素的理解与把握，就难以形成关于企业创新的整体画像。

研究假设与中国现实存在不一致，所得结论存在一定适用性问题。由于经济、文化背景的不同，国内外企业的创新逻辑、途径与模式存在差异。部分文献运用国外理论分析国内企业创新问题时，忽略了这些理论的前提假设以及适用条件，所得研究结论往往缺乏对现实的解释力，无助于解决提升我国企业技术创新能力过程中存在的实际问题。

（二）研究启示

拓展研究视角，补充企业创新影响因素的关联性、跨层次、动态性研究。

　　就研究的关联性而言，一方面，比较特定因素的不同影响渠道，有助于加深对企业创新的理解。例如，在分析融资约束对创新的作用机理时，已有文献基本围绕抑制效应展开，对潜在的激励效应很少涉及，而融资约束与企业创新的关系要视两种效应的相对大小而定，这些都值得深入研究。另一方面，考察同一层次不同影响因素的交互效应对企业创新的影响，也是未来研究需要进一步拓展的方向。以政府扶持为例，政府补贴与税收优惠的激励效果受到学界广泛关注，但这两种政府扶持方式组合如何影响企业创新，仍存在尚未打开的"黑箱"。

　　从研究的层次性看，影响因素的多层次性反映了提升企业创新能力的复杂性，分析不同层次因素间的关系，构建微观—中观—宏观三个层次的"企业实质性创新能力提升"研究视角，有助于推动创新理论发展。如以宏观层面制度（如知识产权保护）与政策（如政府补贴）为背景，考察中观层面市场异质性（如市场结构）如何作用于微观层面公司治理特征（如高管激励），从而影响企业的创新行为。此外，还需立足新一轮科技革命和产业变革深入发展的时代背景，识别不同层次影响因素历史演变对企业创新产生的动态效应。微观层面不同时期管理者特质的变化，中观层面上游行业放松管制引起的市场结构变动，宏观层面贸易摩擦与新冠疫情形成的冲击，都对企业的创新决策与绩效产生直接或间接影响，把握这些重要变化对企业创新的影响，有助于加深对当前与未来企业创新行为的理解。因此，关于影响因素关联结构、层次结构以及时序结构的分析，是企业创新研究领域值得拓展的方向。

　　加强对影响企业创新隐性因素的研究。从微观层面看，已有研究多关注高管激励等显性契约的影响。事实上，隐性契约是抑制企业内机会主义行为的重要途径。隐性契约（如在职消费、高管和员工之间的隐性联盟等）如何影响企业创新，同样值得深入研究。从中观层面看，企业创新受行业惯例等隐性因素的影响。只有当企业技术创新与行业惯例相近时，才能够成为行业技术选择，市场结构也由此发生变化。可见，识别行业惯例及其影响企业创新的作用机理，对提升企业创新绩效具有重要意义。另外，宏观层面的隐性因素也对企业创新产生重要影响。如政策实施方面，补贴政策执行的交易费用过高，可能导致政策效果严重偏离预期。又如制度执行方面，对知识产权的选择性保护或执行力度不足，亦会削弱知识产权制度的激励作用。拓展与完善隐性因素对企业创新影响的作用机制，也是该领域研究的未来发展方向。

扎根中国土壤，服务于提升中国企业技术创新能力的现实需求。既有经济理论，如委托代理理论、市场结构理论、产权理论等，主要基于发达国家成熟的现代企业制度、市场经济体制以及法律制度体系。中国的现实经济情况与上述理论成立的前提假设存在偏离，因而在应用国外理论框架和研究方法分析中国企业技术创新问题时，还需立足中国现实。例如，微观层面，中国企业异质性（尤其是产权性质）对企业创新行为的影响更为突出；中观层面，中国渐进式经济转型造就了特定的市场环境，主要特征包括制造业处于"两端挤压"的状态、金融发展的相对滞后以及"上游垄断下游竞争"的非对称市场结构；宏观层面，在中国特色的政策设计与制度逻辑影响下，企业创新行为对外部政策（制度）环境变化极为敏感。因此，在研究中国企业创新时，宜将这些影响中国企业技术创新的独特因素及其作用机理纳入分析框架，挖掘中国企业创新行为背后的中国逻辑，为中国企业摆脱恶性竞争、产业突破"低端锁定"乃至国家实现科技自立自强提供理论指导。

关于企业创新的研究浩如烟海，本书运用文献计量法，识别企业创新的热点主题与关键领域，遴选影响企业创新的重要因素。为了较为全面地把握既有文献中企业创新的影响因素，搜集国内外企业创新相关文献，建立企业创新文献数据池。其中，国外文献数据来自 Web of Science（WOS）核心合集数据库中 SSCI 期刊论文，检索关键词为"firm innovation"或"corporate innovation"或"company innovation"或"enterprise innovation"，领域限定为"Economic/Business/Management"，文献类型为"article"；国内文献收集参考罗润东等（2019）的方法，检索关键词为"企业创新"，领域限定为"经济与管理科学"。国内外文献检索时间均设置为 2006～2020 年，筛除会议综述等非学术论文类内容，排除低相关文献，得到 2310 篇外文文献和 496 篇中文文献。

关键词是对研究主题的高度概括，高频关键词可用于确定特定研究领域的热点主题（Chen，2018）。本书采用关键词共现分析，初步筛选出近十五年排名前15的高频关键词作为核心研究主题。类似的，冯根福等（2021）的研究也对影响中国企业技术创新的因素进行了筛选。为避免遗漏关于企业创新的重要主题，从冯根福等（2021）的统计结果中选取15个具有代表性的因素作为参考。经过综合对比，最终得到本文重点关注的15个影响因素，并按照微观、中观和宏观三个层次进行归类，其中微观层面9个、中观层面2个、宏观层面4个。

第二章 强化企业创新主体地位，提升企业技术创新能力

创新是引领发展的第一动力，企业是推动创新创造的生力军，提升企业技术创新能力是建设创新型国家、实现中华民族伟大复兴的微观基础与动力源泉。2020 年 10 月 29 日，党的十九届五中全会通过的《中共中央关于制定国民经济和社会发展第十四个五年规划和二〇三五年远景目标的建议》（以下简称《建议》）指出，提升企业技术创新能力。强化企业创新主体地位，促进各类创新要素向企业集聚。推进产学研深度融合，支持企业牵头组建创新联合体，承担国家重大科技项目。发挥企业家在技术创新中的重要作用，鼓励企业加大研发投入，对企业投入基础研究实行税收优惠。发挥大企业引领支撑作用，支持创新型中小微企业成长为创新重要发源地，加强共性技术平台建设，推动产业链上中下游、大中小企业融通创新。这一重要阐述为准确把握和有力推动构建新发展格局提供了重要的现实指引，值得进行深入的科学解读。

一、提升企业技术创新能力是全面塑造发展新优势的关键

（一）全面塑造发展新优势是推动中国经济高质量发展的必然选择

能否保持和提升发展优势关乎一国的经济发展与人民福祉。在参与国际分工的过程中，一国所占市场份额的大小、创造就业的多少、获得利润的高

低，取决于该国发展优势的发挥程度与转换效率。在经济发展的早期阶段，囿于生产力发展水平，各国会按照比较优势原则，利用本国相对富裕的初级生产要素进行生产，此时国家之间的发展优势表现为基于要素禀赋形成的价格优势。随着经济发展水平的提高，初级生产要素优势会弱化，且高级生产要素所占比重逐步提升。若严格遵循传统的比较优势理论，后发国家将无法发展起以高级生产要素为基础、以创新能力为核心、以中高技术产业为外在表现的创新优势，从而被锁定在全球价值链低端。然而，一国发展优势的转换升级不是一个自我推动、自然形成的过程。唯有以创新全面塑造发展新优势，形成并强化高级要素和高级产业能力的国家，才能在新一轮科技革命和产业变革中抢占创新制高点、把握主动权。因此，后发国家必须在经济发展过程中形成并强化基于高级生产要素和高级产业能力的发展新优势，而对高级生产要素的利用、高级产业能力的形成都离不开企业的技术创新能力。

改革开放的 40 多年见证了中国发展优势的历史演变。在改革开放初期，中国凭借要素（尤其是劳动力）禀赋优势，在参与全球分工初期形成了具有竞争力的价格优势，抓住国际产业转移的机遇，通过承接国际产业转移，创造经济奇迹。在经济高速增长阶段，我国交通、通信等基础设施不断完善，物质、人力与技术资本快速积累，各种所有制企业在市场化改革进程中不断涌现，推动了我国产业体系的完善，竞争优势由此实现了从价格优势向规模优势的转换（中国社会科学院工业经济研究所课题组，2020）。进入 21 世纪后，科技革命推动新产品和新产业不断涌现，我国创新型国家建设取得历史性进展。一方面，科技领域重大工程实现历史性跨越，如神舟飞天、墨子"传信"、北斗组网等；另一方面，一批高技术企业（如华为、海康威视等）在国内外市场崭露头角，技术能力实现从"追赶"到"超越"与"引领"的转变。创新驱动发展战略的实施为创新优势的形成奠定了一定基础，但我国整体创新能力以及高精尖产业的国际竞争力与发达国家相比仍存在较大差距，亟待增强创新能力。

近年来，国内要素成本的快速上涨，加之国际上"逆全球化"与"双端挤压"的冲击，原有的低成本优势逐步消散，关键技术"卡脖子"等问题凸显。2020 年华为公司因美国打压而遭遇的芯片断供危机，就反映了中国在半导体芯片代工领域关键技术的严重缺失。事实上，除了航天航空领域之外，我国在光刻机、操作系统、核心算法等 35 项关键技术领域都处于被"卡脖子"状态。因此，必须清醒地认识到，核心关键技术严重受制于人，企业因技术创新能力不足而长期处于价值链低端锁定状态，不仅是当前我国实施创新驱动发展战略的现实基础，也为我国全面塑造发展新优势指明了方向。历史经验亦表明，创新是解决关键技术"卡脖子"等问题的"金钥匙"，而提升企业技术创新能力则是全面塑造发展新优势、实现创新发展的基石。可见，"强化企业创新主体地位、提升企业技术创新能力"不仅是推动经济社会高质量发展的必然要求，而且是应对新一轮工业革命和新冠疫情冲击的现实需要，更是实现"深度工业化"和自身持续竞争力的迫切需要。只有加快提升企业技术创新能力，才能从根本上解决"卡脖子"的问题，实现科技自立自强与经济高质量发展。

（二）深刻理解提升企业技术创新能力的重大意义

进入 21 世纪后，经济全球化与知识经济并行，市场竞争愈发激烈，技术加速更迭，唯有提升企业技术创新能力，才能实现企业乃至国家的可持续发展。在国内外环境深刻变化的形势下，《建议》在"坚持创新驱动发展，全面塑造发展新优势"的重点任务中，将"提升企业技术创新能力"单独列出并作具体部署，彰显出党中央对企业技术创新能力建设的高度重视。

首先，提升企业技术创新能力是产业升级的需要，也是建立国内大循环的需要。一方面，我国正处于产业转型升级的关键时期，诸多产业的发展都面临"双端挤压"困境。未能真正确立起企业的创新主体地位，企业无法在技术创新中发挥主导作用，严重阻碍了我国自主创新能力的提升；企业缺乏创新积极性，技术创新能力薄弱，导致大量产业陷入价值链"低端锁定"困境，产业转型升级举步维艰。只有提升企业技术创新能力，才能提升产业链供应链现代化水平，促进产业转型升级（中国社会科学院工业经济研究所课题组，2020）。另一方面，构建双循环新发展格局下的产业链、价值链、供应链与创新链，离不开企业技术创新能力的提升。习近平总书记在经济社会领域专家座谈会上指出，实现高质量发展，必须实现依靠创新驱动的内涵型增长，我们更要大力提升自主创新能力，尽快突破关键核心技术。这是关系我国发展全局的重大问题，也是形成以国内大循环为主体的关键。唯有切实提升企业的技术创新能力，方能在发现、开发和激活更高质量供给的同时，发掘与激活传统消费需求和投资需求及其蕴藏的巨大内需潜力，从而促进与畅通国内大循环。

其次，提升企业技术创新能力是跨过中等收入陷阱的需要。历史经验表明，发展中国家在达到中等收入水平后，经济较长时期处于增速放缓甚至陷入停滞的状态，即陷入世界银行所定义的"中等收入陷阱"。自 2008 年全球金融危机以来，我国经济增速从 2007 年的 14.2% 下降至 2019 年的 6.1%。中国是否会落入"中等收入陷阱"以及如何跨越"中等收入陷阱"，引起社会各界关注。2015 年 10 月 29 日党的十八届五中全会通过的《中共中央关于制定国民经济和社会发展第十三个五年规划的建议》把"努力跨越'中等收入陷阱'，不断开拓发展新境界"列入发展目标。党的十九大报告更是将"中等收入群体比例明显提高"作为跨越"中等收入陷阱"的重要路径。研究表明，能否跨越"中等收入陷阱"在根本上取决于后发国家依靠自主创新实现对前沿国家赶超（龚刚等，2017）。而后发国家要在技术上追赶发达国家，必须依托于微观层面企业的技术创新能力。马赫数和丘（Mahcs & Cho，1999）将"后发者"概念应用到企业层面，指出后发企业虽可以通过工艺技术与产品技术学习实现竞争优势，然而，后发企业无法长期停留在比较优势上，必须依托技术创新能力的提升，超越比较优势创造可持续的竞争优势，由此推动产业结构升级，为一国实现跨越式发展和迈过"中等收入陷阱"提供持续动能。

最后，提升企业技术创新能力是从基于后发优势的"追赶式创新"转向在国际科技前沿进行的"开拓式创新"的需要。后发国家以技术赶超实现经济赶超具有阶段性特征，基于"追赶式创新"促进特定产业"从无到有"的规模扩张是模仿推动技术进步阶段的主要特征；通过"开拓式创新"提升自主创新能力则是自主研发推动技术进步阶段的关键所在。在经济发展早期阶段，"追赶式创新"使后发国家以较低的成本学习、采用和改进发达经济体的各类技术，实现这一时期经济的快速增长。然而，"追赶式创新"在满足经济发展技术需求的同时，往往导致后发国家（企业）过于依赖成套成熟技术的引进，陷入"追赶陷阱"（吴晓波，吴东，2018）。如我国汽车工业的"市场换技术"、电信行业的"引进消化吸收再创新"，最后都陷入"引进—落后—

再引进—再落后"的"模仿陷阱"。在经济发展转型阶段,创新成为提高后发国家社会生产力和综合国力的战略支撑。"开拓式创新"有利于培养强大创新能力,积累先发优势,建立技术领导地位。在全球化条件下,企业需要持续大幅提升技术创新能力和国际竞争力,突破在全球创新网络中位置的路径依赖,成为创新网络的核心节点,推动"追赶式创新"向"开拓式创新"的转变,从而成为全球价值创造的主要贡献者,掌握全球价值分配的话语权。

(三)以企业创新能力建设助力全面塑造发展新优势

历史表明,企业创新是推动技术进步与产业变革的重要力量。正如诺斯和托马斯(1973)所说,人类经济的飞速增长是近三四百年才发生的事情。正因为企业的技术创新活动,技术进步才能够迅速转化为经济发展的内生动力,众多国家的经济增长方式也由此发生历史性转变。在新一轮科技革命和产业变革中,要充分用好新科技浪潮的"科技红利",大力提升企业技术创新能力,造就出一批具有核心竞争力和持续创新能力的创新型企业,打破知识产权、专利和技术标准等新的贸易壁垒,把科技的力量转化为产业竞争优势、国家发展新优势,从根本上转变我国的经济增长方式,进而实现国民经济高质量发展。

立足新时代,全面塑造发展新优势必须以提升企业技术创新能力为基点。无论是实施创新驱动发展战略,还是全面塑造发展新优势,最终的落脚点依然是微观企业的技术创新能力。技术创新只有通过企业,才能生产出新产品,催生新产业,才能实现知识、技术向物质财富、人民福祉的转变。"十四五"时期是中国向高质量发展转变和实现创新驱动发展的关键阶段,中国企业作为实体经济的重要载体和社会主义市场经济的主体,具有广阔的市场空间和较强的扩张动力,能够依靠持续增长的巨大市场需求提升自身技术创新能力(中国社会科学院工业经济研究所课题组,2020)。鉴于此,《建议》将提升企业技术创新能力作为全面塑造发展新优势的重要组成并作出精准部署。

强化企业创新主体地位、推进产学研深度融合、发挥企业家重要作用、推动企业融通创新,是党中央立足中国国情、应对时代课题,围绕"提升企业技术创新能力"提出的具有适应性、前瞻性、系统性和全面性的指导方针。

作为"提升企业技术创新能力"的重要抓手，以上四个方面环环相扣，相辅相成，共同构成了具有内在逻辑关系的有机统一体。在社会主义市场经济中，企业应当也必然是技术创新的主体，提升企业技术创新能力首先要强化发挥企业主体作用；产学研深度融合是产学研合作的更高层次，而由企业牵头组建创新联合体进一步强化和突出了企业的主体地位，有利于解决我国科技与经济"两张皮"问题；企业家是企业技术创新的核心创新要素，对提升企业核心竞争力起到举足轻重的作用；促进不同企业之间的优势互补与融通创新，能够全面提升产业内创新要素的配置与利用效率，提升企业整体技术创新能力，从而带动产业链相关企业联合开展工程科技攻关。可见，前两个方面从创新要素集聚与创新组织模式的角度，提出了强化企业创新主体地位的实现路径，后两个方面从企业自主创新与企业间协同创新的角度，指明了提升企业技术创新能力，破解产业关键技术"卡脖子"问题的优化思路。四项重点任务聚焦能力建设、制度完善、体制创新，有助于营造"提升企业技术创新能力"的良好环境，进而为全面塑造发展新优势奠定坚实基础。

二、促进各类创新要素向企业集聚，强化企业的创新主体地位

（一）为何要强化企业的创新主体地位

1. 强化企业创新主体地位顺应历史发展规律。企业的创新主体地位并非一蹴而就，而是一个逐渐演变的过程。从制作石器到金属冶炼，在相当长的历史时期家庭扮演着技术创新主体的角色。随着人类文明的演进，在第一次工业革命中，工匠发明家登上了历史舞台，并取代了家庭的技术创新主体地位。随着技术创新速度不断加快，工匠发明家作为技术创新主体，其在筹集研发资金、研发成果转化等方面的不足逐渐显现，并成为阻碍当时技术发展的重要阻力。19 世纪末至 20 世纪初，以现代企业制度为代表的制度创新，为技术创新的企业制度化、内部化创造了重要窗口，而科学、技术、经济的一体化也为技术创新主体最终转移到市场经济的主体企业提供了动力。企业作

为技术创新主体,克服了工匠发明家的局限,有效解决了 R&D 脱离市场的问题,也为基础科学和企业的发展提供了支持。20 世纪上半叶,现代企业制度逐渐取代了近代公司制,现代企业也由此奠定其技术创新主体地位。有研究指出,17 世纪至 20 世纪 70 年代,改变人类生活的 160 种创新中超过 80% 源于企业,全世界 70% 的专利和 2/3 的 R&D 经费都出自企业(卢福财,胡平波,2008)。进入 21 世纪,信息、生物、新能源等技术突飞猛进,在全球性科技革命浪潮中"涌现"的一批高新技术企业对世界发展产生了深远影响。

2. 强化企业创新主体地位是遵循市场规律和科技创新规律的必然选择。所谓技术创新主体,是指在技术创新体系中占据主导地位,在技术创新活动中发挥核心作用,并在市场上实现技术创新经济效益的社会组织。技术创新是一个经济性与技术性兼具的复杂过程,强化企业创新主体地位是遵循市场规律和科技创新规律的必然选择。一方面,技术创新从根本上来说是一种经济行为,需通过满足市场需求来实现经济利润。在市场经济中,企业是市场活动最直接的参与者,能够敏锐捕捉市场机会,把握技术发展脉搏,通过技术创新满足和引导市场需求,因此企业成为技术创新主体是经济发展的必然结果。而政府、高等院校、研究机构等都不直接参与经济活动,其创新设想不是来自市场以及生产现场,这样就可能出现科技成果技术上可行,但经济上不可行的现象。

另一方面,技术创新是从创意到市场实现的复杂过程。创新的不确定性使技术产品的交易费用远高于其他产品,通过价格机制配置技术产品的代价过高,配置效率低下。由企业进行技术创新,能够显著缩短创新时间,降低技术创新的交易成本,从而提高创新绩效(滕明杰,2009)。确立企业技术创新的主体地位,能够促使更多的技术创新活动在企业内部或在企业主导下完成,优化创新要素配置,提升技术创新体系的运行效率。此外,随着市场化程度不断加深,越来越多的创新涉及非人格化交易,合作创新成为当今技术创新的主流模式,而合作创新的效率取决于是否能建立一个被各方认可的定价机制与利益分配机制。与政府干预相比,市场调节在建立此类基于经济利益的合作机制方面更具效率。就技术创新而言,唯有以企业为主导才能充分发挥市场机制的作用,为合作创新提供高效的协调机制。

3. 强化企业创新主体地位是中国经济社会高质量发展的必然要求。改革开放以来，科技体制改革促进了创新要素的市场化配置，对外开放加速创新要素的"引进来"和"走出去"（王钦，张崔，2018），企业创新活力得到进一步激发，不断涌现的企业在创造财富的同时，也为我国国民经济发展、国际地位提升和人民生活质量改善作出了重大贡献（张维迎，2010）。2019 年统计数据显示，我国 R&D 经费总量位居世界第二，其中企业 R&D 经费占全国 R&D 经费的比重达 76.4%，企业投入主体地位稳固；同时，我国 R&D 经费投入强度为 2.23%，其中规模以上工业企业投入强度仅为 1.32%，与美国（2.83%）、日本（3.26%）等科技强国存在明显差距，且 R&D 产出多而欠优的现象突出，我国企业创新主体地位是"数量"而非"质量"上的主体。

改革至今，我国企业尚未真正成为技术创新的主体，原因在于当前仍存在制度藩篱阻碍企业成为完全的市场竞争主体，技术创新还不是企业获得竞争优势的主要途径（李新男，2007）。长期以来，我国自上而下的创新组织方式导致外源性创新，即"用张三的钱为李四买东西"的创新模式，成为我国企业的主要激励创新机制。无论是计划经济体制下的国家科技体制，还是混合经济体制下的国家创新体系，都没有改变政府主导创新资源配置的本质。以国有企业为例，在当前组织方式和制度环境下，国有企业在税收优惠、财政支持等方面受到更多政策支持和保护。有研究指出，中国的企业创新补贴存在严重资源错配，与国有企业相比，民营企业具有更高的创新效率，贡献了更多的创新成果，但获得的创新补贴少之又少（Wei et al.，2017）。可见，强化企业创新主体地位，使市场机制在创新资源配置中发挥决定性作用，能够为不同所有权类型企业创造公平的竞争环境，提高技术创新效率，提升我国创新能力。此外，随着原有经济增长模式难以为继，加快向以创新驱动发展为主转变迫在眉睫，而要使技术创新成为经济发展的驱动力，就必须遵循市场经济发展规律，强化企业在技术创新中的主体地位，形成技术创新的市场导向机制。因此，以创新塑造发展新优势，实现经济社会高质量发展，必须以强化企业创新主体地位为基础。

（二）促进各类创新要素向企业集聚

1. 促进创新要素向企业集聚是提升企业技术创新能力的必然要求。创新要素是技术创新活动的基础，是能够直接或间接地促进技术进步进而推动社会生产力发展的一切要素资源的集合，主要包括人才要素、资金要素、技术要素以及政策要素等（李学勇，2007）。企业的创新活动必须以创新要素为基础，创新要素的精准供给有利于企业创新能力的提升与创新集聚效应的形成。创新要素向企业集聚，降低了各类创新要素的交易成本，有利于强化创新要素之间的相互依存关系，对人力资本而言尤为如此。一方面，创新要素向企业集聚的内部效应会加快创新成果的产出和应用，提高各类创新要素的效率和投资回报率（Hagedoorn & Cloodt，2003），这会对组织外部的创新要素形成强大的吸引力，形成创新要素集聚的循环累积效应和正强化效应，继而使得创新要素集聚规模和质量进一步扩大与提升。另一方面，创新要素向企业集聚降低了技术创新过程中的信息成本，使得隐性知识显性化并产生"溢出"，促进了知识、信息的循环和反馈，加快了技术转移、扩散的速度，形成良好的信息共享效应和知识溢出效应（李永周，庄芳丽，2008）。因此，促进创新要素向企业集聚，有利于培育和激发企业的技术创新能力。

2. 促进创新要素向企业集聚的关键在于转变创新组织方式。与发达国家相比，我国企业创新要素匮乏，普遍存在研发投入不够、关键共性技术供给不足、缺乏基础研究等问题。2019 年，我国企业数量为 3858.3 万户，其中 22.5 万家高新技术企业的研发投入占企业研发经费投入比例超过 60%，技术创新活动主要集中于少数企业；大中型企业中设有独立技术研发机构的企业仅占 32%，其中仅少数进行了基础研究。再者，政府倾向于将研发资金投入到高校和科研机构，导致企业所能获取的创新要素相对稀少。而高校和科研机构的创新成果以论文、著作为主，少有与企业合作进行成果转化，导致我国科技成果转化率不足 30%，远低于发达国家水平（60% ~ 70%）。此外，日本科技政策研究所（NISTEP）发布的《科学技术指标 2020》显示，我国论文主要集中在化学、材料学、工学、计算机等应用科学，美国则更关注基础科学的研发。可见，促进创新要素向企业集聚，是强化企业创新主体地位、提升企业技术创新能力的重要前提。

促进创新要素向企业集聚的本质在于形成基于市场导向的创新。根据影响因素的来源不同，创新要素向企业集聚可分为内源化集聚与外源化集聚（蒋敏，陈昭锋，2009）。内源化集聚指创新要素的供给由企业主导，企业是创新要素的投入产出主体。外源化集聚指创新要素的供给由企业外的组织（主要指政府）为主导，或者创新要素投资尚未成为企业的主要投资形式。两种创新要素集聚方式本质上对应创新的两种情形。内源化集聚对应自下而上创新组织方式下的内源性创新，此种创新的动力源于企业和市场需求，创新要素的配置与利用由处于市场竞争中的企业决定；外源化集聚对应自上而下创新组织方式下的外源性创新，此种创新的动力主要源于政府，尤其是政府的创新政策或科研项目，创新什么及创新资源配置主要由政府决定（罗小芳，卢现祥，2018）。自上而下的创新组织方式满足我国经济发展初期"追赶式创新"的制度需求，但对当前建立以企业为主体、市场为导向和产学研深度融合的技术创新体系形成了制度藩篱，不仅导致策略性创新激增而实质性创新不足、创新资源错配等问题，还对强化企业创新主体地位形成了严重制约。因此，加快推动自上而下的创新组织方式向自下而上的创新组织方式转变，是推动企业内源化创新要素集聚的重要举措。

三、以产学研深度融合为基础，支持企业牵头组建创新联合体

（一）突破关键核心技术需组建创新联合体

组建创新联合体是提升企业技术创新能力、突破关键核心技术的必然选择。首先，我国企业技术创新能力提升遭遇技术瓶颈。为适应技术模仿追赶的需要，大量企业在采取引进与模仿的创新模式过程中，形成渐进性创新的路径依赖（罗小芳，卢现祥，2018），导致企业层面创新能力薄弱且对外技术依赖性强，产业层面遭遇关键核心技术"卡脖子"与价值链"低端锁定"的困境。创新联合体为企业进行跨界搜索、创新生产模式提供了新知识，有利于企业技术创新能力的提升。国内外实践经验表明，关键核心技术都是复杂综合性技术，其研发突破非单一创新主体能够承担与完成，而组建创新联合体是提升企业技术创新能力、实现关键核心技术突破的有效组织形式。

其次，科学技术成为创新竞争力的核心，创新联合体助力开放式创新。

当今世界，科技发展日新月异，以科学技术为核心的创新竞争力成为抢占创新制高点、把握主动权的关键。2018 年以来，美国相继针对中兴、华为等中国高科技企业的打压，不仅凸显了加快科技创新的重要性与紧迫性。在利益驱动和市场导向下，各类科技创新相关利益方组建创新联合体是最为基础的科技经济融合组织模式。使创新联合体成为与产业需求端结合最紧密的源头性技术创新发源地，能够加速从渐进式技术创新向颠覆性技术创新升级，从而全面塑造我国发展新优势。

最后，创新联合体在完成关键核心技术研发攻关与创新突破上具有显著优势。无论是日本围绕超大规模集成电路（VLSI）计划组建的创新联合体，还是美国主攻半导体制造和半导体制造设备而组建半导体制造技术研究联盟（Sematech），都表明创新联合体是产业技术研发攻关的有效方式。在国内，吉林省"新能源和智能网联汽车产业创新联合体"、北京市"生命科学与健康协同创新联合体"以及江苏省"光伏产业创新联合体"也取得显著成效。可见，创新联合体对于关键共性技术的协同攻关、大中小企业融通发展、产业基础能力巩固提升具有重要促进作用。

（二）创新联合体必须由企业牵头组建

科技成果转化产业横亘着"死亡之谷"，如何实现科技研发供给与产业技术需求的有效对接，是一个世界性难题，对中国而言尤为如此。近年来，我国科技发展成就斐然，但仍存在创新成本高、效益不显著、创新链与产业链脱节等问题。总体上，我国科技成果仅有 10% ~ 30% 应用于生产，其中真正形成产业化的科技成果仅占其中 20% 左右，与美国、日本 80% 的科技成果转化率以及英、法、德等国家 50% 以上的科技成果转化率相去甚远。2018 年，习近平总书记在中央财经委员会第二次会议上明确提出，要推进产学研用一体化，支持龙头企业整合科研机构、高等院校力量，建立创新联合体。时隔两年，《建议》进一步指出，推进产学研深度融合，支持企业牵头组建创新联合体，承担国家重大科技项目。这表明在提升技术创新能力，尤其是关键核心技术攻关过程中，必须坚持和强化企业创新主体地位，通过支持企业牵头组建创新联合体，确立关键核心技术攻关的市场导向。

首先，企业天然具有技术创新的属性，能够直接联系市场，由企业牵头有利于实现科技与经济的深度融合。在科技发展史上，很多科技创新成果都是由企业完成的。技术创新理论指出，作为市场活动最直接的参与者，技术创新是建立和维持企业市场竞争力的关键。中国应对产业发展技术瓶颈的实践经验表明，由高校、科研机构牵头组织实施的相关项目效果极为有限。因此迫切需要由代表市场需求的企业（尤其是领军企业、龙头企业）牵头组织关键核心技术攻关。

其次，企业牵头组建创新联合体更能坚持市场导向、发挥市场机制。创新是实现"生产要素的新组合"，这种组合只有借助于企业通过市场来实现，市场竞争能够激励企业从事创新活动，密切关注科技创新的动态变化。中国出现"创新悖论"的根本原因在于，现行由政府主导的产学研合作机制中，企业缺乏参与的激励与能力，科技创新与产业发展"两张皮"的问题突出（卢现祥，2016）。由企业牵头组建创新联合体，不仅能引导企业转变生产方式，将更多的资源投向技术创新，提升自身技术创新能力，还能有效促进技术创新转化为现实生产力，推动产业转型升级，使企业优势与国家战略需求更好地融合。

最后，企业牵头更有利于突破产业发展技术瓶颈。当今世界，科学技术发展日新月异，技术更迭速度不断加快，企业只有通过不断创新，才能在市场竞争中获得利润、占据主动。突破性创新不仅能够带来生产技术的根本性改变和市场模式的颠覆性更新，还可以为消费者提供更多新的附加价值，为企业创造更多的利润和更大的市场竞争力，使企业发现并抓住科技革命与产业变革中的创新机会（王娟茹等，2020）。近年来，中国的创新领军企业或龙头企业在参与全球竞争中，充分感知产业技术创新的核心命脉所在，也形成强烈的原始创新和正向创新的诉求。由这些具备相当技术积淀、资本积累以及研发领导能力的企业牵头组织创新联合体，将有助于带动全创新链上下游的技术水平，实现关键核心技术的突破。

（三）企业牵头组建创新联合体要以产学研深度融合为基础

企业牵头组建创新联合体关键在于解决两大问题，一是如何让产学研真正紧密地结合起来，即摆脱"二律背反"困境：投给大学的钱，不产生经济效益；投给企业的钱，不产生技术效益。二是我国产、学、研是以关系为导向的自上而下创新体系，其典型特征为政府控制基本的创新要素，创新要素配置相对集中并以人格化交易为基础，容易放大创新中"不确定性"的破坏作用。企业牵头组建创新联合体就是要通过强化企业创新主体地位，形成以市场为导向的自下而上的创新组织模式（卢现祥，2020）。

当前我国科技与经济"两张皮"问题仍然突出。从创新主体来看，2018年全国开展创新活动的企业数约占40%，其中实现创新的仅38.2%；同时实现四种创新的企业只有8.1%。同年，开展产学研结合创新模式的企业占合作创新企业的比重为36.9%，其中与高校合作的企业占比为30.0%；与研究机构合作的企业占比为17.6%。我国企业创新意愿与能力不强，产学研合作模式有待进一步完善与推广。世界银行最新报告显示，中国负责重大科研攻关的政府所属科研机制，在寻求与企业合作以实现技术商业化方面相当欠缺（乐文睿等，2016）。高校的专利数量虽多，但质量参差不齐，成果转化率和专利应用率不高。2018年高校与科研机构技术输出合同成交额仅占企业吸纳技术合同成交额的15%。从投入产出来看，2019年我国基础研究经费仅占全社会R&D经费的6.03%（发达国家普遍性在15%以上），企业的基础研究经费占比为3.8%，不到高校和研究机构的1/10，作为突破性创新重要来源的基础研究多存在于高校和政府所属研究机构中。近年来，中国高校和研究机构的R&D经费增长迅速，其中大部分源于政府资金（高校约为60%，研究机构约为80%），而企事业单位委托经费增长缓慢，大量创新要素未能向企业集聚，产学研合作经费投入结构不合理。

我国科技体制改革虽取得相当成就，但现行产学研合作仍由政府主导，大量创新资源仍集中于企业之外的高校和科研机构。其次，科研院校与企业是两种性质的机构，对应两种不同的文化与评价标准，将发明转化为实业、产品及产业的交易成本较高，导致科技与经济脱节现象较为普遍。再者，面临技术创新的"两高一低"（创新要素成本高、技术创新成本高、创新预期收益低）时，大部分企业"理性"选择放弃自主研发活动，导致企业技术创新能力逐步丧失，陷入价值链"低端锁定"困境。此外，现行教育体系既不能根据产业需求做出调整，在适应地方需求方面也存在欠缺，且产、学、研之间缺乏有效的协同机制，高校、研究机构与企业各自为阵，未能将各类创新要素有机结合起来。

推进产学研深度融合，支持企业牵头组建创新联合体，关键在于构建自下而上的创新组织模式。一个企业乃至一个国家要保持竞争优势，必须兼顾技术创新与制度创新，并使二者形成相互促进的良性循环。就产学研合作、创新联合体而言，创新既取决于制度，也取决于组织。有利于创新的制度不足和组织缺陷是导致我国创新潜力难以发挥的深层次原因。要推进产学研深度融合，通过企业牵头组建创新联合体突破关键核心技术瓶颈，就必须把市场决定资源配置与举国体制结合起来，从观念、体制和机制以及制度层面实现从自上而下的创新组织方式向自下而上创新组织方式的根本转变（罗小芳，卢现祥，2018）。习近平总书记明确指出，要解决科技与经济"两张皮"问题，就必须深化科技体制改革，破除一切制约科技创新的思想障碍和制度藩篱，处理好政府和市场的关系，推动科技和经济社会发展深度融合。

国内外发展经验表明，自下而上的创新组织模式能够发挥创新联合体的创新优势。从国际发展经验看，创新联合体由政府发起组织，实则由企业主导完成并且产业内上下游、大中小企业共同参与实现融通创新，是国外突破关键核心技术的主要特点。例如，日本围绕半导体技术研发攻关，制定了超大规模集成电路（VLSI）计划，组建的创新联合体成绩斐然。美国亦通过组建半导体制造技术研究联盟（Sematech）实现半导体技术的反超。相比而言，我国大部分产业的核心技术研发攻关组织由政府主导，企业创新主体地位不能得到有效发挥，并且产业内大中小企业也未深度融合形成技术创新体系。国内成功案例表明，由企业牵头组建创新联合体，有利于形成服务于技术创新的制度创新与内生性产学研合作机制。科大讯飞通过大学、科研机构和相关企业的紧密合作，建立了独立研发、联合研发和合作开发三个层次的研发体系。为适应创新联合体的发展要求，科大讯飞不仅打破组织部门间的分割，将组织架构由最开始的扁平化转向事业部制，还创造性地提出"双向金字塔"的人才发展模式，充分激发各技术创新主体的积极性与主动性，从而显著提升了科大讯飞的创新能力。因此，只有推进自下而上的创新组织模式，由企业牵头组建创新联合体，才能让市场真正成为配置创新资源的决定性因素，使企业真正成为技术创新的主体，真正实现科技和经济社会发展深度融合。

四、发挥企业家在技术创新中的重要作用

（一）把握企业家的内涵

企业家是创新的源泉，能够通过"企业家精神"创造出新的资源组合方式，开拓新的可能性。在工业革命时期，近代企业制度向现代企业制度的转变正是众多企业家努力的结果，尤其是那些从事技术和发明出身的企业家在技术创新的企业内部化、制度化等方面发挥了重要作用。熊彼特在其技术创新理论中指出，推动技术创新的是企业家，在将技术发明转变为现实生产力过程中，企业家占据着无可替代的地位。科斯在分析企业性质的过程中指出，企业家能够指挥生产要素实现对价格机制的替代。诺思认为企业家也是制度创新的主体。目前，关于企业家的研究可划分为三个流派：

1. 以熊彼特和鲍莫尔为代表的德国学派，该学派将创新视为企业家精神的核心。熊彼特将实现新组合的人称为"企业家"，认为企业家从事"创新性的破坏"工作的动机源于"企业家精神"，企业家的创新行为是商业周期和经济发展的根本原因。鲍莫尔依据企业家对社会产生的不同影响，将企业家精神分为产出性、非产出性和破坏性三类，认为生产性企业家精神是经济可持续发展的关键。

2. 以奈特和舒尔茨为代表的新古典学派，注重于企业家的风险承担能力和冒险精神以及应对市场失衡的能力。奈特认为企业家的作用体现为处理经济中存在的不确定性，企业家是承担不确定性的决策者。舒尔茨则考察了企业家在非均衡经济中的作用，指出企业家的职能是对经济条件的变化作出反应、发现潜在获利机会，通过重新配置时间和其他资源使经济恢复均衡。

3. 以米塞斯和柯兹纳为代表的奥地利学派，强调企业家对市场机会的识别能力。米塞斯认为，不同于经理人、管理者，企业家在市场交易、市场价格机制和市场发展中具有核心地位和创造性的推动作用。柯兹纳则强调企业家在获取和使用信息方面的作用，认为企业家能够发现对交易双方都有利的

交易机会，并作为中间人参与其中，发挥推动市场过程的作用。不同学派对企业家的理解存在差异，但都强调了企业家在市场经济中的重要作用。在经济学意义上，企业家是一种特殊的稀缺要素，在经济活动中扮演创新者、组织和协调者等角色，其中创新可视为其最基本的职能，其他作用基本上可以统一到创新过程中。

社会主义市场经济赋予"企业家"新内涵。进入新时代，企业家的内涵不再局限于新企业的发起者，而是拓展到企业家政府、社会企业家。中国特色社会主义市场经济坚持公有制为主体多种所有制经济共同发展，这使得中国企业家队伍具有鲜明时代特征。改革开放以来，每个时期都涌现出了一批企业家，形成独特的企业家精神引领，成为推动中国经济发展的重要动力。改革开放初期，随着农村家庭联产承包责任制的实施，乡村能人创办了大量乡镇企业，在创业过程中表现出勇担风险、善抓机会和敬业的企业家精神。进入互联网时代（21世纪初），在"下海潮"中涌现出一批党政干部和事业单位知识分子出身的企业家，这一时期企业家精神体现为创新、善抓机会、勇于突破几个方面。近十年来出现的企业家，以海外归国的留学生和工程师为主，所创办企业集中于计算机、互联网等高科技产业，更关注于创新、诚信、精益求精（李兰等，2019）。党的十八大以来，党中央高度重视企业家的重要作用。2019年《中共中央 国务院关于营造更好发展环境支持民营企业改革发展的意见》强调，"引导企业家爱国敬业、遵纪守法、创业创新、服务社会"，并从法制环境、市场环境、社会氛围三个方面提出营造企业家健康成长环境的具体要求。2020年7月21日，习近平总书记在企业家座谈会上，从"爱国、创新、诚信、社会责任、国际视野"五个方面高度概括了新时代中国企业家精神，拓展了企业家与企业家精神的外延。因此，要实现新时代的发展要求，应更好地发挥企业家在技术创新中的作用，切实提升企业技术创新能力，以创新塑造发展新优势。

（二）发挥企业家作用需弘扬企业家精神

作为一种极为稀缺的社会资源和创新要素，企业技术创新能力的提升离不开企业家的作用以及企业家精神的引导。技术创新理论指出，企业家作为创新的主体，通过"实现新的组合"，推动生产技术革新。企业家精神在企业技术创新能力建设中发挥着重要作用，首先，企业家精神可以优化企业的报酬激励管理，激励工程师、科学家等人力资本的创新行为；同时还能够提升企业识别和利用企业家机会的能力。其次，企业家精神能够塑造有利于企业创新的外部环境，主要包括促进企业知识溢出、提升市场专业化分工水平、加速知识变异与转化。最后，企业家精神作为知识溢出管道，可以促进其他创新主体创造的新知识转化为企业家机会（Audretsch & Keilbach，2010）。此外，企业家精神在优化异质性稀缺资源配置、完善组织突破性创新管理过程、识别和利用企业家机会等方面具有突破性创新优势，对推进企业创新动力转换起到关键作用（庄子银等，2020）。

开启全面建设社会主义现代化国家新征程需要弘扬企业家精神。"十四五"时期，我国发展环境面临深刻复杂变化，《建议》提出的国民经济和社会发展目标能否实现，在很大程度上取决于中国企业的创新能力。因此，弘扬企业家精神是实现中国经济高质量发展的题中应有之义。其一，弘扬企业家精神有利于解决我国发展中不平衡问题。中国经济发展的区域差异在一定程度上反映了不同地区创新主体建设差异。在推动生产要素向欠发达地区流动过程中，弘扬企业家精神，有利于加快欠发达地区企业发展的动力转换，显著提升其技术创新能力，缩小与国内乃至与世界技术前沿的差距。其二，弘扬企业家精神有利于企业创新能力的形成与强化。长期以来，中国社会普遍存在对企业家的误解，如将民营企业家等同于资本家；将企业家视同一般企业管理者等。这些误解不仅与新时期我国社会主义市场经济发展趋势相违背，还对强化企业市场主体地位与创新主体地位产生了不利影响。弘扬企业家精神，不仅有利于荡涤社会上的浮躁功利之气，激励企业克服"小富即安"的思想状态，还能通过溢出效应营造良好的创新氛围，促进企业积极参与创新活动。其三，弘扬企业家精神有利于破解核心技术"卡脖子"问题。国内外实践表明，基础研究和原始创新是企业掌握核心技术、形成核心竞争力的关键。企业家精神能够引导企业关注基础研究与原始创新，致力于高端设备、关键核心技术生产研发能力与创新能力的跃升，进而引领企业激发创新改革活力。

（三）营造有利于发挥企业家作用的制度环境

　　回顾改革开放 40 多年的发展历程，中国社会涌现了大批优秀企业家，但远未形成现代管理学之父德鲁克所说的美国式企业家经济。当前，我国企业家队伍不健全，大部分企业家在创新精神和创新能力方面有所欠缺，尚不能满足高质量发展要求，因而难以发挥企业家的"头雁效应"。

　　费尔普斯在《大繁荣》一书中指出，发明与其背后的好奇心和创造性并不是什么新东西，而激发、鼓励和支持人们大规模参与发明的那些社会变革和制度创新才是历史上的新事物，才是经济起飞的深层次原因。在鲍莫尔看来，决定企业家才能配置的制度是理解企业家活动的关键。不同的制度环境决定了企业家从事生产性活动和非生产性活动的预期收益，影响企业家才能在不同活动类型之间的投入比例，从而导致不同社会中企业创新能力的差异。

　　由于制度环境的差异，中国企业家对其才能配置方式与西方企业家存在差异。在西方，崇尚竞争、鼓励创新、推崇自我价值实现的宗教文化是孕育企业家精神的沃土，而完善的市场经济则为企业家创新活动提供了制度保障。因此西方企业家的时间和精力主要用于应对市场的不确定性和从事商业创新。在中国，受"儒释道"等传统文化影响，企业内部易于形成强调"中庸"的集体主义文化与"人治"观念，且普遍存在"木秀于林、风必摧之"的现象，不利于企业家创新精神的形成。再者，很多商业机会源于我国社会转型过程中的"制度真空"，企业家关注的重点在于如何发现并利用这些"制度真空"，而并非聚焦于生产工艺或产品的本质创新，加之长期实行的产业政策进一步弱化企业进行自主创新的意愿与能力（张维迎，2010），导致我国"策略性"创新激增而"实质性"创新不足，企业技术创新能力未能得到实质性提升。

　　深化体制机制改革是发挥企业家在技术创新中重要作用的内在要求。在一个制度中，若企业家不能获得实践信息、不断地创造和发现新的信息并且不能将信息和知识传递给经济实体，那么在该制度下就难以出现真正的企业家。在米塞斯和哈耶克看来，这种制度是阻碍市场经济发展的，其经济结果必然是缺乏效率的，因为这种制度是以系统性地、制度性地侵犯企业家才能的自由发挥为基础的。国内外经验表明，企业家与企业家精神是可以后天培养的，能够在社会实践和社会教育中逐步发展的。从这个角度来看，从制度层面引导培育服务于企业创新主体建设的企业家精神是可行的，这将进一步促进我国企业技术创新主体建设和企业技术创新能力提升。鉴于此，2015 年 3 月 13 日发布的《中共中央 国务院关于深化体制机制改革加快实施创新驱动发展战略的若干意见》要求，从实行严格的知识产权保护制度、打破制约创新的行业垄断和市场分割等方面，构建适应创新驱动发展要求的制度环境和政策法律体系。2017 年 9 月 8 日发布的《中共中央 国务院关于营造企业家健康成长环境弘扬优秀企业家精神更好发挥企业家作用的意见》提出"三个营造"和"三个加强"，为发挥企业家作用提供了重要政策保障。可见，在高质量发展过程中，发挥企业家的作用必须以高质量的制度（广纳式制度）为保障，通过限制政府干预、让市场决定资源配置，促进各类创新要素向企业集聚。

五、发挥大企业与中小微企业的创新优势，
实现融通创新

（一）大企业与中小微企业有何创新优势

大企业要发挥自身规模优势引领和支撑技术变革与产业升级，中小微企业作为行业的重要组成部分必须发挥其创新活力成长为创新的重要发源地。在技术创新中，不同规模企业各具优势，其技术创新绩效取决于企业自身的技术创新能力与企业外部的市场结构。大企业能够有效集聚创新要素，获得较高的技术创新规模效益，在技术商业化、前沿技术监测、承担创新风险等方面具有一定优势；中小微企业的产权结构简单清晰，具有灵活的组织结构与决策机制，内部交易成本较低，能够适应迅速变化的市场环境，积极探索未知性领域进行突破性创新。

发挥大企业规模优势在技术创新中的引领支撑作用。熊彼特认为，大企业在资金、制度、信息获取等方面具有显著优势，是技术创新的主要力量。

他在《资本主义、社会主义和民主主义》一书中进一步指出，"大企业是技术进步最有力的发动机"，创新竞争促使大企业进行持续创新以维持企业的存续与发展。根据已有研究，大企业的创新优势主要包括承担 R&D 投入所需的高额固定成本以及与创新相关的风险和不确定性；能够利用市场优势与规模经济，减小创新的不确定性和风险性，提升创新预期收益等（Cohen，1997）。实践亦表明，与中小微企业相比，大企业所具备的创新要素禀赋优势有利于实现技术创新。随着技术复杂化与经济全球化程度加深，创新的门槛也因之升高。无论是维系经济体可持续发展，还是应对气候变暖等重大社会问题，大企业均具备足够的创新要素资源和创新能力在国际创新竞争中抢占制高点。具体而言，大企业在获取人才、资金、技术等创新要素方面，比中小微企业具有突出优势，具备更强的风险承担能力，所拥有的产业链也更为完整，在一些被大型企业垄断的行业中，优势更为明显。此外，发挥大企业在技术创新中的引领支撑作用，不仅有利于维护产业链供应链安全与稳定，促进产业攀升价值链高端和获取高附加值，还有利于不断延伸产业链，形成积极科研创新风气，带动产业生态加速成长。华为、大疆等百强企业在 5G、无人机等领域，不仅突破国际技术封锁，提升本产业的综合竞争实力，更带动新科技在社会各领域开展广泛的应用和模式创新，为制造业、农业等传统行业转型升级提供技术支撑。

发挥中小微企业的灵活优势支持其成长为创新重要发源地。古典和新古典经济学认为，市场竞争形成企业从事技术创新的有效外部激励，竞争驱使下的中小微企业最能促进技术创新。处于垄断地位的大企业利用其市场势力，通过调整产量和价格即可获得超额利润，对高风险的创新活动缺乏兴趣，从而逐渐丧失技术进步的动力（Arrow，1972）；完全竞争的中小微企业面临更大的竞争压力，创新精神和创新求存动力更强，能够凭借富有弹性的组织结构与决策机制，降低企业内部交易成本，提升其创新活力与适应性（Scherer，1965）。此外，中小微企业还能够在自身投入较少的情况下，借助大学、大公司的 R&D 投入所产生的知识和技术创新成果的扩散，来进行技术创新活动（Acs，1990）。

大量统计数据与实证研究表明，中小微企业具有灵活性强、市场反应迅速、内部信息和决策过程敏捷等优势，在某种程度上抵消中小企业内在的成本劣势，在技术创新方面表现出大企业所无法具备的活力和效率。有统计数据显示，从 20 世纪初到 70 年代，中小微企业贡献了美国科技发展项目中的 55%，其人均创新约为大企业的两倍。哈佛大学的一项研究结果表明，美国在第二次世界大战后在经济上广泛采用的 730 项重要发明中，近 81.78% 是由中小微企业及个人完成的。德国中小企业积极参与尖端技术领域的研发活动，被视为最重要的"创新发动机"，中小企业领军者的人均专利拥有量是大企业的 5 倍，但单项专利成本仅为后者的 1/5。可见，中小微企业的创新成本更低，却表现出更高的创新效率。事实上，随着传统产业日渐式微，高新技术产业异军突起，中小微企业的技术创新价值逐渐赶超大企业，如光学扫描器、个人计算机等重大创新成果均来自于中小企业，而知识经济的到来再次提升了中小微企业在技术创新中的重要性。

（二）我国大企业与中小微企业创新的现状与障碍

1. 大企业"大而不强"。按照管理学家钱德勒的观点，大企业在现代经济增长中发挥着不可替代的作用。在经济全球化的过程中，技术标准和行业发展方向通常掌握在大企业手中，世界 500 强企业主导完成了全球 80% 的研发投入、70% 的技术创新以及 60% 的技术转移。2020 年《财富》世界 500 强排行榜中，中国大陆 124 家公司上榜，历史上第一次超过美国（121 家）。从产业结构来看，中国上榜企业集中于房地产、工程建筑和金属冶炼等传统产业；而美国等发达国家的上榜企业则集中在信息技术、生命健康等领域，且在高端制造业具有显著优势，占据全球价值链高端。

我国大企业的研发投入有所增强，但技术创新能力仍然薄弱，尚未摆脱价值链"低端锁定"的困境。科技部统计数据显示，2018 年，我国开展 R&D 活动的规模以上工业企业占全部企业的 28.0%，拥有研发机构的企业仅占全部企业的 19.2%。《2020 中国 500 强企业发展报告》显示，中国 500 强企业排名中，位居前列的大多是垄断行业的企业（如中国石化、中国石油、国家电网），而非拥有强大技术创新能力的跨国企业。2019 年，中国企业 500 强研发费用占全国企业 R&D 经费的 63.55%，中国企业 500 强的平均研发强度为 1.61%，其中制造业企业的平均研发强度为 2.18%；服务业企业的平均研发强度为 1.01%。可见，我国大中型企业对创新的投入极为不足，在全球供应链主导权、关键核心技术等方面与发达国家跨国企业相比仍存在较大差距。

2. 中小微企业"小而不精"。近年来，我国中小微企业发展迅速，已成为拉动经济增长、扩大社会就业、促进技术进步的重要力量。第四次全国经济普查系列报告显示，2013～2018 年，中小微企业数量增长 115%，占全国企业总量的 99.8%；吸纳就业人员增长 5.5%，占全部企业就业人员的79.4%；中小微私营企业增长 166.9%，占全部企业的 84.4%。据工业和信息化部统计，中国 65% 的发明专利、80% 的新产品开发都是由中小企业贡献的，且与同类大型国有企业相比，中小企业拥有更高的专利产出。中小微企业量大面广、机制灵活，为我国营造了多元竞争、充满活力的市场环境，逐步成为我国增强创新动力的重要源泉，是国家创新体系中最能动、最活跃的部分。

然而，要支持中小微企业成长为创新重要发源地面临着重大挑战。一方面，中国的中小微企业主要依靠改进技术来捕捉市场新机会，由此获得渐进式创新带来的高回报率，对基础研究与突破性技术创新的参与度极低，具有极强的对外技术依赖性（乐文睿等，2016）。与德国等发达国家相比，中国的中小微企业创新意识不强，创新能力薄弱，极少拥有自己的专利和研发团队。随着经济进入新常态，中小微企业原有的成本优势逐渐丧失，亟须转变以模仿创新为主的渐进式创新模式，以技术创新能力作为核心竞争力，从而在市场竞争中占据优势与主动。另一方面，中小微企业的技术创新活动缺乏外部支持。与大企业相比，中小微企业更依赖于政策扶持与制度保障。在"抓大放小"和"做大做强"的政策指引下，大企业成为政府长期以来扶持的重点，大量科技型中小微企业因缺乏政策支持而无法跨越"死亡陷阱"。此外，"融资难、融资贵"，以及知识产权保护成本过高等问题也是中小微企业面临的创新发展困境。

（三）大企业与中小微企业实现融通创新的实现路径

大中小企业融通创新是中国的优势所在。在推进创新驱动发展过程中，塑造大中小企业融通创新的发展新优势，是提升企业技术创新能力的重要内容。推动大中小企业融通创新，需要大企业向中小微企业开放创新资源、提供技术支持，构建创新协同、产能共享、供应链互通的新型产业创新生态；中小微企业在新的创新生态中实现"专精特新"发展，提升中小微企业技术创新能力，促进创新成果回流大企业，为大企业注入活力。我国大中小企业之间合作创新具有"浅"与"散"的典型特征，与当前所倡导的融通创新存在较大差距。因此，要积极挖掘融通创新方式与途径，以实现产业链上中下游、大中小企业融通创新。

1. 发挥包括进入世界 500 强在内的大企业的创新作用。中国进入世界 500 强的公司中，较少以制造业为主业，且平均规模不足美日德等发达国家企业平均规模的 1/5。企业规模过小，不仅不利于发挥规模经济的优势，也会阻碍技术创新，如中小企业的发明或创新难以通过大企业之间的竞争转化为产品及产业（卢现祥，2020）。因此，要充分认识到大企业开放式创新对融通创新的推动作用，充分调动大企业的创新（尤其是突破性创新）积极性，增强其向中小微企业开放创新资源的合作意愿，发挥其引领支撑作用。

2. 加强对中小企业技术创新的支持。在中国，占比 3% 的中小微创新型企业贡献超过 65% 的专利与技术，已成为我国技术创新的主要力量。为切实提升中小微企业的技术创新能力，要以政策制度法律化、组织机构专门化来制定和落实支持政策，扫除中小微企业面临的创新障碍。着力提高中小微企业赋能活动针对性、政策扶持精准性，建立完善的市场准入规则和市场退出机制，制定和完善针对中小微企业技术创新的法律体系（尤其是知识产权保护制度），营造出有利于中小微企业创新的政策环境、市场环境、法治环境。

3. 发挥隐形冠军企业与独角兽企业在技术创新中的作用。在制造业的产业链条上，不仅有大型跨国企业，还有众多隐形冠军企业。隐形冠军企业是指，在国内或国际细分市场中占据领先地位，但社会知名度很低的企业（西蒙，2002）。全球 2734 家隐形冠军企业中，德国、美国、日本分别拥有 1307 家、366 家、220 家，而中国只有 68 家。隐形冠军企业通过市场和技术的有机融合，掌握了细分领域话语权，是抗击外部风险、稳定经济增长的重要力量，制造强国需要培育更多的隐形冠军企业。独角兽企业则是具有发展速度快、稀少、投资者青睐等属性，且市值达到 10 亿美元的创业型企业。独角兽企业是技术创新与商业模式创新融合的结果，能够带来新业态、新技术，促进新产业、新模式的快速成长。

第三章　知识溢出、知识产权保护与企业创新

一、引言与文献回顾

　　企业作为国家创新主体，实现其创新发展是影响产业技术结构升级、提升全要素生产率进而实现经济增长的关键（黎文靖，郑曼妮，2016）。然而，相对于经济发展的现实需求，我国本土企业的创新能力依旧存在着滞后现象（戴魁早，刘友金，2016）。分析其原因发现，尽管企业加大 R&D 投入能提高生产率，使其获得先动优势，但由于知识的非竞争性与非完全排他性等外部性特征决定了企业难以阻止外部对其创新活动所产生的新知识与技术加以利用，即"知识溢出"的存在导致企业既期盼获得"知识溢出"以提高技术水平，又防范"（自身）知识溢出"而遭受市场竞争。在希望"搭便车"与"规避风险"的共同作用下，企业创新动力与活力不足，创新驱动发展受阻。因此，在知识具有外溢性的硬约束条件下，加强知识产权保护，解决企业面对知识溢出的矛盾，让企业敢于创新、放心创新，对于促进企业创新驱动发展，提升企业在全球价值链中的位置，实现中国制造向中国创造转变具有重要的现实意义。

　　知识溢出、知识产权保护对企业创新具有激励作用，知识溢出激励了创新产出并推动了企业创新活动的空间集中（Krugman，1991；Romer，1994；Triguero & Sara，2018；Barra et al.，2019）；知识产权保护则被视为实现内生增长的关键驱动因素（Acemoglu & Ufuk，2012；Kim et al.，2012；Sweet & Eterovic，2015，2019）。尽管关于知识溢出、知识产权保护对企业创新影响的

研究众多，但将二者相结合，考察三者之间关系的文献却并不多见。针对这一研究现状，本章基于微观企业以省份为分析单元，尝试厘清知识溢出、知识产权保护与企业创新三者之间的关系，并以此探讨知识溢出和知识产权保护对企业创新的影响机制与作用效果。具体而言，本章层层递进地分析和检验三个问题：第一，知识产权保护是否能激励企业创新？第二，知识产权保护是增加还是减少知识溢出？第三，如果知识产权保护对知识溢出与企业创新活动都产生了影响，那么三者之间具有什么关系？此外，在进一步的分析中，本章还考察了处于不同技术位置企业的创新活动受知识溢出与知识产权保护的影响差异。

研究发现，知识产权保护既直接促进了企业创新，又通过畅通知识溢出间接促进企业创新，即知识溢出在知识产权保护激励企业创新中发挥了中介作用；处于不同技术位置企业的创新活动受知识溢出与知识产权保护的影响不同，离技术前沿越近企业的创新活动受知识溢出的影响越小，受知识产权保护的影响越大，离技术前沿越远企业的创新活动受知识溢出的影响越大，受知识产权保护的影响越小。

与以往研究相比，本章的贡献可能在于：第一，在研究视角上，尝试理清知识溢出、知识产权保护与企业创新三者之间的关系，探讨了知识溢出在知识产权保护中对企业创新的中介效应；第二，构建了知识溢出与知识产权保护的测度方法，结合各省份技术临近、吸收能力与空间距离测度知识溢出，测算 GP 指数并构建知识产权执法评价体系，结合立法与执法对知识产权保护水平进行测度；第三，对知识溢出、知识产权保护的创新效应大小就企业所处不同技术水平进行了区分，进一步从微观企业角度对宏观制度的实施效果加以考察，将宏观经济制度对微观企业行为的影响研究予以实践。总体而言，本章的研究深化了知识产权保护对中国企业创新的认识，为处于创新驱动发展下的中国企业提供了新的实践参考。

技术变革是长期经济增长最基本的驱动力（Romer，1990）。因此，提供友好的创新环境，包括提供更多的知识溢出、加强知识产权保护是学术界关于企业创新领域研究的一个重要命题。

学术界对知识溢出的研究始于马歇尔（Marshall，1920）开创性提出的知识溢出效应，此后知识溢出为新增长理论和新经济地理学理论所共同关注，研究主要围绕知识溢出对企业创新的影响机制与作用效果这两个问题而展开。在影响机制上，可归纳为基于人力资本流动（De la Roca & Puga，2012）、产学研合作（Aghion & Xavier，2019）、企业家创业（Acs et al.，2009；Braunerhjelm et al.，2010；ACS & Sanders，2013）和贸易投资（林毅夫，张鹏飞，2005）四个方面。在作用效果上，主要体现为 MAR 溢出（同一产业内所形成的专业化溢出）与雅各布斯（Jacobs）溢出（跨产业间形成的多样化溢出）之争。MAR 溢出通过使用相同技术和出售产品给市场中相同行业增加企业研发效率以激励企业创新（Jaffe，1986；Carreira & Luís，2018）；雅各布斯溢出强调城市化外部性，论证了不同部门的知识和技术被重新组合而导致了新产品和新技术的出现（Triguero & Sara，2018）。总体而言，知识溢出通过知识的传播与交流提高了企业对知识价值的认识，降低了发现新知识、实现技术进步和技术商业化的成本，激励企业创新并加强创新的空间聚集（Jaffe，Trajtenberg & Henderson，1993；Buzard et al.，2015）。

阿罗（Arrow，1962）提出创新活动存在"开放悖论"，即企业从外部来源获取知识的先决条件是企业先揭露自身知识。因此为了避免"知识的不可专用性"造成的市场失灵，通过提供知识产权保护而对创新予以激励就显得十分重要。为此，学术界针对这一问题亦展开了深入的研究。鲍莫尔（Baumol，1990）强调了制度环境在激发与释放企业创新活力中的基本作用，通过制定规范，约束企业活动，成为创新活动的重要支柱。诺思（North，1990）将制度与企业创新联系起来，并得出结论：制度既是机会，也是制约因素。知识产权保护制度通过授予发明人排除权、临时垄断权解决了企业面临创新活动沉没成本高、可逆性低、不确定性和部分可专用性等风险，为创新回报提供保障、激励企业创新（Wu et al.，2015）。知识产权保护对于企业创新的激励机制可总结为：要求对被保护的知识进行公开的披露为企业创造获得知识溢出的条件（Acs et al.，2017；Privileggi & Simone，2019）；通过授予发明人排除权、临时垄断权，以保障创新回报（Encoaua et al.，2006）；通过减少"事后征用"的风险激励创新（Fang et al.，2019）；动态竞争下的动态激励效应等（Acemoglu & Ufuk，2012）。尽管如此，部分学者也研究发现，因具备市场势力效应、专利"灌木丛"效应、上游发明者的利润最大化效应，知识产权保护也阻碍了企业进一步的创新（Arora et al.，2008；Hall et al.，2013；

Sweet & Eterovic，2015）。

通过对文献的回顾发现，知识产权保护可通过影响知识溢出进而再对创新产生影响。基于此，部分学者就知识溢出、知识产权保护水平与创新三者的关系展开了研究。詹德雅拉（Jandhyala，2013）、刘思明等（2015）基于南北产品周期模型讨论了 FDI 溢出、知识产权保护与创新的关系。加格帕德和蒙达尔（Gangopadhyay & Mondal，2012）研究发现，随着知识产权保护水平的提升将导致新知识溢出速度的降低，进而造成再创新难度的加大，因此，知识产权保护对创新活动表现为先促进再抑制的倒 U 型影响。高楠等（2017）基于中国 283 个地级市 2001～2011 年的经济活动数据，研究发现，知识溢出所产生的"示范效应"与知识产权保护产生的"保护效应"对区域创新水平具有显著的影响，对区域创新活动进行方差分解可发现，3/4 可由仅包含这两种效应的计量模型予以解释。尽管如此，将知识溢出、知识产权保护与企业创新纳入同一研究框架，研究三者之间内在关系的文献仍不多见。同时研究中对于"企业"这一经济主体在实证处理上，要么将国家（省）层面、行业层面按照某一指标对不同企业进行简单的加总；要么选取某一特定的企业群体，如上市公司（吴超鹏，唐菂，2016）、服务业或制药业（唐保庆，2018；Sampat & Williams，2019），针对企业异质性和微观数据普遍性的研究也少见。

基于此，本章尝试厘清知识溢出、知识产权保护与企业创新三者之间的内在关系。除利用企业经济活动省级面板数据进行实证检验之外，还基于 2005～2007 年中国工业企业数据库为三者之间的关系提供了微观证据。以此为基础，进一步探讨了知识溢出、知识产权保护对不同技术位置企业创新活动的影响差异。

二、机制分析与研究假设

知识对整个社会的贡献与回报明显高于对私人的贡献与回报，在促进其他企业创新的同时也加剧了产品竞争。竞争的存在将减少因创新而获得的市场优势与超额利润，加剧了创新企业对技术被赶超、产品被替代的担忧，进而因创新所承受的风险加大而可预见的创新回报减少，企业创新动力不足、创新被负激励。因此，知识产权保护制度对于减少企业所面对的创新风险、解除创新成果"被搭便车"的忧虑，为企业创新提供正激励发挥着不可或缺的作用。

（一）知识溢出、知识产权保护与企业创新的机制分析

1. 知识产权保护与企业创新。知识产权保护制度通过市场扩张、弥补市场失灵与激发市场有序竞争三个方面打消了创新企业被搭便车的忧虑，激发了企业创新。

第一，知识产权保护制度创造排他性条件，使创新企业享受"技术专有"，由此创新者能从创新中获利或将创新经济收益内部化，进而通过避免市场竞争、维护市场优势、实现市场扩张以激励企业创新。第二，作为政府弥补和矫正市场失灵的重要抓手，知识产权保护制度通过帮助企业克服外部性问题、信息不对称问题和代理问题的制约，激励企业创新。一方面能帮助企业有效解决因不完全契约所引发的矛盾与纠纷，降低企业创新成果遭遇被侵犯的风险；另一方面也能对创新企业的道德风险进行防范。也就是既能激发技术领先或技术开发企业进行创新，又通过明晰技术转让的权责，减少了创新方不遵守"独家销售"承诺，为技术落后或技术模仿企业提供保障。第三，知识产权保护制度能贯穿企业生产投入到生产经营再到获取利润的整个过程，通过激发市场有序竞争而为企业创新营造良好的市场环境。通过注册商标、授予专利、保护版权等手段，发挥"信号功能"，使资源流向边际效益更高的方向，优化市场资源配置。同时，因对知识成果赋予产权，有利于在价值链中形成创新企业的主导位置、实现创新企业获取更大限度的价值链租金、增强创新企业的剩余分配权，对企业创新提供激励。

2. 知识产权与知识溢出。知识产权保护制度在保护创新者权益的同时，"公开保护"的性质使其具备畅通知识溢出路径的功能。

首先，知识产权保护制度具有"信息披露"的特质。知识产权保护制度的"公开性"决定了"信息披露"为其基本特点。信息披露要求创新者将新知识、新技术以专利文献的形式向全社会公开，由此导致技术成果的扩散。其次，权责清晰的知识产权保护制度为技术转移转化提供了纽带与契机，促

进了潜在技术的广泛传播。通过许可协议或其他以市场为媒介的技术转让形式，极大促进了技术商业化、技术市场化，继而推动企业新产品的研究开发与新产业的培育、优化与拓展。专利权、版权、设计权和商标权等各种知识产权保护形式，赋予创新者通过许可证、特许经营或出售他们的知识产权等方式依靠市场获取技术创新的回报，而不必担心技术被盗用，进而促进知识市场的运作，促进技术的传播。最后，避免企业选择"商业秘密""提前期"等非正式知识产权保护的方式来维护创新回报。"保密"这种非正式知识产权保护方法虽然在短期保障了创新企业的创新回报，但因妨碍新思想的流通，因此削弱了知识溢出的速度与质量，长期而言也不利于企业的创新。有效的知识产权保护制度，能在维护创新企业创新租金的前提下，或者无意识地溢出知识或者有意识地进行知识技术的转让与传播。

（二）研究假设

通过机制分析可以发现，知识产权保护不仅能激发企业创新，而且还为知识溢出提供了渠道。同时，无论企业进行哪一种形式的创新，如消化吸收再创新、复合创新，或是自主创新，均离不开对外部先进技术的利用。换句话说，知识溢出通过降低其他企业进行创新活动的边际成本，提供了可被企业吸收利用的外部知识，为企业技术模仿、技术进步与再创新提供机会与便利，有效刺激了企业进行 R&D 活动。

基于此，本章提出研究假设：知识产权保护既直接激励企业创新，又通过知识溢出间接激励企业创新，即知识溢出在知识产权保护对企业创新的激励中具有中介作用。

三、实证分析

（一）计量模型的构建

本部分采用因果关系逐步法（Baron & Kenny，1986）对上一节中所提出的研究假设进行中介效应的间接与直接检验。

通过建立一组模型（3－1）~模型（3－3），并参照温忠麟和叶宝娟（2014）所提出的逐步检验的改进方法，分三步进行（Baron & Kenny, 1986）因果关系逐步检验。

$$\ln R\&D_{jt} = \alpha_0 + \alpha_1 IPR_{jt} + \beta_2 X + \varepsilon_{jt} \qquad (3-1)$$

$$\ln KS_{jt} = \vartheta + \vartheta_1 IPR_{jt} + \gamma_2 X + \varepsilon_{ijt} \qquad (3-2)$$

$$\ln R\&D_{jt} = c_0 + c_1 IPR_{jt} + c_2 \ln KS_{jt} + c_3 X + \varepsilon_{jt} \qquad (3-3)$$

其中，$R\&D_{jt}$ 为 j 省份 t 年的企业创新；IPR_{jt} 为 j 省份 t 年的知识产权保护强度；KS_{jt} 为位于 j 省份企业在 t 年实际可接收的知识溢出；X 为一组控制变量。

对上述三个模型依次回归，如果 α_1 回归结果显著为正，说明知识产权保护对企业创新具有总效应；若 ϑ_1 回归结果显著为正，即知识产权保护显著正向影响知识溢出；若 c_1，c_2 回归系数显著为正且 $c_1 < c_2$，说明知识溢出对知识产权保护影响企业创新具有中介作用，即知识产权保护既直接影响企业创新，又通过知识溢出间接影响企业创新。

考虑到逐步检验法的统计功效较低这一问题，为了验证逐步回归的稳定性，亦采用索贝尔（Sobel）法与 Bootstrap 法进行中介效应的检验与分解。直接检验通过对系数乘积（原假设：H_0：$\vartheta_1 c_2 = 0$）进行检验来判断模型是否具有中介效应。索贝尔（1982）法构造统计量 $z = \hat{\vartheta}_1 \hat{c}_2 / s_{\vartheta_1 c_2}$ 进行中介效应检验，其中，$\hat{\vartheta}_1$ 和 $\hat{c}_2$ 分别是 ϑ_1，c_2 的估计，$s_{\vartheta_1 c_2}$ 是 $\vartheta_1 c_2$ 的标准误，在检验过程中要求 $\hat{\vartheta}_1$，$\hat{c}_2$ 以及 $\vartheta_1 c_2$ 符合正态分布。Bootstrap 法相对于索贝尔法，通过从样本中重复取样具有偏差矫正的效果。本节采用索贝尔法与 Bootstrap 法进行中介效应的直接检验，在 Bootstrap 法中，设定 "Bootstrap Samples" 为 1000。

（二）变量构建、数据来源与描述性统计

1. 变量构建。

（1）被解释变量：企业创新（$\ln RD_{jt}$）。企业创新活动以进行创新投入为开端，因此以企业 R&D 投入度量企业创新。在指标的选取上，一般以投入绝对指标和研发强度相对指标为代表。选取绝对指标——企业 R&D 支出的对数

（$\ln RD_{jt}$）作为创新活动的代理变量。

此外，由于 R&D 活动不仅对当期而且对未来知识生产均具有影响，因此，通过永续盘存法（PIM）对每一省份每一年度 R&D 存量进行计算。具体计算公式为：$R_{jt} = (1 - \delta) \times R_{jt-1} + E_{jt}$，其中 R_{jt}、R_{jt-1} 分别表示 j 地区的企业第 t、$t-1$ 期的资本存量；δ 为 R&D 资本折旧率，取值 15%（Griliches，1980；吴延兵，2006）；E_{jt} 表示 j 地区企业第 t 期的实际 R&D 经费支出，参照朱平芳和徐伟民（2003）以 2005 年为基期对名义 R&D 水平进行平减，R&D 支出价格指数为 0.55 倍消费价格指数加上 0.45 倍固定资产投资价格指数。

（2）核心解释变量：知识产权保护（IPR_{jt}）。以韩玉雄和李怀祖（2005）、魏浩（2019）的研究为基础，以 GP 指数与执法强度相结合测算实际保护强度。首先测算出中国内地不包括西藏在内的 30 个省级单位 2005～2013 年知识产权保护 GP 指数，再从社会法制化水平、经济发展水平、行政执法力度三个角度选取四个指标（每万人专职律师人数与每万人拥有律师事务所数、电力消耗量和专利未被侵权率①），以均方差赋权法对执法强度进行测算，最后用测算出的 GP 指数乘以各省份知识产权执法强度，得到实际知识产权保护强度。

（3）中介变量：知识溢出（$\ln KS_{jt}$）。基于贾菲（Jaffe，1986；1988）、卡尼尔斯（Caniels，2000）对知识溢出的测度思路，将省份实际获取的知识溢出构建为技术临近、吸收能力、地理距离等影响下的省份可获得知识池的函数，即 $S_i = \sum_{j=1}^{n} \frac{\chi_{ij}}{1 + \gamma_{ij}} \delta_i K_j$。其中 χ_{ij} 为两地区之间的技术临近；γ_{ij} 为 i，j 两区间的空间距离；δ_i 为 i 区的知识吸收能力；K_j 为 j 区知识池数量。基于产品空间理论的地区生产能力禀赋相似度来测度两地间技术结构相似程度，计算公式为：$\chi_{ij} = \frac{\sum_{k=1}^{m} \omega_{ik} \omega_{jk}}{\left(\sum_{k=1}^{m} \omega_{ik}^2 \sum_{k=1}^{m} \omega_{jk}^2 \right)^{1/2}}$。其中，$\omega_{ik}$ 表示 i 地区 k 产品的生产能力禀赋；ω_{jk} 表示 j 地区 k 产品的生产能力禀赋。将知识吸收能力分解为知识的获取、消化、应用能力，立足于数据可得性，建立知识吸收能力指标体系，运用熵权法对省份的知识吸收能力予以评价。K_j 为 j 区知识池数量，参照有关（Colom-

---

① 专利未被侵权率 = 1 - 专利侵权纠纷案件数/截至当年专利累计授权数。

bellia & Quatraroa, 2018) 做法,以永续盘存法对年度三类专利 (发明、实用新型、外观设计专利) 申请数量总和进行平减。

(4) 控制变量。为了获得知识溢出、知识产权保护对企业创新活动影响更准确的估计,本章对其他一些影响企业创新的变量进行了控制。具体而言,包括市场化程度 (Mar_{jt}),用非国有经济固定资产投资对全社会固定资产投资的占比表示;人力资本水平 (Hr_{jt}),用省份每千人中高等院校在校学生人数表示;对外开放水平 ($Open_{jt}$),用省份进出口总额对 GDP 的比重表示;基础设施水平 (Inf_{jt}),用人均光缆长度表示;政府对企业 R&D 活动的投资力度 (Gov_{jt}),用企业 R&D 资金中政府投入的份额表示。

2. 资料来源与描述性统计。考虑到西藏所缺失的数据较多,本节研究样本为不包括港、澳、台地区和西藏在内的 30 个省份 2005~2013 年的企业数据。企业经济活动数据主要来源于《工业企业科技活动统计年鉴》。为了更进一步地寻求知识溢出、知识产权保护、企业创新三者关系的微观证据,因此在稳健性分析中以企业微观数据代替省级面板数据,以《中国工业企业数据库》中提供的规模以上企业为分析对象。本节中其他数据来源于 2005~2013 年各期的《中国统计年鉴》《中国科技统计年鉴》《中国区域经济统计年鉴》《中国金融年鉴》等。

主要变量的描述性统计分析如表 3-1 所示。

表 3-1   主要变量的描述性统计分析 (省级面板)

变量	含义	平均值	标准差	最小值	最大值
lnRD	企业研发经费内部支出的对数	13.9234	1.6567	6.8762	17.3148
IPR	知识产权保护水平	1.3500	0.4934	0.2350	3.2833
lnKS	企业所能获得知识溢出的对数	8.2948	2.0003	3.6396	12.9947
Mar	市场化程度	0.6525	0.1037	0.4076	0.8739
Hr	人力资本水平	16.3310	6.1756	5.5430	35.6483
Open	对外开放水平	0.3505	0.4305	0.0365	1.8014
Inf[1]	基础设施水平	7.1798	5.5625	1.9443	27.0176
Gov	政府对企业 R&D 活动的投资力度	0.0181	0.0125	0.0039	0.0720

---

① 因异常值的存在,故对此进行缩尾3%处理,此描述性统计为缩尾处理后的值。

图 3 - 1① 所示为 2005 ~ 2013 年我国知识溢出、知识产权保护与企业创新趋势。从图 3 - 1 可以发现,知识溢出(lnKS)、知识产权保护(IPR)与企业创新(lnRD)均表现出平稳增长的同向变动趋势。进一步地,制作知识产权保护与知识溢出、知识溢出与企业创新、知识产权保护与企业创新的散点图(见图 3 - 2),

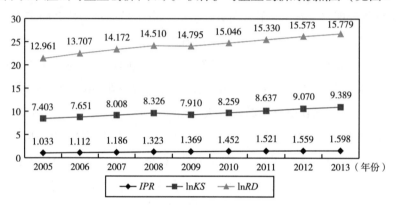

图 3 - 1 我国 2005 ~ 2013 年知识溢出(lnKS)、知识产权保护(IPR)与企业创新(lnRD)趋势

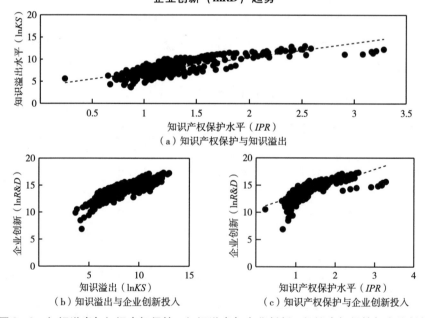

(a)知识产权保护与知识溢出

(b)知识溢出与企业创新投入

(c)知识产权保护与企业创新投入

图 3 - 2 知识溢出与知识产权保护、知识溢出与企业创新、知识产权保护与企业创新

---

① 图 3 - 1 中各变量值为 2005 ~ 2013 年各年全国平均值(除港、澳、台地区及西藏外 30 个省份的算术平均)。

从散点图以及图中简单的拟合趋势线可以发现，知识产权保护与知识溢出、知识溢出与企业创新、知识产权保护与企业创新，均存在较为明显的正向相关关系。由此可以简单地推论出知识产权保护正向影响知识溢出；知识溢出与知识产权保护均正向影响企业创新。以这一判断为基础，以下将利用计量经济模型深入分析三者之间的关系。

（三）估计结果

1. 因果关系逐步法（Baron & Kenny, 1986）的中介检验。考虑到 30 个省份实际情况各不相同，可能存在不随时间变化的遗漏变量，在逐步回归中采用省份固定效应模型，并使用聚类稳健标准误。表 3 - 2 报告了根据逐步回归法的实证结果。表 3 - 2 结果显示，在 1% 的显著水平上符合逐步法的中介效应检验，验证了本章研究假设，即知识产权保护不仅显著促进了企业创新水平的提升，也改善了知识溢出；知识溢出在知识产权保护对企业创新的影响中存在中介效应，即知识产权保护不仅对企业创新具有直接的激励作用，还通过知识溢出间接地激励企业创新。

表 3 - 2　　知识产权保护影响企业创新的中介效应检验（逐步回归）

变量	ln*RD*	ln*KS*	ln*RD*
IPR	1. 8637 *** (0. 3191)	1. 2678 *** (0. 3238)	1. 5340 *** (0. 2856)
ln*KS*	—	—	0. 2601 *** (0. 0889)
Mar	2. 0841 ** (1. 0124)	2. 3535 ** (1. 1532)	1. 4720 * (0. 8439)
Hr	0. 2135 *** (0. 0322)	0. 1496 *** (0. 0313)	0. 1746 *** (0. 0274)
Open	- 0. 3973 (0. 5894)	0. 6582 (0. 4873)	- 0. 5685 (0. 5578)
Inf	0. 0432 * (0. 0224)	- 0. 0770 *** (0. 0262)	0. 0632 *** (0. 0226)

续表

变量	ln*RD*	ln*KS*	ln*RD*
Gov	12.5178 * (6.5897)	19.4978 ** (8.3667)	7.4471 (6.5511)
常数项	6.1628 *** (0.6118)	2.5737 *** (0.4827)	5.4935 *** (0.6513)
省份固定效应	Yes	Yes	Yes
样本量	270	270	270
Within R^2	0.9037	0.7272	0.9135

注：①括号中为标准误；②*、**、***分别表示显著性水平 $P<0.1$、$P<0.05$、$P<0.01$。

2. 中介效应的直接检验。表3-3为中介效应直接检验的结果。从检验结果可以发现，模型拒绝了不存在中介效应的原假设，间接效应和直接效应占总效应的百分比分别为55.05%、44.95%；间接效应对直接效应的比值为122.46%。因此，与逐步回归法的结论相一致，知识溢出对知识产权保护影响企业创新具有显著的中介作用；知识溢出体现知识产权保护促进企业创新的路径与机制。

表3-3　　　　知识产权保护影响企业创新的中介效应检验（直接检验）

项目	系数	z 值	p 值
Sobel	1.2463	6.646	0.0000
Goodman-Aroian	1.2463	6.64	0.0000
Goodman	1.2463	6.652	0.0000
间接效应	1.2463	6.6458	0.0000
直接效应	1.0177	7.1435	0.0000
总效应	2.264	10.2197	0.0000
间接效应/总效应	0.5505		
间接效应/直接效应	1.2246		
总效应/直接效应	2.2247		
Bootstrap-间接	1.2463	4.98	0.000
Bootstrap-直接	1.0177	6.10	0.000

3. 知识溢出中介效应分析。无论是逐步回归法还是直接检验法都对研究假设进行了验证——知识溢出在知识产权保护促进企业创新的活动上发挥了

显著的中介作用，这一作用的产生可从以下两个方面予以分析。

其一，知识产权保护制度通过赋予创新者产权化创新成果，实现了对企业创新的激励。通过对知识这种具备外部性的无形资产进行保护，帮助企业克服外部性、信息不对称和代理问题的制约，激励企业创新。"技术专有"使创新企业能从创新中获利或将创新经济收益内部化，避免市场竞争、获得创新回报。"产权化创新成果"降低企业创新风险，保障创新回报，给予创新企业"安全感"，促使企业在新技术的开发与研究、新业务的优化与扩展中投入更多的人、财、物。"明晰权责"能有效解决企业之间不完全契约纠纷，防范道德风险，既激发技术领先企业展开新一波的技术领跑，又对技术后进企业进行模仿创新予以支持鼓励。

其二，知识产权保护制度"信息披露"特质，畅通了知识溢出渠道，有利于知识溢出，进而再发挥知识溢出的企业创新效应。企业之所以不愿意从事创新活动，其中一个重要原因就在于知识外部性产生知识溢出，虽然企业能从创新中获益，但"外部性"的存在导致先一期的创新成果面临着被迅速翻版与复制的风险。因此，企业为了保持其领先性，可能采用"商业秘密"这种方法来防范遭受知识外部性的风险。然而，商业秘密这种防范方法虽然在短期内的确有利于企业创新，但从长期和整体来看，切断了知识的交流，有碍于创新。知识产权保护制度解决了既需要知识溢出又害怕知识溢出这一矛盾，通过专利权、版权、设计权和商标权一方面"公开披露"，在保障创新者享有对创新成果"暂时垄断"的同时，又畅通了知识溢出的渠道。通过这一渠道既能向市场说明创新者拥有的新技术，形成创新者市场竞争优势，又能激发市场关注新技术，学习新技术，实现应用新技术的再创新再溢出。另一方面，创新者能够通过许可证、特许经营或出售他们的知识产权等方式，依靠市场获取技术创新的回报，进而促进知识市场的运作，加速先进技术的传播，使知识溢出的创新效应得以有效发挥。

（四）稳健性检验

为了检验上述结论是否客观、稳定、可靠，采用两种方法进行稳健性检验。一是替代关键变量的度量指标；二是运用企业微观数据代替省级面板数据，从而寻求知识溢出、知识产权保护与企业创新三者关系的微观证据。

1. 替代关键变量指标的稳健性分析。以樊纲等（2011）编著的《中国市场化指数》中的知识产权保护指标作为知识产权保护水平的度量进行稳健性检验。

表3-4为以逐步回归法进行知识溢出中介效应检验的回归结果。从表3-4可以发现，与表3-2相同，回归结果在1%的显著水平上符合逐步回归法的中介效应检验，且各个变量估计系数符号一致、显著性程度基本相同，表明回归结果稳健可靠，知识溢出在知识产权保护对企业创新中起到了显著的中介作用。

表3-4　　知识产权保护影响企业创新的中介效应检验（稳健性检验）

变量	lnRD	lnKS	lnRD
IPRᶠ	0.0371 ** (0.0147)	0.0315 *** (0.0115)	0.0243 ** (0.0115)
lnKS	—	—	0.4064 *** (0.1051)
Mar	3.0857 ** (1.2125)	2.9733 ** (1.2214)	1.8773 ** (0.8959)
Hr	0.2822 *** (0.0330)	0.1939 *** (0.0307)	0.2034 *** (0.0382)
Open	-0.8441 (0.5373)	0.5110 (0.5134)	-1.0517 *** (0.4770)
Inf	0.1071 *** (0.0286)	-0.0307 (0.0243)	0.1196 *** (0.0281)
Gov	21.1121 *** (6.6969)	22.4535 ** (10.7020)	11.9873 ** (4.8568)
常数项	6.0881 *** (0.6178)	2.5205 *** (0.4910)	5.0638 *** (0.6479)
省份固定效应	Yes	Yes	Yes
样本量	270	270	270
Within R^2	0.8580	0.6968	0.8847

注：①括号中为标准误；② ** 、 *** 分别表示显著性水平 $P<0.05$、$P<0.01$。

2. 基于企业微观数据的稳健性检验。尽管针对省级单元的分析已得出知识溢出具有中介效应这一结论，但为了进一步寻求微观基础，以下基于工业企业数据库进一步进行实证分析。

考虑到数据的可得性，在探析知识溢出、知识产权保护对企业创新影响的微观证据时，仅以 2005~2007 年为研究区间。在样本选择上，以制造业企业为研究对象，考虑到制造业行业两位数代码众多，参照姜等（Jiang et al.，2018）对制造业行业的大类划分，选取食品和非耐用品、化学和金属产品、制药、机械仪器与装备、电子电信五个行业大类 27 个制造业两位数代码进行分析。在进行计量分析之前，参照谢千里等（2008）、蔡和刘（Cai & Liu，2009）的方法剔除了明显不符合会计准则与经济实际的数据。根据企业名称与法人代码均匹配原则，整理出 2005~2007 年三年平衡面板数据。在此基础上，剔除三年来两位数行业代码发生改变的企业，剔除开业时间不一致的企业，最终得到样本企业 156841 个（观测值 470523 个）。

考虑到所研究企业的时间跨度为三年，相当部分企业 R&D 支出为 0，因此如果以永续盘存法来计算 R&D 存量将不满足吴延兵（2006）所提出的 PIM 方法需满足的假设条件，进而可能出现较大的偏离。因此在微观分析中对企业 R&D 投入以平减后的年度研发支出（E_{ijt}）[1] 来衡量。

在控制变量的选取上，除上文中提到的描述省份特征的变量之外，还添加了描述企业特征的变量，包括企业资产负债率（Dar_{ijt}），用总负债占总资产的比例表示；人均资产的对数（$\ln KL_{ijt}$），用当年资产额除以职工总数取对数；企业所有制类型（$d1_{ijt}$），根据是否为公有制企业通过设置虚拟变量来区分；企业技术与前沿技术的距离（Gap_{ijt}），参照霍尔兹和扬格（Holzl & Janger，2014）、马尔瓦和桑塔雷利（Malva & Santarelli，2016）、张海玲（2019），将技术距离定义为某行业上一期劳动生产率[2]最高企业（前沿企业）与其他企业劳动生产率数值之比的对数，数值越大，说明离技术前沿越远。

在实证分析中，因样本存在较多企业创新投入对数为 0 的情况（即数据存在左断尾分布），为了避免删除大量样本，获得反映全样本信息的分析

———————————

① 实证分析中，为避免 R&D 对数值不存在的情况，将企业 R&D 投入加 1 后再取对数。

② 计算方法为：劳动生产率 = 销售收入/劳动力投入。

结果。本章采用 Tobit 面板回归，以检验知识溢出、知识产权保护对企业创新的作用效果。表 3 – 5 报告了逐步回归法的实证结果。表 3 – 5 由两组中介效应模型组成，其区别在于控制变量的不同。第一组模型（模型 1 – 1 ~ 模型 1 – 3）控制变量为描述省份特征的变量；而第二组模型（模型 2 – 1 ~ 模型 2 – 3）在保持这些控制变量的基础上，添加了描述企业特征的变量。观察研究结果发现，即使控制变量发生了改变，两组模型结果相比，系数变化幅度不大，结论相同，即知识溢出对知识产权保护影响企业创新具有显著的中介效应。

表 3 – 5　　知识产权保护影响企业创新投入的中介效应检验（微观企业数据）

变量	ln*RD*	ln*KS*	ln*RD*	ln*RD*	ln*KS*	ln*RD*
	模型 1 – 1	模型 1 – 2	模型 1 – 3	模型 2 – 1	模型 2 – 2	模型 2 – 3
IPR	4. 7336 ***	1. 3775 ***	4. 3087 ***	4. 7356 ***	1. 3497 ***	4. 3361 ***
	(0. 1704)	(0. 0037)	(0. 1811)	(0. 1744)	(0. 0037)	(0. 1839)
ln*KS*	—	—	0. 3318 ***	—	—	0. 3304 ***
			(0. 0490)			(0. 0491)
Mar	– 9. 4287 ***	2. 7204 ***	– 11. 3519 ***	– 9. 6067 ***	2. 7819 ***	– 11. 5581 ***
	(0. 4624)	(0. 0135)	(0. 5465)	(0. 4642)	(0. 0135)	(0. 5504)
Hr	0. 1110 ***	0. 0845 ***	0. 1023 ***	0. 0865 ***	0. 0827 ***	0. 0781 ***
	(0. 0072)	(0. 0003)	(0. 0074)	(0. 0073)	(0. 0003)	(0. 0074)
Open	– 2. 3237 ***	1. 3898 ***	– 2. 8239 ***	– 2. 0603 ***	1. 4035 ***	– 2. 5684 ***
	(0. 0942)	(0. 0033)	(0. 1207)	(0. 0963)	(0. 0033)	(0. 1231)
Inf	0. 1478 ***	0. 0321 ***	0. 1383 ***	0. 1359 ***	0. 0314 ***	0. 1273 ***
	(0. 0162)	(0. 0004)	(0. 0163)	(0. 0163)	(0. 0004)	(0. 0164)
Gov	1. 6101	– 1. 0247 ***	0. 8697	1. 6834	– 1. 0587 ***	0. 9100
	(1. 1969)	(0. 0221)	(1. 2034)	(1. 2005)	(0. 0221)	(1. 2070)
Dar	—	—	—	– 0. 1865 **	0. 0186 ***	– 0. 2076 **
				(0. 0868)	(0. 0014)	(0. 0869)
ln*KL*	—	—	—	0. 9042 ***	0. 0105 ***	0. 9007 ***
				(0. 0214)	(0. 0004)	(0. 0214)
Gap	—	—	—	– 0. 0928 ***	0. 0049 ***	– 0. 0956 ***
				(0. 0095)	(0. 0004)	(0. 0095)

续表

变量	lnRD	lnKS	lnRD	lnRD	lnKS	lnRD
	模型 1-1	模型 1-2	模型 1-3	模型 2-1	模型 2-2	模型 2-3
d1①	—	—	—	0.3649 *** (0.0776)	-0.0205 *** (0.0014)	0.3913 *** (0.0777)
常数项	-12.6292 *** (0.3263)	3.2261 *** (0.0074)	-13.2422 *** (0.3385)	-20.9665 *** (0.4006)	3.0963 *** (0.0085)	-21.5199 *** (0.4094)
sigma_u	9.5749 ***	0.6736 ***	9.5745 ***	9.1762 ***	0.6678 ***	9.1756 ***
sigma_e	3.9984 ***	0.1185 ***	3.9971 ***	4.0392 ***	0.1186 ***	4.0379 ***
rho	0.8515	0.9700	0.8516	0.8377	0.9694	0.8378
Log likelihood	-265381.74	-23560.922	-265360.62	-264448.73	-22389.148	-264427.72
Wald chi2	2172.97	2930000.0	2217.43	4094.65	2950000.0	4125.39
Prob > chi2	0.0000	0.0000	0.0000	0.0000	0.0000	0.0000
样本量	470523	470523	470523	470523	470523	470523

注：①括号中为标准误；②** 、*** 分别表示显著性水平 $P < 0.05$、$P < 0.01$。

四、进一步分析：企业技术位置的异质性

从上文分析结果可以发现，企业所处的技术位置对企业创新具有影响。那么，企业所处的技术位置是否也会影响知识溢出、知识产权保护对企业创新的作用效果呢？或者说，到底是临近技术前沿的企业创新活动受知识溢出、知识产权保护影响更大，还是远离技术前沿的企业创新活动受知识溢出、知识产权保护的影响更大？为了回答这一问题，本节继续基于 2005~2007 年微观企业数据，首先从企业是否做出创新决策角度，研究了不同技术位置上企业的创新活动受知识溢出、知识产权保护影响大小的差异，之后从企业创新投入数量视角继续探讨。研究发现，越接近技术前沿，企业的创新活动受知识溢出影响越小、受知识产权保护影响越大；越远离技术前沿，企业的创新活动受知识溢出影响越大、受知识产权保护影响越小。

————————

① 描述企业所有制性质的虚拟变量。其中 d1=1 表示公有制企业；d1=0 为私营与外资企业。

（一）是否做出创新决策

借鉴马尔瓦和桑塔雷利（Malva & Santarelli，2016），采取面板二值选择模型（面板 Logit 模型）检验知识溢出、知识产权保护对处于不同技术位置企业是否做出创新决策的影响，模型设定如下：

$$\Pr(R\&D=1)=f(Gap_{ijt};\ln KS_{jt};\ln KS_{jt}\times Gap_{ijt};IPR;Control\,s_{ijt};\varepsilon_{ijt})$$
$$\Pr(R\&D=1)=f(Gap_{ijt};IPR_{jt};IPR_{jt}\times Gap_{ijt};\ln KS;Control\,s_{ijt};\varepsilon_{ijt})$$

其中，$\Pr(R\&D=1)$ 为企业进行创新活动的概率；$R\&D=1$ 代表企业有研发投入；$\ln KS_{jt}$ 为 j 省 t 时期知识溢出；IPR_{jt} 为 j 省 t 时期知识产权保护水平；Gap_{ijt} 为企业技术与前沿技术的距离；$\ln KS_{jt}\times Gap_{ijt}$，$IPR_{jt}\times Gap_{ijt}$ 分别为知识溢出、知识产权保护与企业技术与前沿技术距离的交互项；$Control\,s_{ijt}$ 为控制变量；ε_{ijt} 为随机干扰项。

表 3 - 6 为实证分析结果，可以发现，不论企业处于何种技术位置，知识溢出、知识产权保护对企业创新决策均具有显著的激励作用，然而因企业所处技术位置的不同，知识溢出、知识产权保护对企业创新决策的激励作用存有差异。从知识溢出与技术前沿距离的交互项（$\ln KS_{jt}\times Gap_{ijt}$）回归系数显著为正可知，知识溢出对技术距离越大（离技术前沿越远）的企业做出创新决策的激励越大，反之越小；从知识产权保护与技术前沿距离的交互项（$IPR_{jt}\times Gap_{ijt}$）回归系数显著为负可知，知识产权保护水平对技术距离越大（离技术前沿越远）的企业做出创新决策的激励越小，反之越大。

表 3 - 6　知识溢出、知识产权保护对不同技术位置企业创新决策的影响

变量	$\Pr(R\&D=1)$	$\Pr(R\&D=1)$	$\Pr(R\&D=1)$	$\Pr(R\&D=1)$	$\Pr(R\&D=1)$	$\Pr(R\&D=1)$	$\Pr(R\&D=1)$
$\ln KS$	—	0.0492 *** (0.0119)	—	0.0339 *** (0.0118)	0.0045 (0.0142)	0.0339 *** (0.0118)	- 0.1284 *** (0.0197)
IPR	—	—	0.8322 *** (0.0478)	0.8820 *** (0.0488)	0.8798 *** (0.0488)	0.9647 *** (0.0640)	1.5866 *** (0.0901)
Gap	- 0.0318 *** (0.0026)	—	—	- 0.0375 *** (0.0026)	- 0.0929 *** (0.0016)	- 0.0155 (0.0103)	- 0.1515 *** (0.0167)

续表

变量	$\Pr(R\&D=1)$	$\Pr(R\&D=1)$	$\Pr(R\&D=1)$	$\Pr(R\&D=1)$	$\Pr(R\&D=1)$	$\Pr(R\&D=1)$	$\Pr(R\&D=1)$
$\ln KS \times Gap$	—	—	—	—	0.0058 *** (0.0016)	—	0.0324 *** (0.0031)
$IPR \times Gap$	—	—	—	—	—	−0.0157 ** (0.0072)	−0.1372 *** (0.0142)
Dar	−0.0085 (0.0202)	−0.0140 (0.0202)	−0.0209 (0.0203)	−0.0241 (0.0204)	−0.0215 (0.0204)	−0.0250 (0.0204)	−0.0172 (0.0204)
$\ln KL$	0.2610 *** (0.0053)	0.2693 *** (0.0053)	0.2689 *** (0.0053)	0.2591 *** (0.0053)	0.2595 *** (0.0053)	0.2591 *** (0.0053)	0.2611 *** (0.0053)
$d1$	0.2406 *** (0.0215)	0.2395 *** (0.0216)	0.2344 *** (0.0215)	0.2501 *** (0.0216)	0.2513 *** (0.0216)	0.2497 *** (0.0216)	0.2543 *** (0.0216)
Mar	−1.1368 *** (0.0971)	−1.5480 *** (0.1374)	−2.4456 *** (0.1212)	−2.8217 *** (0.1254)	−2.8332 *** (0.1526)	−2.8196 *** (0.1524)	−2.8633 *** (0.1529)
Hr	0.0207 *** (0.0016)	0.0187 *** (0.0017)	0.0051 *** (0.0018)	0.0036 * (0.0019)	0.0039 ** (0.0019)	0.0035 *** (0.0019)	0.0031 * (0.0019)
$Open$	0.0507 *** (0.0140)	−0.0499 * (0.0288)	−0.3047 *** (0.0288)	−0.4012 *** (0.0336)	−0.4020 *** (0.0336)	−0.4017 *** (0.0336)	−0.4069 *** (0.0336)
Inf	0.0104 *** (0.0038)	0.0084 ** (0.0040)	0.0029 (0.0039)	0.0047 (0.0040)	0.0055 (0.0040)	0.0044 (0.0040)	0.0067 * (0.0041)
Gov	1.5210 *** (0.3101)	1.0044 *** (0.3237)	0.4807 (0.3249)	0.2727 (0.3362)	0.2518 (0.3366)	0.2652 (0.3362)	0.1116 (0.3376)
常数项	−4.3141 *** (0.1052)	−4.6046 *** (0.1058)	−4.2030 *** (0.1060)	−3.9353 *** (0.1095)	−3.6556 *** (0.1338)	−4.0480 *** (0.1205)	−3.3708 *** (0.1374)
$\log\ likelihood$	−165222.1	−165307.1	−165026.2	−164875.7	−164867	−164872.4	−164799.8
$Wald\ chi2$	3773.83	3678.83	4010.65	4131.18	4150.36	4123.50	4232.66
$Prob > chi2$	0.0000	0.0000	0.0000	0.0000	0.0000	0.0000	0.0000
$Pseudo\ R^2$	0.0222	0.0217	0.0234	0.0243	0.0243	0.0234	0.0247
样本量	470523	470523	470523	470523	470523	470523	470523

注：①括号中为标准误；②*、**、*** 分别表示显著性水平 $P<0.1$、$P<0.05$、$P<0.01$。

（二）创新投入数量

为了进一步验证知识溢出、知识产权保护对所不同技术位置企业创新投入的作用效果，从创新投入的数量着手，建立如下模型，继续探讨。

$$\ln R\&D_{ijt} = \alpha + \beta_1 \ln KS_{jt} + \beta_2 IPR_{jt} + \beta_3 Gap_{ijt} + \beta_4 \ln KS_{jt} \times Gap_{ijt} + Control\ s_{ijt} + \varepsilon_{ijt}$$

$$\ln R\&D_{ijt} = \alpha + \beta_1 \ln KS_{jt} + \beta_2 IPR_{jt} + \beta_3 Gap_{ijt} + \beta_4 IPR_{jt} \times Gap_{ijt} + Control\ s_{ijt} + \varepsilon_{ijt}$$

依旧采用 Tobit 面板回归，检验不同技术位置上知识溢出、知识产权保护对企业创新投入数量的影响。表 3-7 为回归结果。从表 3-7 中可以发现，与表 3-6 的结论保持一致，即远离技术前沿企业的创新活动受知识溢出影响大，受知识产权保护影响小；靠近技术前沿企业的创新投入受知识溢出影响小，受知识产权保护影响大。

表 3-7　知识溢出、知识产权保护对不同技术位置企业创新投入的影响

变量	$\ln RD$	$\ln RD$	$\ln RD$	$\ln RD$	$\ln RD$	$\ln RD$	$\ln RD$
$\ln KS$	—	0.2314 *** (0.0606)	—	0.1222 ** (0.0601)	−0.0391 (0.0742)	0.1225 ** (0.0601)	0.8432 *** (0.0883)
IPR	—	—	4.6074 *** (0.2466)	4.8753 *** (0.2514)	4.8664 *** (0.2513)	5.2895 *** (0.3315)	8.8357 *** (0.4786)
Gap	−0.1850 *** (0.0135)	—	—	−0.2150 *** (0.0136)	−0.5167 *** (0.0817)	−0.1035 * (0.0549)	−0.8432 *** (0.0883)
$\ln KS \times Gap$	—	—	—	—	0.0318 *** (0.0085)	—	0.1804 *** (0.0170)
$IPR \times Gap$	—	—	—	—	—	−0.0793 ** (0.0383)	−0.7720 *** (0.0770)
Dar	−0.0264 (0.1058)	−0.0474 (0.1061)	−0.0772 (0.1059)	−0.0952 (0.1064)	−0.0828 (0.1065)	−0.0989 (0.1064)	−0.0610 (0.1064)
$LnKL$	1.4325 *** (0.0274)	1.4798 *** (0.0274)	1.4758 *** (0.0274)	1.4189 *** (0.0274)	1.4204 *** (0.0274)	1.4190 *** (0.0274)	1.4282 *** (0.0274)
$d1$	1.3169 *** (0.1129)	1.3061 *** (0.1134)	1.2850 *** (0.1130)	1.3587 *** (0.1131)	1.3656 *** (0.1131)	1.3569 *** (0.1131)	1.3792 *** (0.1130)

续表

变量	lnRD	lnRD	lnRD	lnRD	lnRD	lnRD	lnRD
Mar	−5.9883*** (0.4988)	−8.0007*** (0.7052)	−13.3401*** (0.6310)	−14.7837*** (0.7759)	−14.8454*** (0.7763)	−14.7637*** (0.7758)	−14.9253*** (0.7773)
Hr	0.1176*** (0.0082)	0.1084*** (0.0087)	0.0330*** (0.0093)	0.0262*** (0.0095)	0.0275*** (0.0094)	0.0251*** (0.0095)	0.0234** (0.0095)
Open	0.3762*** (0.0716)	−0.0963 (0.1463)	−1.6039*** (0.1251)	−1.9944*** (0.1691)	−2.0001*** (0.1690)	−1.9939*** (0.1692)	−2.0123*** (0.1690)
Inf	0.0586*** (0.0198)	0.0438*** (0.0204)	0.0169 (0.0203)	0.0282 (0.0205)	0.0326 (0.0206)	0.0268 (0.0205)	0.0397* (0.0207)
Gov	8.1762*** (1.6367)	5.5950** (1.6976)	1.8417 (1.6997)	1.2779 (1.7427)	1.1791 (1.7436)	1.2438 (1.7430)	0.4441 (1.7479)
常数项	−24.4451*** (0.5421)	−26.0146*** (0.5454)	−23.7885*** (0.5502)	−22.1926*** (0.5633)	−20.6561*** (0.6969)	−22.7671*** (0.6248)	−19.0505*** (0.7178)
sigma	9.9572	9.9678	9.9431	9.9283	9.9278	9.9279	9.9220
Log pseudolikelihood	−308972.4	−309089.7	−308760.6	−308577.8	−308568.1	−308574.8	−308493.4
Pseudo R^2	0.0140	0.0136	0.0147	0.0152	0.0153	0.0153	0.0155
样本量	470523	470523	470523	470523	470523	470523	470523

注：①括号中为标准误；②*、**、***分别表示显著性水平 $P<0.1$、$P<0.05$、$P<0.01$。

（三）结果分析

相较于技术前沿企业，技术落后企业获得的知识溢出创新效应更大。技术落后企业因技术受限，因此在创新活动中更依赖于知识溢出，进而可以进行模仿创新。而技术先进的企业，一方面，因其技术领先，往往为"知识溢出方"，较难从可利用的知识溢出中获取有益于自身创新的知识；另一方面，因其技术领先，在创造新知识、新技能方面比技术落后企业具有更多的渠道与能力，进而知识溢出的创新效应较小。

相较于技术落后企业，技术前沿企业能从知识产权保护制度中获得更大的创新激励。技术前沿企业比技术落后企业具有更强的技术创新能力，因此更易进行技术创新活动，对创新的投入也可能更多。而创新活动本身具备沉没成本高、可逆性低、不确定性、外部性等特质，导致为了降低创新风险，创新活动越多越需要更为严厉的知识产权保护制度。因此相对于技术落后企业，技术前沿企业对知识产权保护具有更迫切的需求。再者，技术前沿企业从模仿或吸收外部知识中获得收益的情况有限，因此企业为了获取新知识、探索新技术，更多情况下只能依靠加大自身 R&D 投入来实现。在这种所获取的知识溢出创新效应少，而产品竞争效应大的情况下，技术前沿企业更加希望获得强有力的知识产权保护。

五、结论与政策启示

本章利用 2005～2013 企业经济活动的省级面板数据与 2005～2007 年中国工业企业数据库数据，采用中介效应模型对知识溢出、知识产权保护与企业创新三者之间的关系进行了实证研究，并在此基础上就企业技术位置差异所存在的知识溢出、知识产权保护创新效应差异作了进一步的考察。研究发现，知识产权保护对企业创新呈现显著的促进作用；知识产权保护不仅直接激励企业创新，而且通过影响知识溢出间接促进企业创新；不同技术水平企业所获得的知识溢出与知识产权保护的创新效应不同：越临近技术前沿企业的创新活动受知识溢出影响越小、受知识产权保护影响越大，越远离技术前沿企业的创新活动受知识溢出影响越大、受知识产权保护影响越小。

基于这一研究结论，从促进企业积极进行创新活动这一逻辑出发，我们提出如下政策建议：

第一，以知识产权保护制度为依托，畅通知识溢出渠道，解决知识溢出产生的"搭便车"矛盾。健全并完善如专利申报、商标注册、商业许可、特许经营等制度，引导企业依靠市场获取技术创新的回报，进而促进知识市场的运作、促进技术的传播，加速知识流通，实现知识繁荣。依靠知识产权保护制度减少企业因知识外部性所萌生的创新顾虑，减少企业使用商业秘密等非正式知识产权保护方式，使企业愿意创新、安心创新，为实现我国从中国制造转向中国创造提供技术支持与制度保障。

第二，完善知识产权保护制度，形成知识产权保护、知识溢出、创新活动的良性互动。只有企业创新成果得以保护，企业才愿意创新；只有企业创新得以实现，才有新知识技术发生溢出；社会中知识溢出越多，才能为下一轮企业创新提供技术参考与技术支持。在这一过程中，技术前沿企业往往作为技术创新的"领头雁"。因此，知识产权保护对此类企业创新活动尤为重要。而对于技术后进企业，因其创新类型多属于模仿创新或进行产品性能与外观的微小创新，此类创新可辨识度小，更容易深陷产权之争，因此也需要更为完善的知识产权制度为企业维护创新成果提供依据与保障。

第三，加大对技术后进企业的帮扶，以破解技术差距对企业创新活动的"马太效应"。技术领先企业拥有更强的技术实力、更优质的人力资源以及更卓越的研发与生产技能，因此更有能力进行创新活动。相较于此，技术后进企业进行创新活动的能力欠缺，创新成功的机会较技术前沿企业少，创新的动力更为不足。可见，为破解技术差距对企业创新的"马太效应"，需依靠国家与社会力量，加大对技术后进企业的帮扶，从技术、人员、资金各方面为技术后进企业的创新活动提供支持。如鼓励并帮助后进企业制定科技创新战略计划；开展产学研合作帮助技术后进企业吸收知识溢出；指导技术后进企业完善商标、专利等知识产权保护措施等。

综上所述，知识产权保护制度既直接激励企业创新，又通过畅通知识溢出渠道、解决知识外部性这一内在特点所引发的"搭便车"矛盾而间接激励企业创新。重视知识产权保护制度这一重要功能，减少因担心"溢出"而造成的创新活力受阻，实现企业敢于创新，放心创新。

第四章 产业政策和产业补贴政策

一、引 言

"产业政策"是一种政府对经济,尤其是产业发展相关问题进行干预的体现。随着经济体在每一阶段的发展状况差异,"产业政策"概念内涵与焦点也相应具有演化的过程。自大萧条后兴起的凯恩斯主义经济学,更加注重提高有效需求,如罗斯福新政中对扩大政府开支以刺激经济的主张,产业政策更多侧重于对工农业的调整、支持与监督。20世纪70年代之前的产业政策主要是进行工业化与结构性改革,如日本调整产业结构实现经济发展赶超。随着全球一体化推进,产业政策逐渐转向以市场导向为主,在发展中国家迫切地向发达国家学习经验以实现后发赶超的同时,也实施以出口导向型为主的产业政策。这一时期既有韩国飞跃,也有拉美经济自由化改革的失败。新产业组织理论发展出的 R－S－C－P 分析范式能够更深入地揭示产业政策对微观经济组织影响的具体路径,产业政策的范围逐渐覆盖了宏观、微观层面,对经济实践的指导性越来越强。21世纪以来,全球价值链理论深入发展,产业政策注重实现专业化与提升生产率,新工业革命与可持续发展成为当下产业政策的主题,以发展现代工业生态系统作为政策目标。

综观国内外关于产业政策和产业补贴政策的研究文献,可以归纳为三大问题,一是制定产业政策的动机是什么?对于产业政策制定动机,从微观层面看,政府干预是为了解决市场失灵,但在干预的同时也会出现政府失灵;从宏观层面看,发展经济学为如何运用产业政策促进区域经济的发展,尤其是发展中国家如何运用产业政策实现赶超等方面的研究作出了贡献。二是关于中外产业政策及产业补贴政策的比较，中外产业政策和产业补贴政策的差异主要表现在市场化程度上的差异、制度上的差异以及人际化交易关系和非人际关系交易的差异。三是产业补贴政策的制度困境。产业补贴政策的制度困境是指产业补贴到底是提高交易费用还是降低了交易费用是不确定的，产业补贴是提高了适应性效率还是降低了适应性效率也是不确定的。此外，制度困境还表现在补贴方式的差异也会影响补贴的效果。

与国外产业政策相比，我国实行的产业政策沿袭了日本第二次世界大战后的产业政策模式，以选择性为主，补贴、指导目录以及后续的审批制度是选择性产业政策的标配，而政府补贴是主要手段。从当今中美贸易战来看，既肯定了我国前期实行的产业政策，也暴露出了这样的发展方式存在的问题，现行产业政策的发展弊端与不足亟待反思。因此，本章将厘清产业政策和产业补贴政策相关的重要争论，重点探讨三大问题，即产业政策制定的动机、中外产业政策比较研究及产业补贴政策的制度困境，最后提出产业政策和产业补贴政策值得进一步探讨的问题。

二、产业政策制定动机

（一）关于市场失灵与政府失灵的争论

在自由经济主义中，"真正的知识是分散在社会每个个体中的"（Hayek，1945），个体默会知识的特性决定了分散决策的必要性；而政府作为一个"中央计划者"做出理性决策则需要高昂的信息搜集成本，并且在古典经济体系中市场信息是完美的。因此，充分依靠市场价格与竞争机制来协调资源配置、进行消费生产决策是自由经济下的行为准则①。然而由于现实经济并非完全信息的，还存在垄断、外部性等影响，市场配置资源会失效，而恰当的政府干预可以起到矫正市场失灵的作用。基于市场失灵理论，"产业政策"成为

---

① Von Hayek，F. A.，The Use of Knowledge in Society［J］. American Economic Review，1945，（4）：519 – 530.

政府干预产业发展以促进经济增长的重要论据①。而且，在当前信息革命催生了"知识经济"的背景下，市场在学习、知识积累和研究等领域不能产生有效率的增长，需要政府干预以缩小技术差距、提高生产力（Stiglitz et al.，2013）②。

但是，政府的不当干预同样会造成政府失灵，使得产业政策无效，因为现实市场经济中的信息不对称问题同样会使得政府对资源的再分配无效，公共选择学派将其中的机制解释为政治俘获。基于新政治经济学理论的研究，产业补贴是一种典型的再分配手段，这种政府支出属于"以特殊政策给予特定群体的再分配"（佩尔森，塔贝里尼，2007），因此不可避免地涉及到特殊利益政治问题，尤其是游说与谈判③。拉丰（2013）认为产业政策可以被看作是在对效率和信息租金之间进行权衡的结果，并利用一个公共品模型分析了宪政是否应当授权政治家制定产业政策，应当选择哪种所有权性质的企业来提供公共品，如何防止监管机构被俘获等问题，对我国补贴的裁量权、授予对象和设租、寻租等问题具有重要的启示④。根据新规制理论，"中央—地方""政府—企业"等典型的委托代理关系是影响产业补贴有效性的关键因素。在对我国现实的具体研究中，杨帆、卢周来（2010）分析了中国的房地产开发商这一特殊利益集团，是如何利用中央和地方关系中的税收行为来俘获地方政府，致使中央政府的监管、调控失败的⑤。孙早、席建成（2015）肯定了发展中国家实施产业政策具有现实合理的意义，并利用多任务的委托—代理模型考察"中央—地方""地方—企业"这两组关系，揭示了地方政府的双重目标，以及地区间的经济发展水平和市场化进程的差异是如何影响中国式产业政策实施的⑥。

---

① 平新乔. 产业结构调整与产业政策［J］. 中国经济报告，2016（12）：71－74.

② Stiglitz, J. E., Lin, J. Y. and Monga, C. The Rejuvenation of Industrial Policy ［A］. Policy Research Working Paper, 2013, WPS6628.

③ T. 佩尔森，G. 塔贝里尼. 政治经济学：对经济政策的解释［M］. 北京：中国人民大学出版社，2007.

④ J. J. 拉丰. 激励与政治经济学［M］. 北京：中国人民大学出版社，2013.

⑤ 杨帆，卢周来. 中国的"特殊利益集团"如何影响地方政府决策——以房地产利益集团为例［J］. 管理世界，2010（6）：65－73，108.

⑥ 孙早，席建成. 中国式产业政策的实施效果：产业升级还是短期经济增长［J］. 中国工业经济，2015（7）：52－67.

（二）关于产业结构升级与后进地区发展的争论

对"政府导向型"发展模式的研究反映了发展中国家运用产业政策实现结构调整与赶超的发展目标，产业结构理论与发展经济学在这方面作出了贡献。基于产业结构理论的视角，对产业政策的讨论主要是探究政府干预能否实现产业结构的变化，从而促进经济增长。在实证方面学者们具体地探究了补贴如何影响产业结构变动，张同斌、高铁梅（2012）借助 CGE 模型的数值模拟，结果发现，当高新技术产业获得财政激励时，会大大带动其前或后向关联产业的发展，如刺激农业和消费品工业的产出增加[1]。宋凌云、王贤彬（2013）认为政府补贴会在短期内显著地加快产业结构变动[2]。王宇、刘志彪（2013）借助特定要素下的一般均衡模型发现，产业补贴所引致的增长实际上是以另一产业的萎缩为代价的，产品补贴实际上通过工资效应造成了低端生产要素在不同产业之间的转移[3]。韩永辉等（2017）实证检验了产业政策对地方产业结构高度化与合理化的影响，肯定了在产业结构优化升级过程中政府干预的积极作用[4]。

以林毅夫为代表的新结构主义经济学强调如何运用比较优势以在区域贸易中发展产业。他们总结了世界各国经济发展趋势的融合过程，指出我国需要调整自身产业结构去应对新的增长极带来的发展困境，方法之一就是使用增长甄别与因势利导框架，利用产业政策扶持具有比较优势的产业（Lin & Rosenblatt，2012）[5]。然而韦德（Wade，2010）认为，林毅夫在其理论中并没有详述政府如何在甄别具有比较优势的产业方面做出的努力，而这一点却是至关重要的问题[6]。

---

① 张同斌，高铁梅. 财税政策激励、高新技术产业发展与产业结构调整 [J]. 经济研究，2012（5）：58-70.

② 宋凌云，王贤彬. 政府补贴与产业结构变动 [J]. 中国工业经济，2013（4）：94-106.

③ 王宇，刘志彪. 补贴方式与均衡发展：战略性新兴产业成长与传统产业调整 [J]. 中国工业经济，2013（8）：57-69.

④ 韩永辉，黄亮雄等. 产业政策推动地方产业结构升级了吗？——基于发展型地方政府的理论解释与实证检验 [J]. 经济研究，2017（8）：33-48.

⑤ Lin, J. Y., Rosenblatt, D., Shifting patterns of economic growth and rethinking development [J]. Journal of Economic Policy Reform, 2012, 15（3）：171-194.

⑥ Wade, R., After the Crisis：Industrial Policy and the Developmental State in Low-Income Countries [J]. Global Policy, 2010, 1（2）：150-161.

相比较而言，传统的发展经济学从其他方面研究了后进地区实现产业结构调整与后发赶超的重要路径，如阿姆斯登（Amsden，1977[①]；1985[②]）的后进地区发展理论关注后起者如何更快速地介入产业链、促进产业升级；瞿宛文（2018）将产品周期理论运用到变化迅速的高科技产业中去探寻促进产业发展的主要变量[③]。

伊斯特利（2016）指出，传统产业政策所带来的"技术官僚型"发展带来的增长尽管显著却是不可持续的，若完全复制这种发展方式会使得人们只关注那些技术上的缺陷，而忽略问题的根源即制度上的不足[④]。现阶段研究肯定了发展中国家进行政府干预以实现经济发展的必要性，但干预的手段应当是重点讨论的问题，也即讨论相应政策制度的设计与完善。

（三）国际分工与产业政策

产业政策盛行于19世纪下半叶到20世纪上半叶。以李斯特为代表的德国历史学派推动了产业政策理论的兴起和传播。第二次世界大战之前，不少经济学家是赞成产业政策的。第二次世界大战之后，美国主导下建立起来的国际分工和贸易体系，却反对产业政策，提倡各国分工的不断细化，提倡各国经济的深度融合，对旨在通过产业政策追求本国经济扩展基本上持反对态度。文贯中（2019）强调利用比较优势的前提是要遵循开放贸易的规则，不能以弱势锁国为由借助产业政策发展经济[⑤]。一些西方学者反对产业政策的理由如下，首先，产业政策必定由政府在扭曲市场信号的前提下强制推行，如会扭曲成本、价格及激励机制。由于干扰或限制市场决定资源配置机制的作

---

① Amsden A. H. , The division of labour is limited by the type of market：The case of the Taiwanese machine tool industry［J］. World Development，1977，5（3）：217 –233.

② Amsden A. H. , Lagrue J. , The Division of Labour Is Limited by the Rate of Growth of the Market：The Taiwan Machine Tool Industry in the 1970s［J］. Cambridge Journal of Economics，1985，9（3）：271 –284.

③ 瞿宛文. 如何研究中国产业：多种理论资源综论［J］. 人文杂志，2018（12）：1 – 8.

④ W. 伊斯特利. 威权政治：经济学家、政策专家和那些被遗忘的穷人权力［M］. 北京：中信出版集团，2016.

⑤ 文贯中. 重新审视产业政策［J/OL］. 爱思想，2019 – 01 – 17. http：//www. aisixiang. com/data/114626. html.

用，成功的很少，浪费经济资源，例如搞进口替代的拉美国家，实行中央计划经济的国家。其次，大国推行产业政策具有规模报酬递增的优势。大国可通过封闭本国市场，提供政府津贴，使本国受保护的特定产业获得规模报酬递增的好处，在获取行业优势（即平均生产成本变得最低）之后，进军世界市场时，就能所向无敌，因而明显影响别国利益。最后，一个各国高度开放，建立基于比较利益之上的国际分工和相互高度依赖，共同享有全球规模报酬递增好处，实现良性全球化的世界，相较一些大国各自为政，在产业政策的干预下，只许本国企业穷尽本国范围内规模报酬递增的特权，从而建立对他国的行业优势这样一个恶性竞争的全球化世界来说，自然前者更为和平、安全，也更符合人类命运共同体的目标。因此，为了建立良性全球化的世界，必须反对产业政策。

三、中外产业政策比较研究

根据联合国贸易和发展会议（UNCTAD）发布的 2018 年世界投资报告，世界主要实施的产业政策分为三类，即积累型、追赶型与新工业革命驱动型，这种分类主要基于如表 4 - 1 所示的四个维度。平新乔（2016）对狭义产业政策的理解与上述的积累型产业政策相似，同时混合了新工业革命的特点，如支持赶超的关键技术、具体项目，并实施贸易保护。他进一步指出，英、法、日、德等国家都先后运用产业政策来支持其自身市场体系的发育和扩张。一般随着产业发展成熟，狭义的产业政策就应该慢慢淡出，以竞争政策取代狭义的产业政策。

表 4 -1　　　　　　　　　定义产业政策的维度

分类	积累型	追赶型	新工业革命驱动型
聚焦特定部门程度	大多垂直，聚焦特定产业	大多横向，结合针对多个产业的目标	大多横向，有特定产业的新元素
政府干预程度	更偏向于政府引导	更偏向于市场引导，重点在于支持性要素	混合，重点在于保护和支持新产业和 PPP 项目

续表

分类	积累型	追赶型	新工业革命驱动型
对外部竞争开放程度	有选择性的逐渐开放	聚焦外部竞争力	大多开放,但会保护战略技术
出口导向程度	国内和区域需求驱动	出口导向,全球价值链整合	混合

资料来源:摘自 UNCTAD 发布的《World Investment Report 2018》表 Table IV. 5,第 145 页。

对中国产业政策和产业补贴政策的争论与对中外产业政策和产业补贴政策的混淆是有关的,中外产业政策和产业补贴政策的差异主要表现在以下三个方面:

一是市场化程度上的差异。对于市场力量比较强大的国家或地区,产业补贴政策并不会直接影响生产效率,而是引导了资源的流动。有的学者(Cerqua & Pellegrini, 2014)采用 RDD 模型方法对意大利区域政策法案 L488 进行研究发现,补贴对就业、投资和人员流动的影响是积极的,而对生产率的影响几乎可以忽略不计[①]。伯尼尼等(Bernini et al. , 2017)进一步分析了该法案下补贴对企业 TFP 不同组成部分的影响,认为货币补贴在短期内对 TFP 有负面影响,但在 3~4 年后有显著的正向影响[②]。英国克里斯库洛等(Criscuolo et al. , 2019)利用英国实施的"区域选择性援助"政策考察政府资助对制造业的影响,结论表明补助对就业、投资和净入境有正向的处理效应,但对 TFP 不存在效应[③]。依等(Yi et al. , 2017)建立了一个动态博弈模型,将补贴分为生产、投资、进口三类,考察三者的成本效益效应与投资诱导的影响程度,并考虑了美国乙醇工业的标准对这些结果变量的影响,结果表明投资补贴和进口补贴比生产补贴更划算[④]。美国、德国、

---

① Cerqua, A. , Pellegrini, G. , Do subsidies to private capital boost firms' growth? A multiple regression discontinuity design approach [J]. Journal of Public Economics, 2014, 109:114 – 126.

② Bernini, C. , Cerqua, A. , et al. , Public subsidies, TFP and efficiency:A tale of complex relationships [J]. Research Policy, 2017, 46 (4):751 – 767.

③ Criscuolo, C. , Martin, R, et al. , The Causal Effects of an Industrial Policy [J]. American Economic Review, 2019, 109 (1):48 – 85.

④ Yi, F. , C. Y. C. , Lin, Lawell, and K. E. , Thome, The Effects of Subsidies and Mandates:A Dynamic Model of the Ethanol Industry [R]. Working Paper, Cornell University, 2017.

法国和芬兰等国产业政策的成功也证明了政府干预在知识经济中的重要作用（Cohen，2006）①。

但是市场化程度不高和市场力量不够强大的国家，产业政策和产业补贴政策却出现了另外的特征。如中国的市场机制不够强大，补贴政策更容易引起资源错配现象②③。瓦尔德纳（2011）研究指出典型的早熟的凯恩斯主义国家如土耳其、叙利亚，其农业市场、信贷市场面临严重的国家干预，补贴规模很大。1981 年叙利亚价格控制和补贴制度的总成本——包括给公营部门的转移支付——相当于 GDP 的 7%④。受政策补贴的群体无须采取集体行动便能够得到政府官员提供的物品，集体行动的困境维持了无效率的经济制度，这正是支持—庇护主义治理逻辑的体现，社会中的权利限制秩序比较显著。中国与早熟的凯恩斯主义国家有很多相似的地方，如大规模的补贴等，以再分配为导向、强调消费而非发展的资源重新配置追赶型经济制度（阿西莫格鲁，2014）⑤，会促进食利阶层的形成与既得利益集团的强大，制度之弊影响深远。当然，放弃产业政策无异于因噎废食，拉丁美洲的经济自由化改革力证了这一思路（Ferranti et al.，2002）⑥。因此，如何使我国的产业政策发挥其应有的作用从而促进社会经济的发展，有待从体制层面进行深入研究。

二是不同发展阶段适用不同类型的政策，实施效果是根据政策实施的制度安排与制度条件共同决定的。如日本在 20 世纪 70 年代早期就停止了高速增长，一个重要原因就在于日本的政治家和官僚在后期仍然倾向于采纳产业政策而非竞争政策，进入壁垒的累积和竞争的缺乏大大降低了经济组织的开放程度（Hatta，2017）⑦。由计划经济时期开始的产业政策帮助我国完成了工

① Cohen，E. Theoretical foundations of industrial policy，EIB Papers [J]. ISSN 0257 - 7755，European Investment Bank（EIB），Luxembourg，2006，11（1）：84 - 106.

② 张杰，翟福昕等. 政府补贴、市场竞争与出口产品质量 [J]. 数量经济技术经济研究，2015（4）：71 - 87.

③ 李旭超，罗德明等. 资源错置与中国企业规模分布特征 [J]. 中国社会科学，2017（2）：25 - 43，205 - 206.

④ D. 瓦尔德纳. 国家建构与后发展 [M]. 长春：吉林出版集团，2011：127.

⑤ D. 阿西莫格鲁. 制度视角下的中国未来经济增长 [J]. 比较，2014（74）：58 - 60.

⑥ de Ferranti，D.，Perry，G. E. et al.，From Natural Resources to the Knowledge Economy：Trade and Job Quality [R]. World Bank，2002.

⑦ Hatta，T.，Competition policy vs. industrial policy as a growth strategy [J]. China Economic Journal，2017，10（2）：162 - 174.

业体系的建立,实现了改革开放以来30年的快速发展。但是在新时期市场机制亟待完善的背景下,"家电下乡""发展新能源汽车"等项目中"骗补"问题频发,造成了社会资源的巨大浪费,急需反思产业补贴政策的扶持逻辑。即使相同的政策类型却有不同的政策效果,这应当从制度方面深入分析其原因。我国产业政策承袭了"东亚模式"的发展经验,而初(Chu,2017)认为东亚模式中的产业政策与我国的重要差别在于政治程序上的不同,东亚模式中的主要国家是"两层级"模式,经由官僚机构直接面对产业,地方政府少有涉入,这种模式下嵌入式自主的治理模式得到了比较充分的运用①。我国是多层级模式,表现为中央与地方实施产业政策的目标不甚一致,多种目标排序中的优先性程度也不一致,由此导致的信息不对称等问题进一步放大了本身存在于核心组织中的人际关系化交换范围的问题,带来寻租等一系列弊端,更容易导致经济资源的圈层性增大即有限准入秩序形成,降低产业政策的实施效果(尹玉婷,卢现祥,2018)②。制度质量制约着产业政策和产业补贴政策的效果。我国产业政策和产业补贴政策带有有限准入秩序的制度性特征。顾昕(2017)也认为我国产业政策执行有待行政治理、市场治理和社群治理的协调运作,应当推进市场强化型和社会增强型政府转型③。

三是人际化交易关系和非人际关系交易的差异。这方面的差异可以更好地看出中外产业政策与产业补贴政策的差异。由于历史及体制方面的原因,我国人际化关系交易影响了我国的产业补贴政策。深入讨论成功的产业政策所需要的制度基础,非人际关系化交换有着重要影响(卢现祥,尹玉婷,2018)④。利维(Levy,1991)认为政府在干预大公司生产活动过程中无可避免地会发生非生产性扭曲,如寻租和腐败。但所幸韩国政府比较强大,避免了大部分特殊利益集团对私人经济部门的蚕食⑤。约翰逊(2010)认为日本

---

① Chu, W., Industry policy with Chinese characteristics: a multi-layered model [J]. China Economic Journal, 2017, 10 (3): 305 – 318.

② 尹玉婷,卢现祥. 我国财政补贴的配置效率与适应性效率分析 [J]. 福建论坛(人文社会科学版),2018 (11): 32 – 41.

③ 顾昕. 协作治理与发展主义:产业政策中的国家、市场与社会 [J]. 学习与探索,2017 (10): 86 – 95.

④ 卢现祥,尹玉婷. 中国人际关系化产业补贴的有效性分析 [J]. 江汉论坛,2018 (5): 16 – 24.

⑤ Levy, B., Transactions costs, the size of firms and industrial policy: Lessons from a comparative case study of the footwear industry in Korea and Taiwan, 1991, 34: 151 – 178.

之所以能够较为成功地运用产业政策实现经济发展，而没有过多地受到通产省及其产业政策带来的政府失灵的负面影响，主要是因为日本的政治腐败多发生于党派组织中，而与企业、市场联系密切的行政系统较为廉洁，因此寻租的负面影响较小。这主要得益于日本企业与市场之间的非人际关系交易①。博伊德（Boyd，2005）指出日本在产业政策时期支持结构重组战略，产业政策中的租金主要用于诱导企业组建卡特尔组织，因此日本企业不能只盯着租金的分配者，他们更需要紧跟市场，其寻利性远远大于寻租性②。由此可以看出，产业政策的出发点应该是扶持市场而非扶持企业③，然而中国在扶持产业发展的同时却表现出了严重的"裙带共产主义"倾向（Mao et al.，2017）④，以至于当企业的政治联系越紧密时，补贴越容易对该类企业的盈利能力、税收和就业创造（社会绩效）有负向影响（余明桂等，2010）⑤。因此，尽管政治程序在国家间都有不同，但影响产业政策实施效果的关键因素应该是都存在于各国政治、经济组织中的交换关系的性质，保证非人际关系化交换在核心组织内部的稳固，对于提升产业政策的实施效果具有重要意义（诺思等，2013）⑥。罗德里克（Rodrik，2005）对"嵌入式自治"的倡导更加指明了产业政策的实施有赖于政治组织内实现"非人际关系化交换"，东亚与拉丁美洲的差距从根本上说源于政策的协调一致性与实施连贯性程度不足，即顶层设计的缺失，而过度"嵌入"又可能恶化寻租问题⑦，政府如何依据一定的规则对经济行为进行干预，如何使得遵循市场规律与发挥政府的主观能动性达到一种平衡，构建"非人际关系化交换"网络对于把握好"嵌入式自治"与"主动干预"的尺度有重要意义。从上述比较研究中可以看到，受非际关系化

①　C. 约翰逊. 通产省与日本奇迹 [M]. 长春：吉林出版集团，2010.

②　Boyd Richard. 日本与中国台湾地区的寻租模式及其经济后果 [J]. 公共管理评论，2005：1 –
35.

③　L. 津加莱斯. 繁荣的真谛 [M]. 北京：中信出版社，2015.

④　Mao，J.，Tang，S.，et al.，China as a "Developmental State" Miracle：Industrial Policy，Technological Change，and Productivity Growth：SSRN，2017.

⑤　余明桂，回雅甫等. 政治联系、寻租与地方政府财政补贴有效性 [J]. 经济研究，2010（3）：
65 –77.

⑥　D. C. 诺思，J. J. 瓦利斯等. 暴力与社会秩序：诠释有文字记载的人类历史的一个概念性框架
[J]. 上海：上海人民出版社，2013.

⑦　Rodrik，D.，Industrial policy for the twenty-first century [C]. CEPR Discussion Paper No. 4767，
2005.

交换的影响，寻租倾向不同，社会经济组织的开放程度有所不同，由此形成了社会经济有限准入秩序与开放准入秩序的不同状态，不同类型产业政策在这些不同程度秩序中产生的效果会有很大差异。

四、产业补贴政策的制度困境

如前所述，一方面从国家发展的角度肯定了产业政策实行的必要性；另一方面从政府失灵的角度探讨了产业政策实行的局限性。因此当前有关产业政策的研究方向集中在如何提升产业政策的有效性。财政补贴属于直接干预型的支持手段，一般通过两类途径影响企业资本投入：研发投资杠杆作用（研发补贴）、促使企业扩大投资规模（产品补贴）（王宇，刘志彪，2013）。因此对企业的绩效评价主要与创新能力[1][2][3]、盈利能力（余明桂等，2010）和生产率[4][5]相关。但同时，由于现实经济的复杂性，影响因素的传导机制不可能得到完备表述，因此不同政策工具对不同政策目标的效果都会因为分析影响机制的不同视角而得出不同的结论。产业发展的主要障碍是政治企业家们在现有的制度框架中受到的激励和约束，来源于政治、经济利益集团间的博弈决定了经济政策的走向，经济发展不一定以大多数人的利益为导向[6][7]。因此，本章试图从新制度经济学视角总结现有研究的贡献，并分析产业补贴政策的制度困境与改进。

---

[1] 杨洋，魏江等.谁在利用政府补贴进行创新？——所有制和要素市场扭曲的联合调节效应 [J]. 管理世界，2015（1）：75-86，98.

[2] 张杰，陈志远等.中国创新补贴政策的绩效评估：理论与证据 [J]. 经济研究，2015（10）：4-17，33.

[3] 余明桂，范蕊等.中国产业政策与企业技术创新 [J]. 中国工业经济，2016（12）：5-22.

[4] 邵敏，包群.政府补贴与企业生产率——基于我国工业企业的经验分析 [J]. 中国工业经济，2012（7）：70-82.

[5] Aghion，P.，Cai，J.，et al.，Industrial Policy and Competition [J]. American Economic Journal：Macroeconomics，2015，7（4）：1-32.

[6] Robinson，J. A.，Industrial Policy and Development：A Political Economy Perspective，the 2009 World Bank ABCDE conference [J]. Seoul，2009.

[7] D. 阿西莫格鲁，J. A. 罗宾逊.国家为什么会失败 [M]. 李增刚，徐彬译.长沙：湖南科学技术出版社，2015.

（一）制度困境之一：是提高交易费用还是降低交易费用

产业补贴政策的制度困境是指产业补贴到底是提高交易费用还是降低交易费用是不确定的。利维（Levy，1991）论证了中国台湾与韩国制鞋业产业政策的实施是以降低交易费用为目标的，他经过田野调查发现，虽然两地都是出口导向型政策，但由于韩国初始市场交易效率比中国台湾低，所以政府的干预更多是为了促进企业进入与扩张，以降低市场交易费用、加快经济发展，从而也解释了为何相似的、成功的产业政策却有不同的产业结构演变，据此反驳了企业规模、产品组合等假说。该项研究表明，在研究产业政策时，从降低交易费用角度出发或许能得到更贴近现实的答案。刘海洋等（2012）指出补贴会诱使企业产生过度购买行为，他们借助讨价还价模型证明了这一命题，并采用我国工业企业微观数据，以 PSM-DID 方法测算了我国工业企业受补贴与未受补贴企业的购买成本差异，验证了补贴降低了企业的讨价还价能力从而增加企业的购买成本[1]。我国产业政策指导目录等建立实际上增加了繁杂的审批程序[2]，而建立行政审批中心又能够有效降低企业的制度性交易成本，促进创新（王永进，冯笑，2018）[3]。

在中国的社会经济现状中维持政治联系尤其需要企业进行社会资本投资，这很大程度上是由非正式制度（文化习俗）与正式制度安排缺位导致的[4]，社会资本（捐赠、寻租）本质上是企业构建关系网络的交易费用。肖兴志、王伊攀（2014）利用战略性新兴产业上市公司数据进行多阶段最小二乘检验，发现若政府拥有过大的自由裁量权，在同等条件下进行了社会资本投资的企业获得的政府补贴会比其他企业多近一半[5]。有两种因素会加大社会资本型交

---

[1]　刘海洋，孔祥贞等．补贴扭曲了中国工业企业的购买行为吗？——基于讨价还价理论的分析[J]．管理世界，2012（10）：119－129，145．

[2]　江飞涛，李晓萍．直接干预市场与限制竞争：中国产业政策的取向与根本缺陷[J]．中国工业经济，2010（9）：26－36．

[3]　王永进，冯笑．行政审批制度改革与企业创新[J]．中国工业经济，2018（2）：24－42．

[4]　Yueh, L., Enterprising China: Business, economic, and legal developments since 1979 [M]. Oxford: Oxford University Press, 2011.

[5]　肖兴志，王伊攀．政府补贴与企业社会资本投资决策——来自战略性新兴产业的经验证据[J]．中国工业经济，2014（9）：148－160．

易费用。一是要素市场扭曲程度。要素市场扭曲程度高的地方，政府对要素定价权和分配权的控制权大，使得企业从政府补贴中获取创新资源的交易成本增加（张杰等，2015b；杨洋等，2015）。二是信号机制的作用。获得政府财政补贴是一种被政府认可的信号，在不完全信息市场上，这种政府财政补贴可以起到向私人投资者传递利好投资信号的作用，进而帮助企业获取额外资源，企业为获得这种信号会适当增加政治联系，加大社会资本投资①②。

考虑到更完备的市场参与者，阿西莫格鲁（Acemoglu，2010）构建了劳动力、中间部门和两个精英阶层的模型，并假设其中一个精英掌权、创设经营壁垒，以阐明精英创设的壁垒浪费了社会的产出，揭示了税收手段表面上能够促进资源分配，实际上会引致更昂贵的政治斗争代价，社会资源损失更不可估量③。这些研究都揭示了不合理补贴带来的寻租耗损会产生大量政治型交易费用阻碍经济的发展，从而进一步揭示了政府失灵的实质。

（二）制度困境之二：是提高适应性效率还是降低了适应性效率

制度困境之二是产业补贴是提高适应性效率还是降低了适应性效率也是不确定的。似乎提高了配置效率，但是否降低了适应性效率。从新制度经济学的视角来看，某项制度或政策的创设是否有意义，不仅取决于其对资源静态配置效率的影响，更重要的是看其所产生的适应性效率程度，概括地说就是要考察该项制度对市场参与者获取知识、引发创新、敢于创造和冒险的意愿，以及解决随时间推移而产生的社会问题与瓶颈的调节能力，也即制度能够抵御经济系统风险，实现自我调整与纠错的能力④。现有研究中，产业政策

① Feldman, M. P., Kelley, M. R., The ex ante assessment of knowledge spillovers: Government R&D policy, economic incentives and private firm behavior [M]. Research Policy, 2006, 35 (10): 1509 – 1521.

② 伍健，田志龙等. 战略性新兴产业中政府补贴对企业创新的影响 [J]. 科学学研究, 2018 (1): 158 – 166.

③ Acemoglu, D., Institutions, Factor Prices and Taxation: Virtues of Strong States [J]. American Economic Review, 2010, 100 (2): 115 – 19.

④ D. 诺思. 制度、制度变迁与经济绩效 [M]. 上海：上海格致出版社, 2014.

及其手段本质上在发挥着风险承担的作用，能否很好地发挥风险分担机制，降低企业风险承担水平，也被视作衡量产业政策及其手段的有效性指标[1][2]。在市场经济中，这种能力通常是通过对创新与竞争的支持来实现。传统的产业政策意在鼓励特定产业内的创新，而产业政策中的竞争政策则是鼓励资源在部门间转移（Hatta，2017）。

1. 产业补贴政策对创新的影响。创新是经济驱动的重要因素，而研发补贴对企业、产业创新产生怎样的影响，大量学者在这个议题上作出很多贡献。如波音（Boeing，2016）研究指出，经常获得 R&D 补贴的企业其挤出效应并不明显，而挤入效应会随时间而消失[3]；波音和桑德纳（Boeing & Sandner，2016）研究指出，中国民企从研发投入中获得的回报高于国企，同时也再次说明补贴对产学研的促进效应是微乎其微的[4]。然而，邓若冰、吴福象（2017）认为，尽管"挤出效应"不存在，但"挤入效应"是显著的。他基于产品质量提高型创新视角，将技术溢出水平、产品水平差异与垂直质量差异等因素一起纳入三阶段动态博弈模型的分析框架。研究表明，政府补贴有利于提高企业 R&D 投入的积极性与社会福利水平[5]。王刚刚等（2017）利用我国上市公司数据，采用 PSM 匹配法研究发现，政府 R&D 补贴本身就具有认证信号，有利于企业获得更多的外部性融资从而增加研发投入[6]。

但是，也有学者的研究分析了补贴对创新的负面作用。马里科和秋（Mariko & Cho，2002）分析了韩国在创新方面落后于日本的原因，发现韩国实施的保护性产业政策会拖延主要财团进行技术创新，并会鼓励其对自身技术能力的重复，从而无法促使经济组织的研发规模、共享机制与研发联盟达

① 陈永清，夏青等. 产业政策研究及其争论述评 [J]. 经济评论，2016（6）：150－158.
② 毛其淋，许家云. 政府补贴、异质性与企业风险承担 [J]. 经济学（季刊），2016（4）：1533－1562.
③ Boeing, P. , The allocation and effectiveness of China's R&D subsidies-Evidence from listed firms [J]. Research Policy, 2016, 45（9）：1774－1789.
④ Boeing, P. , Mueller, E. et al. , China's R&D explosion—Analyzing productivity effects across ownership types and over time [J]. Research Policy, 2016, 45（1）：159－176.
⑤ 邓若冰，吴福象. 研发模式、技术溢出与政府最优补贴强度 [J]. 科学学研究，2017（6）：842－852.
⑥ 王刚刚，谢富纪等. R&D 补贴政策激励机制的重新审视——基于外部融资激励机制的考察 [J]. 中国工业经济，2017（2）：60－78.

到日本的水平①。阿西莫格鲁等（Acemoglu et al.，2013）构建了企业层面的创新、生产率增长及内源性进入和退出的再分配模型，特别地设定了不同于创新能力的高低类型的公司特征，更符合现实经济。研究发现，对研发或经营进行补贴的产业政策会减少经济增长和福利②。汪秋明等（2014）通过一个动态博弈分析说明了企业进入战略性新兴产业以获得补贴是一种理性行为，但大部分企业不会将资金投入到生产中③，周亚虹等（2015）也对此做了说明，支持补贴并不会促进研发投入的结论④。胡等（Hu et al.，2017）利用中国 2007~2011 年数据，验证了我国专利数量与企业研发投入以及企业劳动生产率的正向关系较弱，专利涌现这一现象更可能是政府激励政策推动的结果，而非企业生产技术日益成熟的表现，再次反映了政府对激励机制的扭曲⑤。陈等（Chen et al.，2018）研究我国 IT 行业的 IPO 绩效，发现研发补贴对绩效存在倒 U 型效应，而非研发补贴有正向影响，表明非研发补贴相比研发补贴更具有融资信号，该结论比王刚刚等（2017）的研究更为深入可信⑥。

2. 产业补贴政策对竞争的影响。产业补贴能否支持良性的市场竞争以达到最优资源配置的目标呢？现有研究认为，财政补贴可以在各类要素资源的再配置中发挥作用。首先，市场份额再配置方面，阿吉翁等（Aghion et al.，2015）实证检验了尽管贷款、关税对强化企业内部竞争提升绩效方面的效果没有补贴和税收优惠手段显著，但是更能够激励市场份额集中配置于创新能力强的企业。卡卢普西迪（Kalouptsidi，2018）考察了中国造船厂在政府补贴下对世界市场的影响，构建了造船厂与船主行为方程的动态模型，得到成本函数，并考虑补贴情况，使用报告数据来实证得到成本的变化。结果表明，

① Mariko, S., Cho, D., Cooperative R&D in Japan and Korea: a comparison of industrial policy [J]. Research Policy, 2002, 31 (5): 673–692.

② Acemoglu, D., Akcigit, U. et al., Innovation [J]. Reallocation and Growth: NBER, 2013.

③ 汪秋明，韩庆潇等. 战略性新兴产业中的政府补贴与企业行为——基于政府规制下的动态博弈分析视角 [J]. 财经研究，2014 (7)：43–53.

④ 周亚虹，蒲余路等. 政府扶持与新型产业发展——以新能源为例 [J]. 经济研究，2015 (6)：147–161.

⑤ Hu, A. G. Z., Zhang, P. et al., China as number one? Evidence from China's most recent patenting surge [J]. Journal of Development Economics, 2017, 124: 107–119.

⑥ Chen, J., Heng, C. S. et al., The distinct signaling effects of R&D subsidy and non-R&D subsidy on IPO performance of IT entrepreneurial firms in China [J]. Research Policy, 2018, 47 (1): 108–120.

补贴的确造成造船厂成本下降13%~20%，导致生产份额在世界主要厂商间的重置。补贴还导致成本与生产的错配，使得托运人获得小幅盈余①。其次，市场资源再配置方面，孔东民等（2013）讨论在金融体系、产权保护滞后的低市场化程度地区，财政补贴能够显著提高被补贴对象的资源竞争优势②。这与阿吉翁等（Aghion et al.，2015）的研究有契合之处：市场竞争度越高，财政补贴作用发挥的效果越明显。宋凌云、王贤彬（2017）支持产业政策在资源重置方面的作用，认为受到产业政策支持的行业比无支持行业在增加就业、企业增加值还是投资方面都有显著效果，并认为产业竞争度越高，产业政策的效果越显著③。

　　然而，也有研究认为补贴在一定程度上造成了资源错配现象。张杰（2015a）认为补贴与竞争两种手段对于出口产品质量的作用效果相悖，即补贴不能如市场导向一样有效率地配置资源。魏等（Wei et al.，2017）在专利和创新方面比较了国内外申请书、批准率、引用率、人力投资等方面的差异，肯定了中国取得的成就，同时也指出了在所有权方面存在创新资源错配的现象④。李旭超等（2017）利用中国企业数据实证分析表明，规模扭曲系数与生产率负相关，高效率的企业因"约束"而无法长大，低效率的企业因"补贴"而不合理膨胀，资源错配削弱了产业政策的有效性。学者在研究的同时还关注到补贴对市场竞争的破坏。孟辉、白雪洁（2017）基于H&K模型推导静态一般均衡发现，产业资源配置效率低下主要是由政府扶持与地区间竞争所引致的投资扩张导致的⑤。

　　补贴会大大破坏原有的市场竞争势力。布洛尼根（Blonigen，2013）利用1975~2000年国际钢铁行业的数据分析了行业政策对其他行业出口竞争力的削弱作用，发现钢铁产业政策增加一个标准偏差，会导致处于其下游的制造

　　①　Kalouptsidi, M., Detection and Impact of Industrial Subsidies: The Case of Chinese Shipbuilding [J]. The Review of Economic Studies, 2018, 85 (2): 1111-1158.
　　②　孔东民，刘莎莎等. 市场竞争、产权与政府补贴 [J]. 经济研究，2013 (2): 55-67.
　　③　宋凌云，王贤彬. 产业政策如何推动产业增长——财政手段效应及信息和竞争的调节作用 [J]. 财贸研究，2017 (3): 11-27.
　　④　Wei, S., Xie, Z. et al., From "Made in China" to "Innovated in China": Necessity, Prospect, and Challenges [J]. Journal of Economic Perspectives, 2017, 31 (1): 49-70.
　　⑤　孟辉，白雪洁. 新兴产业的投资扩张、产品补贴与资源错配 [J]. 数量经济技术经济研究，2017 (6): 20-36.

行业的出口竞争力下降 3.6%①。但是在钢铁作为主要投入品的行业,产业政策对其产生的积极影响高达 50%。陈小亮、陈伟泽(2017)构建了含有垂直生产结构和利率管制的动态一般均衡模型,发现亏损国企凭借垄断地位挤占了非国企在上游行业的投资空间,还抬高了中间品价格,非国企在下游行业的投资动机因此被削弱②。徐志伟、郭树龙(2018)指出高行政壁垒和补贴对象的歧视性选择使得政府补贴具有较强的反竞争效应,高强度的政府补贴由于高行政壁垒限制了潜在企业市场进入而在一定程度上改善在位企业的盈利水平,但补贴促进技术进步的效应并不存在③。

补贴还会导致产能过剩的发生。江飞涛、曹建海(2009)指出补贴会扰乱市场竞争,破坏退出机制,造成退出障碍和产能过剩问题④。江飞涛等(2012)建立了一个两期博弈模型,说明补贴、贷款等行为会导致企业自有投资行为过低,风险外部化,扭曲了企业的投资行为,引发产能过剩⑤。卢现祥(2014)认为我国特殊产能过剩的形成部分来自政府不合理激励政策的引导,并对动漫产业的补贴政策与绩效进行分析,表明我国政府现有的投资、补贴政策会对创新的激励机制产生扭曲⑥。

(三)制度困境之三:补贴方式的差异及其影响

制度困境还表现在补贴方式的差异也会影响补贴的效果。在补贴制度上,补贴的事前性与事后性对绩效影响的差别很大。黄先海、谢璐(2007)利用博弈模型和数据模拟法对 R&D 补贴的"事前给定补贴率"与"事后根据

① Blonigen, B., Industrial Policy and Downstream Export Performance [J]. NBER, 2013.

② 陈小亮,陈伟泽. 垂直生产结构、利率管制和资本错配 [J]. 经济研究, 2017 (10): 98 – 112.

③ 徐志伟,郭树龙. 政府补贴、市场进入与企业盈利——兼评政府补贴的技术效应与反竞争效应 [J]. 当代财经, 2018 (1): 99 – 110.

④ 江飞涛,曹建海. 市场失灵还是体制扭曲——重复建设形成机理研究中的争论、缺陷与新进展 [J]. 中国工业经济, 2009 (1): 53 – 64.

⑤ 江飞涛,耿强等. 地区竞争、体制扭曲与产能过剩的形成机理 [J]. 中国工业经济, 2012 (6): 44 – 56.

⑥ 卢现祥. 对我国产能过剩的制度经济学思考 [J]. 福建论坛(人文社会科学版), 2014 (8): 37 – 43.

R&D 投入给定"两种补贴策略进行比较，认为"事后性"策略更有利于节约资源、避免寻租，从而"事后性"策略能够产生更大的社会福利①。郑绪涛、柳剑平（2008）进而指出事前性的 R&D 补贴主要弥补企业从事 R&D 活动时信息溢出所带来的损失，而事后补贴则主要解决市场结构导致创新产品竞争不充分而带来的生产不足问题，因此可以采取"事前性"与"事后性"搭配的策略组合②。

朱尼奇和广幸（Junichi & Hiroyuki，2011）利用日本政府的产业集群政策研究了直接研发支持与间接网络/协调支持之间的差异，认为间接型支持扩大了产学部政府网络，且对产出有广泛而强烈的影响，而直接的研发支持只会产生微弱的影响③。2018 年，他们又采用问卷调查数据研究了日本 MEIT 与MEXT 两种不同机制的补贴政策对所支持项目绩效的影响，运用 GMM 和 IV-Probit 模型研究发现，"自下而上"的补贴机制可以使公司有坚定的承诺以促进项目取得良好绩效（Hiroyuki & Junichi，2018）④。另外，熊勇清等（2015）以光伏产业为例，构建斯塔伯格模型并进行数值模拟，从"供给端"与"需求端"比较视角分析了财政补贴适度偏向"需求端"的必要性和可行性⑤。

财政补贴的不同工具对企业绩效的影响也会产生差别。贝璐蓓和莫宁（Bérubé & Mohnen，2009）采用加拿大创新调查公司的数据，对只使用税收抵免和同时使用税收抵免以及赠款两种方式的政府创新补贴效果进行分析，发现政策组合对研发的激励更大⑥。阿吉翁等（Aghion et al.，2015）以我国的数据分析了与市场竞争程度联系的四种财政补贴方式（直接补贴、税收优

①　黄先海，谢璐. 战略性贸易产业 R&D 补贴的实施策略研究——事前补贴与事后补贴之比较 [J]. 国际贸易问题，2007（11）：9 – 13.

②　郑绪涛，柳剑平. 促进 R&D 活动的税收和补贴政策工具的有效搭配 [J]. 产业经济研究，2008（1）：26 – 36.

③　Junichi，N.，Hiroyuki，O.，Subsidy and networking：The effects of direct and indirect support programs of the cluster policy [J]. Research Policy，2011，40（5）：714 – 727.

④　Hiroyuki，O.，Junichi N.，Whose business is your project? A comparative study of different subsidy policy schemes for collaborative R&D [J]. Technological Forecasting and Social Change，2018，127：85 – 96.

⑤　熊勇清，李晓云等. 战略性新兴产业财政补贴方向：供给端抑或需求端——以光伏产业为例 [J]. 审计与经济研究，2015（5）：95 – 102.

⑥　Bérubé，C.，Mohnen，P.，Are firms that received R&D subsidies more innovative [J]. Canadian Journal of Economics，2009，42（1）：206 – 225.

惠、关税、贴息贷款）对企业生产率的影响，认为前两者在竞争状态下对企业生产率的促进作用要优于后两者。张同斌、高铁梅（2012）利用CGE模型得出在高新技术产业产出增长方面，直接补贴等政策比税收优惠政策能够更加有效地促进高新技术产业的增加值增长。而唐书林等（2016）基于创新驱动演化模型，认为税收优惠对创新的激励要优于直接财政补贴，而政府补贴造成了资源配置扭曲，国有企业高管持股比例越大，高新技术企业的创新激励越容易被扭曲[①]。柳光强（2016）利用战略性新兴产业上市公司数据验证了税收优惠、财政直接补贴政策在不同产业、不同政策目标之间的激励效果存在明显差异[②]。聂和杨（Nie & Yang，2017）利用博弈模型分析了产出补贴与固定补贴的影响，结论证明产出补贴实现了更高的消费者剩余和较低的生产者剩余[③]。

不同的补贴强度也会影响补贴绩效。邵敏、包群（2012）以国家统计局《工业企业统计年报》公布的数据，使用广义倾向评分匹配法估算不同补贴水平对企业生产率产生影响的差异，研究发现政府对企业的补贴力度存在一个临界值，超过临界值的政府补贴无法有效提高企业生产率水平。毛其淋、许家云（2015）采用PSM-DID评估了政府补贴对企业新产品创新的微观效应。结果发现，只有适度的补贴才能刺激新产品创新。张辉等（2016）利用门槛回归模型验证了补贴对研发投入存在双重门槛效应，这意味着补贴具有合理区间[④]。

补贴调整不仅应当体现在对不同发展阶段的企业之中，也应当体现在对不同发展阶段的产业之中。豪斯曼和罗德里克（Hausmann & Rodrik，2002）认为应在新兴产业发展初期对私人企业的试错性进入进行补偿，当模仿型企业增加后，应当及时对政府补贴进行规制和清理，使产业合理化[⑤]。王宇、刘

① 唐书林，肖振红等. 上市公司自主创新的国家激励扭曲之困——是政府补贴还是税收递延？[J]. 科学学研究，2016（5）：744–756.

② 柳光强. 税收优惠、财政补贴政策的激励效应分析——基于信息不对称理论视角的实证研究[J]. 管理世界，2016（10）：62–71.

③ Nie, P., Wang, C., et al., Comparison of energy efficiency subsidies under market power [J]. Energy Policy, 2017, 110: 144–149.

④ 张辉，刘佳颖等. 政府补贴对企业研发投入的影响——基于中国工业企业数据库的门槛分析[J]. 经济学动态，2016（12）：28–38.

⑤ Hausmann, R., Rodrik, D., Economic Development as Self Discovery [J]. Journal of Development Economics, 2002, 72（2）：603–633.

志彪（2013）用一般均衡模型分析了补贴对新兴产业和传统产业的影响，指出了补贴对经济增长作用的不可持续性，以及补贴绩效随产业阶段交替而变化的特征，支持对补贴进行动态调整。周亚虹等（2015）以新能源产业为例，实证发现了随着产业扩张，政府补贴对企业研发投入的挤入效应会降低，同时还会导致同质化产能过剩。

　　产业补贴还应基于行业异质性而实施不同的政策措施。柳光强（2016）分析了战略性新兴产业下，6 个子产业在税收优惠与直接补贴两种财政补贴手段下的激励效应，得出财政补贴政策对高端装备、节能环保及信息技术产业有着显著的促进作用，对其他行业作用不显著甚至具有反向作用；而税收优惠政策对信息技术、新材料、生物技术产业具有不显著的抑制作用，对其他产业具有不显著的促进作用。按文件进行划分，学者们依据政府出台的产业扶持文件划分了重点鼓励与一般鼓励行业，或者支持与非支持产业（余明桂 2016；宋凌云，王贤彬，2017）。按行业特征来看，黄先海等（2015）利用拓展的"2×2"伯川德模型得到"行业竞争程度"的异质性特征，并结合新结构经济学中"行业资本密集度"的行业异质性特征对行业作出区分，以这两种特征构建了能够使得补贴发挥最大效果的产业政策实施空间，并利用工业企业数据加以验证①。

五、结论与政策启示

　　本章从产业政策的制定动机、中外产业政策的比较研究与产业补贴政策的制度困境这三个方面，梳理了现有文献在产业政策尤其是产业补贴政策的动机、方式、效果方面的研究。动机方面主要与每一阶段经济发展主体相关，从市场失灵与政府失灵的讨论转到对产业结构升级、后进地区实现赶超的讨论，现阶段的研究更多地关注到"如何有效实施产业政策"。于是本章基于制度比较逻辑，对中外产业政策的相关研究进行文献梳理，认识到虽然制

---

　　① 黄先海，宋学印等. 中国产业政策的最优实施空间界定——补贴效应、竞争兼容与过剩破解 [J]. 中国工业经济，2015（4）：57–69.

度差异会导致政策运行差异，但关键因素在于核心组织内部的非人际关系化交换方式的构建，它能够帮助政治经济组织抵御寻租、利益集团蚕食等问题。

进一步地，具体从新制度经济学视角对产业政策实施方式与效果进行总结，即从政府干预带来的交易费用、制度适应性效率及政策实施方式的效果进行归纳，发现现有研究的分歧在于补贴对创新与竞争的影响既存在积极因素也存在消极因素，尤其是对补贴资源配置效果的考察结论不一，不同的补贴方式绩效也不一样，也就是产业政策及产业补贴政策形成的制度困境。这是本书对现有国内外相关文献梳理的发现。总的来讲，本章的两大意义在于，一是对中国产业政策和产业补贴政策的争论与对中外产业政策和产业补贴政策的混淆是有关的，我国的产业政策和产业补贴政策在市场化程度、制度及人际化关系交易与非人际化关系交易上与成熟的市场经济国家是有较大差异的。欧美国家产业政策是对市场失灵的一种校正，而我国产业政策无论在规模上还是在范围上都超过了欧美国家，用阿西莫格鲁的话讲，我国是一种资源重新配置追赶型经济。二是从制度困境的角度发现，从长期来看，我国现行的产业政策及产业补贴政策是不利于创新和竞争及适应性效率提高的。因此，在我国从高速增长转向高质量发展阶段的过程中，应该及时调整我国的产业政策及产业补贴政策，要让市场在资源配置上发挥决定性作用。

现有研究在以下方面也存在值得进一步讨论与完善的空间。第一，国内在对特殊利益集团方面进行分析的文献不多，而在我国产业发展中"部委带头"模式凸显，鲜有文献分析产业补贴中这一现象。值得让人思考的是，在我国政体下，部委领导的产业利益集团如何就有限税收资金拨付促成谈判？而在产业获得补贴政策许可后，相应的补贴资金最终流到既定的地方了吗？现有文献尚且无法对这些问题给出合理解释。第二，大多数文献主要讨论了补贴方式对经济绩效的影响，对补贴方式的划分主要基于两种手段：直接补贴与税收优惠，但是并没有深入分析这两种方式所刻画的补贴制度，以及补贴制度持续低效的深层次原因。吴敬琏（2017）等学者提出"功能性"与"选择性"产业政策的区分，能够较为深入地刻画我国现行补贴制度的特征，并指出"功能性"产业政策的积极意义。但由于缺乏相应的实证研究，无法深入阐释这一政策的重要意义①。

　　总之，如何设计、实施一个好的产业补贴政策是亟待研究的命题，而好坏的定论需要有一个合理的标准来判断，在研究过程中这一标准实际上随着各个经济发展阶段的主要矛盾而有所不同。本章认为，现阶段从制度视角去考察这些问题，以制度效率的标准去评价一组政策的效果能够较为契合经济发展的要求。未来的研究不仅要在合理的产业政策能够维持较高的制度效率上得到理论完善与实证检验，还需要更为具体的政策设计与实施指导。

---

　　① 吴敬琏. 我国的产业政策：不是存废，而是转型 [J]. 中国流通经济，2017 (11)：3-8.

第五章　生产性服务业集聚与制造业企业技术创新

一、引言与文献综述

  中国制造业由于缺乏关键核心技术而受制于人，多年来一直是制造业发展的痛点。如何提高中国制造业技术创新能力，缓解"卡脖子"技术现象，这是中国制造业在未来的发展中能否突破技术瓶颈提高竞争力的关键所在。经过几十年的努力，中国成为世界上第一制造大国和出口大国。然而，"大而不强"，与先进制造业国家相比，中国制造业自主研发不足，产业转型升级迟缓，低产能过剩，未能走出全球价值链"低端锁定"的陷阱。近年来，加快发展先进的生产性服务业促进制造业产业升级逐渐引起了社会各界的关注。在当前构建国内国际双循环新发展格局下，在消化传统产业过剩产能的同时进一步提升制造业技术创新能力，要促进制造业向服务环节延伸转型，以生产性服务业引领制造业走向高端。为此就必须重视生产性服务业的集聚效应，发挥生产性服务业对制造业的服务支撑功能，让先进制造业与先进生产性服务业协同共进。目前，我国生产性服务业集聚具有两大特征：第一，集聚水平较低。这一点与我国城市化水平较低有关，较低的城市化率与较高的工业化需求严重不匹配，使得对生产性服务业的中间需求较小，导致生产性服务业较为分散，制造业的技术研发和法律咨询等需求得不到满足。由于这些服务不得不在企业内部完成，从而拉低了制造业的生产效率，不利于制造业产业升级。第二，我国区域范围内生产性服务业同质化竞争较为激烈。中心城市依靠自身的区位、影响力等各方面优势，能够聚集大量资金、人才、技术以及信息等生产要素，建立基于地区比较优势和独特产业链之上的区域分工体系，各城市之间互设壁垒，存在整体资源浪费、重复建设以及过度竞争问题。

当前我国生产性服务业发展不充分，远远满足不了制造业的需要。2000年，我国制造业中间投入中生产性服务业占比仅为12%，其后下降的趋势直到2007年才转为缓慢上升，2012年其比重上升到13%，但还是远低于美国30%的水平。一方面，由于我国对生产性服务业的管制较多、准入门槛较高以及市场化程度较低等不利因素，生产性服务业种类较少且专业化程度不高，从而导致生产性服务相对供给不足；另一方面，由于我国这些年来制造业技术创新主要采用模仿创新战略、国有企业受到制度约束使得成本增加以及外资企业对我国研发和技术服务需求少等原因，导致生产性服务的需求不足。所以，我国生产性服务业发展不充分是供给侧不足与需求侧不足双重影响的结果。

服务业对我国经济增长的贡献份额越来越大，2020年服务业在我国GDP中所占的比重为54.5%。未来将出现服务业主导的经济新格局，为制造业提供专业配套服务的生产性服务业是发展先进制造业的前提条件，生产性服务业集聚可以促进制造业价值链升级（徐从才，于宁，2008；喻胜华等，2020），有利于制造业竞争力的提升（江小涓，李辉，2004），显著提高制造业全要素生产率和促进地区经济增长（于斌斌，2016；2017）。生产性服务业集聚通过研发要素流动的知识溢出效应与节能减排的环境规制效应（高康，原毅军，2020），通过技术溢出效应与规模经济效应促进制造业产业升级（刘奕，2017；韩峰，2020）。

生产性服务业集聚可以促进制造业企业的技术创新，这方面的研究可以从两个层面加以概括：第一，产业集聚对技术创新的影响。产业集聚对技术创新的影响具有两面性，一方面，格莱泽（Glaeser，1992）指出产业集聚的溢出效应存在于产业内部，也存在于不同产业之间，给技术创新带来马歇尔集聚与雅克布斯集聚两种外部性，集聚经济的外部性降低了创新活动的不确定性（Capello，2007），改善投资环境，因而产业集聚能够提高区域制造业全要素生产率（高洋，宋宇，2017），提高企业技术创新能力（杨浩昌等，2020；陈长石等，2019；杜爽等，2018；张长征等，2012；曹玉平，2012；

周明等，2011）；另一方面，如果企业规模扩大到一定程度，产业集聚会因为"拥挤效应"阻碍经济增长（汪彩君等，2017），产业集聚可能会抑制企业选择高端创新模式（胡彬等，2017），同时产业集聚与技术创新之间有非线性关系（杜江等，2017）。第二，生产性服务业集聚对技术创新的影响。生产性服务业是从制造业中分离出来的新型服务产业，其发展水平是制造业产业分工进一步优化的重要表现。生产性服务业集聚可显著促进企业技术创新（原毅军，郭然，2018；何守超等，2017；陈恩，2019；曾庆均等，2019；王鹏等，2020），生产性服务业集聚的规模经济与技术溢出效应可以降低创新的风险与协调成本，促进集体学习和知识的社会化，从而提高制造业技术创新水平（韩峰等，2020）。生产性服务业集聚往往伴随着企业集聚与人口集聚，企业集聚通过研发交流和人员流动促进技术创新（Behrens，2014）；人口集聚也有利于技术创新。据美国的一项研究，当人口规模每增加1%，创新能力就会提高1.25%。中国北京、深圳、上海、杭州、天津、广州6个地区的人口占全国总人口的7%，这些地区的专利授权数足足占了全国的1/4。

　　生产性服务业集聚具有技术溢出效应。一些文献将技术溢出效应作为产业升级、价值链升级的一种传导机制（韩峰等，2020；喻胜华，2020），但是生产性服务业集聚的技术溢出效应有何特征，它对本地制造业以及周边地区制造业技术创新的影响是怎样的？生产性服务业集聚的这种影响是否具有空间效应？针对这些问题，上述文献并没有深入研究。尽管有些文献检验了生产性服务业集聚的技术溢出效应，但主要是基于区域内分析，而不是运用空间计量方法，因而对区域间的相互影响研究不足。依据韩峰等（2020）、于斌斌（2019）采用空间杜宾计量模型进行生产性服务业集聚对产业升级空间溢出效应的实证研究结论来看，其空间效应是存在的。由此类推，生产性服务业集聚对制造业企业技术创新不仅有技术溢出效应，还有空间效应。也就是说，生产性服务业集聚不仅影响本地区制造业企业的技术创新，还影响着周边地区。本章的边际进步在于，第一，采用空间杜宾计量模型以及空间偏微分方法，从区域内和区域间两个视阈分析生产性服务业集聚对制造业技术创新的影响，实证检验生产性服务业集聚对制造业技术创新的空间溢出效应；第二，选用区位熵同时加入地理距离外溢衰减指数对各省份生产性服务业集聚水平进行测算，在考虑受周边地区生产性服务业集聚程度的影响下，这种测算方法比较合理；第三，既有文献大多是基于地级城市、省级数据的实证研究，反映的是城市或者省份的综合创新能力。而本文是针对制造业的实证研究，采用 2715 家深沪两市制造业企业的技术创新数据，从企业层面来分析生产性服务业专业化集聚和多样化聚对技术创新的影响，在一定程度上丰富了空间效应下生产性服务业集聚影响制造业技术创新的研究。

二、生产性服务业集聚影响制造业企业技术创新的作用机理

生产性服务业包括交通运输业、现代物流业、金融服务业、信息服务业和商务服务业，具有知识密集性、低污染、低消耗、高产出和高就业的特点（韩峰等，2017）。生产性服务业集聚对制造业技术创新的影响主要来源于集聚的外部性经济效应，有专业化集聚和多样化集聚之分（Hoover，1936）。

（一）生产性服务业集聚通过技术外溢影响制造业企业技术创新

由于创新活动具有研发周期长、投资风险大、预期收益不确定的特点，而且依赖于投入较多的科研人员和研发资金，所以对于追求利润最大化的企业来说，技术创新是一个复杂的过程。生产性服务业集聚可以通过缩短研发周期、降低研发风险以及知识外溢效应，提高制造业技术创新能力。首先，生产性服务业集聚能缩短制造业研发周期。一方面，高技术型中间产品流入制造业企业，有利于制造业向中高端转型，提高制造业竞争力，形成价格优势，增加研发投入（曾艺等，2019）；另一方面，生产性服务业集聚的技术外溢效应有利于制造业企业模仿创新，与自主创新相比，模仿创新周期较短。其次，生产性服务业集聚可以降低研发风险。制造业的研发活动离不开生产性服务业的全程投入，生产性服务业集聚有利于服务业与创新主体之间信息的快速交换和面对面交流，使创新过程中信息收集、筛选和转换更为便利，创新价值链各环节的分工进一步深化（韩峰等，2020）。最后，生产性服务业集聚能够促进知识外溢效应的产生。通过生产性服务业集聚知识外溢效应和

集体学习，制造业企业可以实现技能和知识的获取、交换和扩散（Glaeser，1993），从而提高技术创新水平。

（二）生产性服务业集聚通过降低交易费用提高制造业企业技术创新水平

生产性服务业的多样化集聚使得不同功能、不同行业的企业在一个区域内集中，能够为制造业提供一体化服务，有利于企业之间形成稳定的合作关系，减少搜寻成本，提高资源配置效率。而生产性服务业的专业化集聚将高端服务嵌入制造业的生产和交易中从而提高了产品附加值，而且专业化分工使得制造业产业能够以较低的价格获取"高精尖"差异化的中间产品，增加收益剩余，使得制造业更加注重高端产品的研发，在国际市场上更具竞争力。

（三）生产性服务业集聚通过人力资本影响制造业企业技术创新

首先，生产性服务业集聚带来生产要素的流动，更专业化的分工培育出更加专业的"高精尖"人才，劳动力的流动无疑是提高制造业人力资本水平的重要途径。其次，生产性服务业进出口能够促进制造业技术创新（陈启斐，刘志彪，2014），生产性服务业进出口不仅能够促进贸易发展，还能带来外资和先进技术，若是制造业人力资本与引进的知识技术进行充分合作，就会促使模仿创新或是再创新的发生。最后，生产性服务业多样化集聚可以促使行业内联系更加密切，通过集群的学习环境及时弥补缺陷与不足。

（四）生产性服务业集聚通过制造业集聚影响制造业企业技术创新

生产性服务业专业化集聚和多样化集聚都会对制造业集聚产生积极的促进作用。第一，生产性服务业集聚给制造业提供多样化和专业化的中间产品，而制造业企业倾向于获得更具有竞争力和附加值的产品，因此制造业一般集聚于生产性服务业周围；第二，随着专业化分工的加深，生产性服务业内部效率得到提升，而制造业倾向于获得更高效的服务，从而制造业向高效的生产性服务业集聚（王志强等，2017）；第三，制造业聚集于生产性服务业周围，能够降低制造业的生产成本和时间成本，能够在较短的时间内获得较为高效的服务。

生产性服务业集聚通过知识溢出、技术扩散以及人力资本的流动等方式促进制造业企业技术创新，但是过度的集聚会产生拥挤效应，抑制创新（Steven Brnkman，2001），生产性服务业与制造业在人才、技术、知识以及土地等方面产生竞争，制造业发展受阻，技术创新受限。

三、模型、数据与变量

（一）模型构建

1. 空间杜宾模型。某个地区生产性服务业集聚具有空间效应，它不仅影响着本地区制造业技术创新水平，而且对邻近地区的生产性集聚会产生一定影响，间接影响其他地区制造业的技术创新水平。因此，采用空间杜宾模型，分析生产性服务业集聚对制造业技术创新影响的空间效应。假设区域 i 的制造业技术创新 y_i 依赖于相邻区域的自变量（Le Sage et al.，2009），模型公式如下：

$$y = \alpha I_n + \rho W y + \beta X + \theta W X + \varepsilon \tag{5-1}$$

式（5-1）中，被解释变量 y 为制造业企业发明专利申请量；X 为生产性服务业集聚多样化和专业化、产权结构、市场自由化水平、市场规模、政府支持水平、创新基础建设水平、企业规模、政府规模以及环境规制一系列变量。α 是一个常数项，I_n 为 $n \times 1$ 阶单位矩阵，n 为观察样本的省份个数，ε 为误差项，W 是空间矩阵，$\rho W y$ 和 $\theta W X$ 分别表示 y 和 x 受到的空间影响。在计量模型回归估计结果中，若 ρ 值显著不为零，则对 Wy、WX、X 三者的回归系数与传统的 OLS 回归系数的解释存在很大差异。因此，又进行了空间回归模型偏微分，公式如下：

$$(I_n - \rho W) y = \alpha I_n + \beta X + \theta W X + \varepsilon \tag{5-2}$$

$$y = \sum_{r=1}^{k} S_r(W) \, x_r + V(W) \, l_n \alpha + V(W) \varepsilon \tag{5-3}$$

$$S_r(W) = V(W)(I_n\beta_r + W\theta_r) \tag{5-4}$$

$$V(W) = (I_n - \rho W)^{-1} = I_n + \rho W + \rho^2 W^2 + \rho^3 W^3 + \cdots \tag{5-5}$$

其中，k 为解释变量的个数；x_r 为第 r 个解释变量；$r = 1,2,3,4,\cdots,k$；β_r 为 x_r 的估计系数。为了解释 $S_r(W)$ 的作用，将式（5-3）改写成式（5-6），某个地区 $i(i,j = 1,2,\cdots,31)$ 的 y_i 可以表示为式（5-7）。

$$
\begin{pmatrix} y_1 \\ y_2 \\ \vdots \\ y_n \end{pmatrix} = \sum_{r=1}^{k} \begin{pmatrix} S_r(W)_{11} & S_r(W)_{12} & \cdots & S_r(W)_{1n} \\ S_r(W)_{21} & S_r(W)_{22} & \cdots & S_r(W)_{2n} \\ \vdots & \vdots & \ddots & \vdots \\ S_r(W)_{n1} & S_r(W)_{n2} & \cdots & S_r(W)_{nn} \end{pmatrix} \times \begin{pmatrix} x_{1r} \\ x_{2r} \\ \vdots \\ x_{nr} \end{pmatrix} + V(W) l_n\alpha + V(W)\varepsilon
$$

$$\tag{5-6}$$

$$y = \sum_{r=1}^{k} \left[S_r(W)_{i1} x_{1r} + S_r(W)_{i2} x_{2r} + \cdots + S_r(W)_{in} x_{nr} \right] + V(W) l_n\alpha + V(W)_i\varepsilon$$

$$\tag{5-7}$$

根据式（5-6），将 y_i 对本区域内的第 r 个解释变量 x_{ir} 求偏导得出式（5-8），将 y_i 对其他地区 j 的第 r 个解释变量 x_{jr} 求偏导得出式（5-9）。

$$\frac{\partial y_i}{\partial x_{ir}} = S_r(W)_{ii} \tag{5-8}$$

$$\frac{\partial y_i}{\partial x_{jr}} = S_r(W)_{ij} \tag{5-9}$$

式（5-8）中，$S_r(W)_{ii}$ 衡量的是区域 i 的第 r 个解释变量对本区域被解释变量 y_i 的影响，可以看作生产性服务业集聚产生的直接效应；式（5-9）中，$S_r(W)_{ij}$ 衡量的是区域 j 的第 r 个解释变量对区域 i 被解释变量 y_i 的影响，表示生产性服务业集聚的间接效应；并且 $S_r(W)_{ii} + S_r(W)_{ij} =$ 总效应。与 OLS 的估计系数相比，在空间回归模型中，若 j 与 i 不相等，y_i 对 x_{ir} 的偏导数也通常并不等于 β_r，因此某个省份 X 的变化将不仅影响本省份的制造业技术创新，而且影响其他省份的制造业技术创新。也就是说，某个地区自变量会对本地区的因变量产生影响，同时也会对其他地区（相邻地区、地理相近地区、经济发展水平相近）产生影响。这两种影响相加就是该自变量产生的总效应，分析空间溢出效应可以更准确地衡量某一自变量的影响，而不仅仅局限于它对本地区的影响，从而实证分析结果更加接近实际情况。

2. 空间相关性检验。在运用空间计量模型之前，需要检验制造业技术创新是否具有空间相关性，在其具有空间相关性的基础上进行空间模型分析才具有现实意义。采用 *Moran's I* 指数（Anselin，1988）对制造业技术创新的空间相关性进行检验，公式为：

$$Moran's\ I = \frac{\sum_{i=1}^{n}\sum_{j=1}^{n}w_{ij}(x_i-\bar{x})(x_j-\bar{x})}{\sum_{i=1}^{n}\sum_{j=1}^{n}w_{ij}\sum_{i=1}^{n}(x_i-\bar{x})^2} = \frac{\sum_{i=1}^{n}\sum_{j=1}^{n}w_{ij}(x_i-\bar{x})(x_j-\bar{x})}{v^2\sum_{i=1}^{n}\sum_{j=1}^{n}w_{ij}}$$

$$(5-10)$$

其中，v^2 为 X 的方差；$\bar{x}$ 是 X 的算术平均数；n 为空间单元的总数；w_{ij} 为空间权重矩阵元素；x_i 表示第 i 空间单元的观测值。*Moran's I* 指数的取值范围是 $[-1,1]$，若莫兰指数的取值在 $[-1,0)$，则表示各省份制造业技术创新存在空间正相关性；若莫兰指数的取值在 $(0,1]$，则表示各省份制造业技术创新存在空间负相关性；莫兰指数等于 0 时表示制造业技术创新在空间上不相关，也就是空间独立分布。*Moran's I* 指数的绝对值越大，表示空间相关性越大；其绝对值越小，表示空间相关性越小，用 *Moran's I* 指数检验制造业技术创新地区之间的空间相关性较为直接和明晰。

（二）数据与变量

1. 被解释变量是制造业技术创新。采用 2715 家深沪两市的制造业上市公司及其子公司和联营公司的发明专利申请量作为制造业技术创新的代理变量，在稳健性检验中运用发明专利授权量作为制造业技术创新的代理变量，两者分别从数量和质量上度量制造业技术创新水平。制造业上市公司专利数据来自 CSMAR 数据库。

2. 核心解释变量是生产性服务业集聚。用生产性服务业专业化集聚指数和多样化集聚指数来衡量，大多数文献使用就业人数和生产值来计算产业集聚水平，一个产业或者行业的就业人数能够较好地反映产业聚集程度。因此，以就业人数为计算基础，选用区位熵同时加入地理距离外溢衰减指数的方法来测算生产性服务业集聚水平。生产性服务业专业化集聚指数（S），其构建方法参考 Ezcurra et al.（2006）的研究，加入地理距离外溢衰减指数，计算方法为：

$$S_i = \sum_j \sum_s \left| \frac{E_{is}}{E_i} - \frac{E'_s}{E'} \right| d_{ij}^{-2} \qquad (5-11)$$

式（5-11）中，E_{is} 为 i 省份 s 生产性服务行业的就业人数；E_i 代表 i 省份的总就业人数；E'_s 表示除 i 省份外生产性服务业 s 的就业人数之和；E' 表示除 i 省份外的全国就业之和。d_{ij}^{-2} 是地理距离外溢衰减指数，用地区 i 的省会城市与地区 j 省会城市之间球面距离平方的倒数表示。两个地区之间距离越远，d_{ij} 越大，导致 d_{ij}^{-2} 越小，说明两个地区距离越大，其地区之间生产性服务业集聚水平会随之降低。

至于生产性服务业多样化集聚指数（D），借鉴杜兰顿（Duranton & Puga，2001）的方法，用赫斯曼—赫芬达尔指数来度量服务业多样化，计算公式为：

$$D_i = \sum_j 1 - \sum_{s=1}^{N} M_{i,s}^2 \, d_{ij}^{-2} \qquad (5-12)$$

式（5-12）中，N 代表 i 区域的服务业种类；$M_{i,s}^2$ 为区域 s 行业从业人数与该城市所有生产性服务业从业人数比值的平方，各省份分行业就业人数来自《中国劳动统计年鉴》。通过前文对文献的归纳总结可知，集聚的正外部性与负外部性存在争议，说明生产性服务业集聚对技术创新的影响不是简单的线性关系。因此，基于这种原因在实证分析中加入生产性服务业的二次项。

3. 控制变量。按照上述模型的描述，验证生产性服务业集聚与制造业技术创新的因果关系需要控制一些变量。宏观层面上，选取市场自由化水平、市场规模、政府支持、政府规模、创新基础设施建设、环境规制作为控制变量；企业层面上，选取企业规模、产权结构作为控制变量。运用 2005～2017 年 31 个省份 2715 家制造业企业上市公司及其子公司、联营公司技术创新数据作为制造业技术创新水平的代理变量；用 2005～2017 年省级数据研究生产性服务业集聚对制造业企业技术创新的影响。以上控制变量原始数据来自《中国统计年鉴》《中国科技统计年鉴》以及国家统计局、EPS 数据库、CSMAR 数据库等。表 5-1 为变量的描述性统计。

表 5-1 变量的统计性描述

变量		变量描述	代理变量	均值	最小值	最大值
被解释变量	制造业技术创新（PATEN）	发明专利申请量	发明专利申请数量+1	1259	1	36143
		发明专利授权量	发明专利授权量+1	469	1	16369
核心解释变量	生产性服务业集聚	多样化集聚（D）	式（5-12）	0.7428	0.6708	0.7926
		专业化集聚（S）	式（5-11）	0.0411	0.0091	0.2856
控制变量	省级层面	市场规模（SCGM） 社会消费品零售总额	社会消费品零售总额	5331.0	73.2	30603
		政府支持（ZFZC） 政府研发资金支出水平	政府资金/研发经费内部支出	0.2964	0.0687	1.2842
		政府规模（ZFGM） 政府消费水平	政府消费/最终消费	0.3000	0.19	0.6541
		创新基础设施建设（CX） 创新活动所需要的基础设施	制造业科研人员、资金的投入、仪器设备购置以及工资水平等指标熵值法合成	0.1302	0.0087	0.7640
		环境规制（HJGZ） 环境规制水平	污染治理完成投资额、森林覆盖率、二氧化硫、废水、废固、自然保护区面积、建成区绿化率、投资总额熵值法合成	0.1956	0.0791	0.5360
	企业层面	资本结构（ZBJG） 总负债与总资产的比重	企业总负债/总资产	0.5787	0.2724	10.104
		产权结构（CQ） 国有企业产值占比	国有控股工业企业工业销售产值/大中型工业企业总销售产值	0.5686	0.1436	1.5985

四、典型化事实

(一)生产性服务业专业化集聚的典型化事实分析

中国生产性服务业集聚水平较低,但呈现逐年上升的态势。图 5 - 1a 描述的是 2005～2017 年全国生产性服务业专业化集聚指数的均值变化,在样本期 2005～2017 年,生产性服务业专业化集聚指数呈现"上升—下降—上升"的 N 型波动势态,总体表现为集聚水平的提高,由 2005 年的 0.034 上升到 2017 年的 0.053,年均增长率为 4.559%。图 5 - 1b 展示的是 2005～2017 年全国 31 个省份生产性服务业专业化集聚指数均值。可以看出,只有北京和上海的集聚指数位于 0.1 之上,其余 29 个省份均处于 0.1 之下,说明我国生产性服务业专业化集聚水平较低。此外,我国生产性服务业专业化集聚存在明显的区域差异,东部地区集聚水平最高(0.064);其后依次为西部地区(0.031)、东北地区(0.0287)、中部地区(0.028)。由此,可以得到结论:(1)专业化集聚指数较低,说明其水平较低,观测期内呈现增长趋势,增长幅度较小,速度缓慢;(2)专业集聚程度东部地区最大,西部、东北和中部地区的集聚水平较为接近。

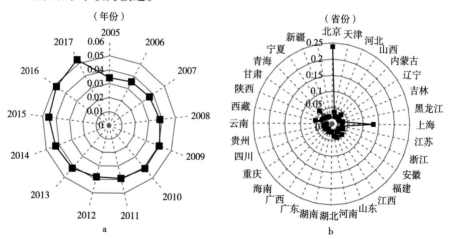

图 5 - 1　2005～2017 年全国 31 个省份生产性服务业专业化集聚指数均值

（二）生产性服务业多样化集聚的典型化事实分析

图 5 - 2a 描述的是 2005 ~ 2017 年全国生产性服务业多样化集聚指数的均值变化，生产性服务业多样化集聚水平较高，呈现逐步增长的趋势。由 2007年的 0.717 增加到 2018 年的 0.758，绝对增长量为 0.041，年均增长率为0.477%，增长幅度较小；图 5 - 2b 描述的是全国 31 个省份生产性服务业多样化集聚指数，各省份多样化集聚指数存在差异，北京（0.782）、浙江（0.777）和广东（0.763）集聚水平较高，内蒙古（0.706）集聚水平相对低一些。并且，四大区域的生产性服务业多样化集聚指数存在差异，东部地区最高（0.757），其次依次为西部地区（0.740）、东北地区（0.7307）和中部地区（0.7305）。结论：（1）多样化集聚水平相对较高，在样本期内集聚程度缓慢上升；（2）东部地区多样化集聚水平最高（0.757），西部、东北和中部地区的集聚水平稍稍落后。

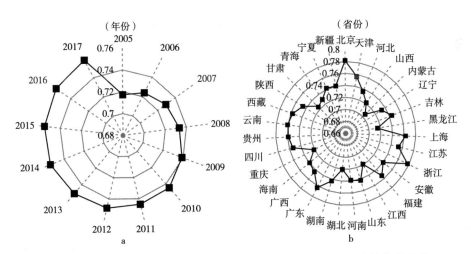

图 5 - 2　2005 ~ 2017 年全国及 31 个省份生产性服务业多样化集聚指数均值

（三）制造业技术创新能力的典型化事实分析

图 5 - 3 描述的是中国 31 个省份 2005 ~ 2017 年的制造业发明专利申请

和授权数量的变化趋势。在观测期内,制造业技术创新能力水平不断提高,发明专利申请数量逐年增加,由 2005 年的 3823 件增加到 2017 年的 96397 件,年均增加量达 7714 件。尤其是 2010 年之后,总体年均增长率为 201.79%。同时,发明专利授权量也呈现不断上升的趋势,由 2005 年的 615 件增加到 2017 年的 46604 件,年均增加量为 3832 件,年均增长率达 623.16%,发明专利授权量的增长率为申请量增长率的 3 倍。从图 5 - 3 可以看出,二者的差值越来越大,一方面说明专利申请量逐步增加;另一方面,差距的增大说明发明专利的质量相对较低。图 5 - 4 展示的是 2000 ~ 2017 年每个省份制造业发明专利申请和授权的总数量,广东(190700)、北京(74788)、山东(41089)、江苏(30962)、上海(29675)、浙江(23693)发明专利申请量均位于均值(16551)以上;其次是四川(14735)、重庆(6443)和陕西(4713);其余地区发明专利申请数量较少。而对于发明专利授权量而言,广东(67887)、北京(27826)、上海(12368)、浙江(10965)、江苏(10258)、山东(10031)位于均值(6085)以上;上海超过山东,居全国第三。由典型化事实分析可以得出:(1)发明专利的申请量和授权量逐年增加,但是二者的差距拉大,说明发明专利数量型增长势头较猛,但是质量型增长相对落后;(2)东部沿海地区的发明专利水平较高。

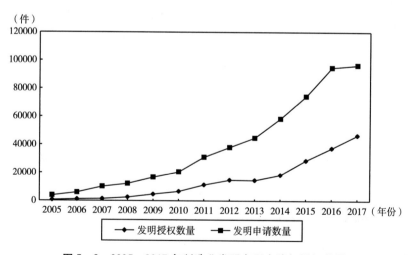

图 5 - 3　2005 ~ 2017 年制造业发明专利申请与授权数量

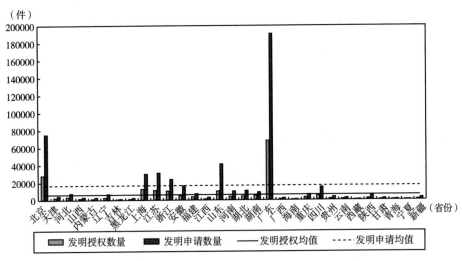

图 5 - 4　2000 ~ 2017 年 31 个省份制造业发明专利总量与均值

五、实证分析

（一）制造业企业技术创新的空间相关性分析

本章测算了三种空间权重矩阵下的 *Moran's I* 指数，对全国各省份制造业技术创新的空间相关性进行检验，检验结果如表 5 - 2 所示，图 5 - 5 表示的是 2005 ~ 2017 年 *Moran's I* 指数的变化趋势。

表 5 - 2 　　　　　　　　　　　　*Moran's I* 指数

年份	邻接权重矩阵			地理权重矩阵			经济权重矩阵		
	I	Z	P	I	Z	P	I	Z	P
2005	0.305	2.946	0.002	0.310	3.833	0.000	0.163	2.200	0.014
2006	0.339	3.244	0.001	0.300	3.720	0.000	0.198	2.594	0.005
2007	0.323	3.121	0.001	0.321	3.981	0.000	0.158	2.155	0.016
2008	0.318	3.055	0.001	0.285	3.546	0.000	0.182	2.412	0.008
2009	0.217	2.180	0.015	0.204	2.649	0.004	0.193	2.534	0.006
2010	0.174	1.796	0.036	0.142	1.947	0.026	0.137	1.899	0.029

年份	邻接权重矩阵			地理权重矩阵			经济权重矩阵		
	I	Z	P	I	Z	P	I	Z	P
2011	0.248	2.451	0.007	0.147	2.008	0.022	0.130	1.824	0.034
2012	0.249	2.446	0.007	0.135	1.870	0.031	0.146	1.999	0.023
2013	0.256	2.522	0.006	0.133	1.863	0.031	0.144	1.987	0.023
2014	0.296	2.868	0.002	0.177	2.347	0.009	0.124	1.766	0.039
2015	0.267	2.596	0.005	0.174	2.300	0.011	0.117	1.671	0.047
2016	0.256	2.511	0.006	0.165	2.204	0.014	0.155	2.098	0.018
2017	0.256	2.523	0.006	0.160	2.161	0.015	0.153	2.086	0.018

根据表5-2中的 $Moran's\ I$ 指数可知：（1）在邻接权重矩阵下，自2005年开始 $Moran's\ I$ 指数一直显著为正，且呈现"下降—上升—下降"的变化势态，总体表现为下降趋势，说明在邻接权重矩阵下制造业技术创新具有空间相关性，但是这种相关性有所下降；在地理权重矩阵下，$Moran's\ I$ 指数一直显著为正，且数值总体呈现下降趋势；经济权重矩阵下，$Moran's\ I$ 指数同样表现显著为正，总体看有小幅度的下降，说明在地理权重矩阵和经济权重矩阵下，制造业技术创新均具有空间相关性且这种相关性变弱。（2）三种权重矩阵下，$Moran's\ I$ 指数大小排序依次为：邻接权重＞地理权重＞经济权重。说明邻近地区制造业技术创新相关性较强，距离大小和经济相似程度下的相关性都不如相邻地区的相关性。（3）三种权重矩阵下，大部分年份的相关性都在1%显著性水平下显著，说明技术创新均具有较强的空间相关性，某个省份的制造业技术创新水平会对其他地区（相邻、距离相近或者是经济发展水平相似）产生影响，从而也证实我们在研究制造业技术创新时不能只局限于地区内研究与检验，更要注重地区间的相互作用与影响。

图5-5描述了 $Moran's\ I$ 相关系数的变化趋势，三种相关性均有不同程度的下降。其中地理权重矩阵下的相关性下降幅度最大，从2005年的0.31下降到2017年的0.16，0.15，降幅接近于50%；邻近矩阵下的相关性由2005年的0.305下降到2017年的0.256，下降0.049；经济矩阵下的空间相关性由2005年的0.163下降到2017年的0.153，下降0.01。

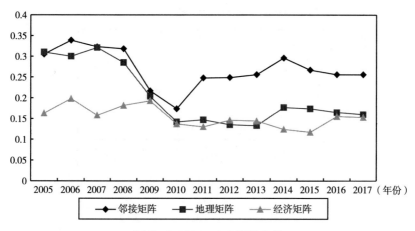

图 5 – 5　*Moran's I* 指数趋势

为了观察区域制造业技术创新的空间集聚特征，本文绘制了 2017 年全国制造业技术创新的 *Moran's I* 指数散点图。从图 5 – 6 可以看出，在三种空间权重下，大多数省份位于第一、第三象限，包含的省份个数依次为 21 个、21 个和 19 个，说明区域和周边地区的制造业技术创新水平较高（或较低），二者之间差异较小。中国各个省份制造业技术创新存在高度的空间集聚特征，即中国制造业技术创新的空间分布是非均质的。各个省份制造业技术创新存在显著的空间依赖性和高度的空间集聚特征，这要求我们在研究各个省份制造业技术创新的影响因素时，不能忽略其空间上的相关性。

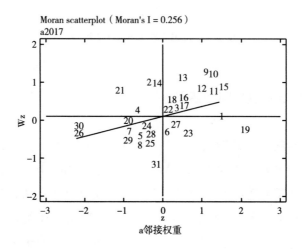

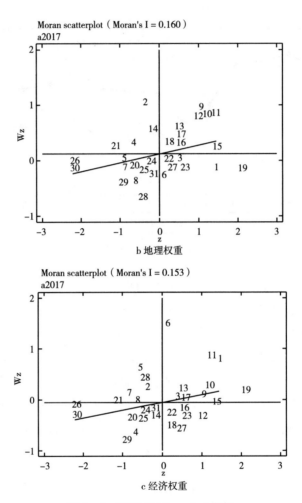

图 5 - 6   2017 年 *Moran's I* 指数

（二）空间计量模型回归结果分析

本章运用空间计量模型实证研究了生产性服务业集聚对制造业技术创新的影响，通过 SDM、SEM 以及 SAR 三种空间模型的回归分析（见表 5 - 3 和表 5 - 4），结果发现：（1）专业化集聚对制造业技术创新具有显著的空间 U 型影响，在专业化集聚初期，制造业技术创新随着专业化集聚上升会出现下降的趋势。随着集聚指数不断上升，生产性服务业专业化集聚对制造业技术创新产生促进作用。（2）多样化集聚在三种空间模型回归下均具有 U 型影响趋势，说明在多样化集聚初期，生产性服务业集聚对制造业技术创新具有抑制作用。但是随着多样化集聚水平的提高达到一定的临界点，"负"向影响转为"正"向影响。

表 5-3　生产性服务业专业化集聚对制造业技术创新影响的空间回归结果

变量	SDM		SEM	SAR
	Main	Wx		
$\ln D$	2.369 *** (5.08)	-3.498 *** (-2.86)	2.714 *** (6.60)	2.832 *** (6.88)
$\ln^2 D$	0.0871 *** (4.77)	-0.125 *** (-2.59)	0.105 *** (6.43)	0.110 *** (6.70)
$\ln CQ$	0.488 *** (3.96)	-0.937 ** (-2.27)	0.416 *** (3.48)	0.433 *** (3.62)
$\ln SCGM$	0.416 *** (4.74)	0.832 *** (2.71)	0.337 *** (4.32)	0.333 *** (4.17)
$\ln ZFZC$	-0.698 *** (-6.65)	0.877 ** (2.14)	-0.851 *** (-8.79)	-0.863 *** (-8.87)
$\ln CX$	1.179 *** (9.03)	0.218 (0.53)	1.195 *** (10.85)	1.187 *** (10.58)
$\ln ZFGM$	-0.796 *** (-3.57)	1.030 (1.51)	-0.666 *** (-3.01)	-0.712 *** (-3.25)
$\ln HJGZ$	0.436 *** (3.57)	-0.360 (-0.89)	0.498 *** (4.47)	0.531 *** (4.69)
$\ln ZBJG$	-0.182 * (-1.78)	-0.715 (-1.25)	-0.132 (-1.29)	-0.123 (-1.19)
Spatial rho	-0.224 ** (-2.31)		—	-0.0322 (-0.58)
sigma²e	0.412 *** (14.51)		0.452 *** (14.17)	0.455 *** (14.21)
Log-likelihood	-399.6055		-412.3489	-413.5179
R^2	0.885		0.867	0.859

变量	SDM		SEM	SAR
	Main	Wx		
N	403		403	403
AIC	839.2111		846.6978	849.0357
BIC	919.1898		890.6861	893.024

注：①括号中为标准误；②*、**、***分别表示显著性水平 $P<0.1$、$P<0.05$、$P<0.01$。

表5-4　生产性服务业多样化集聚对制造业技术创新影响的空间回归结果

变量	SDM		SEM	SAR
	Main	Wx		
$\ln S$	-39.83**	-365.3***	-30.73*	-4.235
	(-2.50)	(-7.87)	(-1.76)	(-0.25)
$\ln^2 S$	-19.47***	-152.9***	-16.01**	-4.893
	(-3.02)	(-8.16)	(-2.27)	(-0.71)
$\ln CQ$	0.562***	-0.800**	0.583***	0.576***
	(4.93)	(-2.00)	(4.97)	(4.70)
$\ln SCGM$	0.313***	1.535***	0.519***	0.425***
	(4.18)	(5.60)	(6.62)	(5.25)
$\ln ZFZC$	-0.384***	1.323***	-0.675***	-0.703***
	(-4.09)	(3.51)	(-7.26)	(-7.46)
$\ln CX$	1.488***	0.610*	1.160***	1.189***
	(14.64)	(1.87)	(11.66)	(11.57)
$\ln ZFGM$	-0.869***	1.253**	-0.318	-0.512**
	(-4.18)	(2.01)	(-1.47)	(-2.34)
$\ln HJGZ$	0.275**	1.177***	0.385***	0.364***
	(2.57)	(3.11)	(3.60)	(3.21)
$\ln ZBJG$	-0.264***	-0.706	-0.118	-0.116
	(-2.72)	(-1.30)	(-1.14)	(-1.09)
Spatial rho	-0.532***			-0.00496
	(-5.71)			(-0.09)
$sigma^2 e$	0.365***		0.445***	0.475***
	(13.73)		(13.95)	(14.19)

续表

变量	SDM		SEM	SAR
	Main	Wx		
log-likelihood	−372.2911		−413.9782	−421.5872
R^2	0.880		0.870	0.871
N	403		403	403
AIC	784.5822		849.9563	865.1743
BIC	864.561		893.9446	909.1626

注：①括号中为标准误；②*、**、*** 分别表示显著性水平 $P < 0.1$、$P < 0.05$、$P < 0.01$。

控制变量的影响：（1）产权结构。产权结构在当期对于制造业技术创新具有积极的促进作用，大中型工业企业中，国有控股企业产值的比例越大，对制造业技术创新水平提高的作用越大。企业的技术创新需要大量的人员资金等基础建设，国有企业技术创新的基础设施建设优于民营企业。因此，其产值越大，技术创新的投入越多，企业技术创新实力越强，成果自然也会增加。但是在滞后期中，会对制造业技术创新具有较强的抑制作用。目前来说，中小微企业是技术创新的主力军，市场活力强，创新效率和动机较强。（2）市场规模。市场规模扩大会引起市场需求的增加，为了满足大量需求，企业将加大技术创新力度。（3）政府支持。政府支持对制造业企业技术创新具有显著的抑制作用，这与我们直观上的判断不同，可能是为了促进技术创新政府部门出台一系列的激励措施，但是为了追求经济效应，大部分的资金投向经济效率较高的高技术产业。对于技术创新效率较低的行业来说，创新资金投入严重不足，资源错配严重，产生负的空间溢出效应；但其滞后项显著为正，说明随着时间的转移，资源配置得到合理的改进。（4）创新基础设施建设。创新基础设施建设对制造业技术创新具有积极的促进作用，大量研发人员、资金、机器设备的投入，使得制造业企业更具有进行创新的基础。（5）资本结构。资本结构对制造业企业技术创新具有显著的抑制作用，说明企业负债率越高越不利于技术创新。（6）环境规制水平的提高显著提高企业技术创新水平。知识与技术密集型为主的生产性服务业集聚在降低企业污染物排放量的同时，也会提高本企业技术水平。（7）政府规模越大越不利于制造业企业技术创新。一方面，政府规模越大，越不利于政策的执行，管理效率低下，不利于企业发展；另一方面，政府规模越大，政府对于企业的干预越强，越不利于企业提高创新活力。

（三）空间溢出效应分解结果分析

下面，本章将对生产性服务业集聚影响制造业企业技术创新的总效应进行分解，进一步探究其影响的直接效应与间接效应（见表5-5）。基于空间模型选择的 AIC 最小准则和最大似然估计最大原则，选择地理权重矩阵下的 SDM 模型为生产性服务业空间溢出效应的解释模型。ρ 值显著不等于零，说明普通面板回归系数不能准确解释各个变量的经济含义。

1. 生产性服务业专业化集聚的效应分解。

表5-5　　　专业化集聚影响制造业企业技术创新的效应分解结果

变量	直接效应	间接效应	总效应
$\ln D$	2.515 *** (5.28)	-3.428 *** (-3.29)	-0.914 (-0.81)
$\ln^2 D$	0.0922 *** (5.02)	-0.123 *** (-3.04)	-0.0312 (-0.69)
$\ln CQ$	0.532 *** (4.46)	-0.881 ** (-2.41)	-0.348 (-0.92)
$\ln SCGM$	0.394 *** (4.61)	0.614 ** (2.44)	1.008 *** (3.92)
$\ln ZFZC$	-0.737 *** (-7.89)	0.865 ** (2.52)	0.128 (0.34)
$\ln CX$	1.182 *** (9.48)	-0.0309 (-0.10)	1.151 *** (3.36)
$\ln ZFGM$	-0.840 *** (-3.83)	1.016 * (1.78)	0.177 (0.30)
$\ln HJGZ$	0.450 *** (4.05)	-0.359 (-1.06)	0.0913 (0.27)
$\ln ZBJG$	-0.151 (-1.50)	-0.620 (-1.24)	-0.770 (-1.52)

注：①括号中为标准误；②*、**、***分别表示显著性水平 $P<0.1$、$P<0.05$、$P<0.01$。

生产性服务业专业化集聚空间溢出效应的分解结果如表 5 - 5 所示。第一，专业化集聚的直接效应即区域内溢出效应，表现为其对本地区企业技术创新有积极的促进作用，呈现 U 型趋势，在专业化集聚初期，专业化集聚对本省制造业企业技术创新具有抑制作用，但随着生产性服务业专业化集聚水平的提高，加大了制造业内部中高端产业的比重，制造企业更加专注于发展高技术产品，提高企业内部技术创新的动力，所以，专业化集聚对制造业技术创新的正向影响显现出来。第二，市场规模的扩大有利于制造业企业技术创新，区域内溢出效应为 0.394，市场规模扩大有利于制造业企业聚集，带来技术、投资、人才以及知识的外溢，企业竞争力增强。第三，政府支持对本省制造业技术创新具有显著的阻碍作用，区域内溢出效应为 - 0.737，原因可能是由于政府资金配置不合理、效果呈现较慢所导致。第四，资本结构（系数为 - 0.151）和政府规模（系数为 - 0.840）对企业技术创新具有抑制作用，符合预期，资本结构与政府规模的扩大，不利于激发创新活力，阻碍技术创新。第五，制造业技术创新基础设施建设有利于本地区制造业企业技术创新，其区域内溢出效应为 0.595，符合预期。第六，环境规制有利于制造业技术创新水平的提高，其区域内溢出效应为 0.450。

生产性服务业专业化集聚的间接效应是指区域间溢出效应，间接效应表现为倒 U 型特征，一个地区的专业化集聚对邻近地区制造业技术创新产生倒 U 型影响，第一，其间接效应的一次项系数绝对值大于直接效应，说明其对邻近地区制造业技术创新的抑制作用较大。第二，产权结构空间溢出效应为 - 0.881，说明一个地区国有企业产值占比越高，对邻近地区制造业技术创新抑制作用越大，国有企业占比提高，该地区技术创新竞争力较强，会对邻近地区产生资源的无形掠夺。第三，市场规模的区域间溢出效应为 0.614，说明一个地区市场规模的扩大有利于邻近地区制造业的技术创新，市场规模的扩大更有可能让其他地区企业参与该地区的市场经济活动中，从而促进邻近地区企业加快发展和技术创新。第四，政府支持的空间溢出效应为 0.865，具有较强的影响作用，一个地区政府支持水平的提高，会促进邻近地区制造业企业技术创新。第五，环境规制的区域间溢出效应为 - 0.359，未通过显著性检验，一个地区环境规制水平的提高会对邻近地区制造业技术创新产生抑制作用，但是效果并不显著。第六，政府规模区域间溢出效应为 1.016，某地区政府消费水平的提高会对邻近地区制造业技术创新产生积极的促进作用。

生产性服务业专业化集聚的总效应表现为,其对制造业技术创新呈现倒U型影响。产权结构、资本结构的总效应依次为 -0.348、-0.770,但均未通过显著性检验,说明国有经济占比提高、企业负债率增加会抑制制造业技术创新。市场规模、创新基础设施建设总效应分别为 1.008、1.151,且均通过 1% 显著性检验,结果具有较强的稳定性,说明对于总效应来说,市场规模的扩大,政府支持力度的加强,创新基础建设越完善,交通环境越好越有利于制造业企业技术创新。但政府支持、政府规模和环境规制总效应虽为正,对制造业技术创新的作用效果却不明显。

2. 生产性服务业多样化集聚的效应分解。如表 5-6 所示,生产性服务业多样化集聚的直接效应是指区域内溢出效应,直接效应对制造业技术创新具有倒U型影响,但不显著。随着集聚水平的不断提高,产业间的多样化集聚带来越来越多的投资、知识、人力资本等资源,制造业对于资源需要进行资源的配置,可能造成运行效率的低下,从而短时间内企业技术创新没有得到有利发展。产权结构、市场规模以及创新基础设施建设、环境规制的直接效应系数显著为正,说明本地区国有经济占比的增加、市场规模的扩大、创新基础设施水平的提高、环境规制的加强对该地区制造业技术创新具有积极的促进作用。政府支持、政府规模、资本结构的直接效应为负值,说明这些因素与制造业企业技术创新呈反向变动。其原因可能是,政府支持力度大使得企业过于依赖政府资助从而导致其研发投入不足,政府规模的扩大意味着政府干预程度加深,不利于激发市场活力。而政府在扩大消费规模的同时会产生挤出效应,挤占一部分企业投资与私人消费,不利于企业开展技术创新活动。随着企业负债率的提高,研发投资费用的支出受到一定程度的制约,因此不利于企业技术创新。

表 5-6　　　　多样化集聚影响制造业企业技术创新的效应分解结果

变量	直接效应	间接效应	总效应
$\ln S$	-12.48 (-0.74)	-251.7*** (-7.07)	-264.2*** (-7.71)
$\ln^2 S$	-8.159 (-1.19)	-104.4*** (-7.23)	-112.5*** (-8.15)

续表

变量	直接效应	间接效应	总效应
ln*CQ*	0.659 *** (5.51)	−0.791 ** (−2.54)	−0.132 (−0.45)
ln*SCGM*	0.206 *** (2.67)	0.990 *** (5.10)	1.196 *** (6.55)
ln*ZFZC*	−0.507 *** (−5.98)	1.103 *** (4.11)	0.596 ** (2.14)
ln*CX*	1.506 *** (15.30)	−0.124 (−0.61)	1.382 *** (6.46)
ln*ZFGM*	−1.005 *** (−4.69)	1.248 *** (2.77)	0.243 (0.57)
ln*HJGZ*	0.190 * (1.74)	0.792 *** (2.91)	0.982 *** (3.84)
ln*ZBJG*	−0.209 ** (−2.06)	−0.445 (−1.11)	−0.654 * (−1.72)

注：①括号中为标准误；②*、**、***分别表示显著性水平 $P<0.1$、$P<0.05$、$P<0.01$。

多样化集聚的间接效应呈倒 U 型。在多样化集聚低水平阶段，生产性服务业多样化集聚对邻近地区制造业技术创新有正向影响。但是随着多样化集聚水平的提高，到达极值点后，对邻近地区制造业技术创新产生负向影响。可能的原因在于，本地区多样化集聚水平的提高使得周围地区的竞争更为激烈。产权结构的间接效应系数为负，表明本地区国有经济占比上升不利于邻近地区制造业技术创新，而市场规模、政府支持、创新基础设施建设和环境规制的间接效应系数都为正。

生产性服务业多样化集聚的总效应呈现倒 U 型影响，产权结构、资本结构总效应系数为负，但是产权结构的影响不显著；市场规模、政府支持、创新基础设施建设和环境规制的总效应系数均显著为正。

（四）稳健性检验

为了检验上述实证分析结果的稳健性，将被解释变量替换为专利发明授权数量,再次作了回归分析,结果如表5-7所示。在地理权重矩阵下,生产性服务业专业化集聚直接效应显著呈现 U 型;间接效应显著呈现倒 U 型;总效应不显著,与前文回归结果高度一致。

表5-7　　　　　　　　　对生产性服务业专业化集聚效应的稳健性检验

变量	直接效应	间接效应	总效应
$\ln D$	2.671 *** (5.90)	-2.353 ** (-2.22)	0.318 (0.27)
$\ln^2 D$	0.0985 *** (5.62)	-0.0982 ** (-2.36)	0.000223 (0.00)
$\ln CQ$	0.0630 (0.55)	-1.391 *** (-3.64)	-1.328 *** (-3.28)
$\ln SCGM$	0.260 *** (3.22)	0.664 ** (2.56)	0.924 *** (3.42)
$\ln ZFZC$	-0.439 *** (-4.86)	1.101 *** (3.07)	0.662 * (1.67)
$\ln CX$	1.114 *** (9.37)	-0.480 (-1.49)	0.634 * (1.75)
$\ln ZFGM$	-0.877 *** (-4.22)	-0.451 (-0.75)	-1.328 ** (-2.07)
$\ln HJGZ$	0.116 (1.11)	-0.471 (-1.35)	-0.355 (-1.02)
$\ln ZBJG$	-0.115 (-1.20)	-0.596 (-1.16)	-0.711 (-1.34)
R^2	0.866	Log-likelihood	-352.0083
Spatial rho	-0.109 (-1.10)	sigma^{2}e	0.373 *** (14.37)

注:①括号中为标准误;②*、**、***分别表示显著性水平 $P<0.1$、$P<0.05$、$P<0.01$。

生产性服务业多样化集聚的直接效应、间接效应以及总效应均呈现倒 U 型,说明生产性多样化集聚初期对制造业企业技术创新具有抑制作用。但是随着集聚水平的提高,多样化集聚对制造业企业技术创新具有积极的促进作用。与前文分析结果一致,回归结果见表5-8。

表 5 – 8　　　　　　对生产性服务业多样化集聚效应的稳健性检验

变量	直接效应	间接效应	总效应
ln$S$	4.204 (0.27)	– 188.4 *** (– 4.97)	– 184.2 *** (– 4.77)
ln^2S	– 1.597 (– 0.25)	– 78.11 *** (– 5.09)	– 79.70 *** (– 5.12)
lnCQ	0.216 ** (1.97)	– 1.094 *** (– 3.21)	– 0.878 ** (– 2.57)
ln$SCGM$	0.155 ** (2.18)	0.971 *** (4.60)	1.126 *** (5.31)
ln$ZFZC$	– 0.190 ** (– 2.33)	1.338 *** (4.44)	1.149 *** (3.52)
lnCX	1.361 *** (14.51)	– 0.167 (– 0.74)	1.194 *** (4.77)
ln$ZFGM$	– 0.922 *** (– 4.64)	0.122 (0.25)	– 0.800 (– 1.58)
ln$HJGZ$	– 0.0736 (– 0.74)	0.734 ** (2.46)	0.660 ** (2.20)
ln$ZBJG$	– 0.153 * (– 1.65)	– 0.738 * (– 1.68)	– 0.892 ** (– 2.02)
R^2	0.904	Log-likelihood	– 367.8269
Spatial rho	– 0.277 *** (– 2.88)	sigma^{2}e	0.343 *** (14.76)

注：①括号中为标准误；②＊、＊＊、＊＊＊分别表示显著性水平为 $P<0.1$、$P<0.05$、$P<0.01$。

六、结论与政策启示

本章将生产性服务业集聚与制造业企业技术创新联系起来，利用 31 个省份的生产性服务业集聚数据和 2005 ~ 2017 年 2715 家制造业企业技术创新的微观数据，研究生产性服务业集聚对制造业企业技术创新的影响。本章得出以下主要结论：第一，生产性服务业专业化集聚与制造业企业技术创新具有非线性关系，专业化集聚对本地区制造业技术创新呈现 U 型影响；对邻近地区制造业技术创新呈现倒 U 型影响。在专业化集聚的低水平阶段，它对本地区制造业技术创新具有抑制作用，对邻近地区技术创新具有促进作用，总体呈现较弱的倒 U 型特征。第二，生产性服务业多样化集聚与本地区以及邻近地区制造业企业技术创新均具有倒 U 型非线性关系。在多样化集聚初期，它对制造业技术创新具有积极的促进作用，但是当多样化集聚水平提高到一定程度，这种促进作用就会转化为抑制作用，总体呈现倒 U 型的态势。第三，国有企业产值占比提高有利于本地区制造业企业技术创新，但是不利于其他地区和总体制造业企业技术创新发展，市场规模的扩大、政府支持力度的加强、创新基础设施建设的完善以及企业规模的扩大均对制造业技术创新具有积极的总效应，有利于提高制造业技术创新整体水平。

基于上述实证分析结果，结合我国的实际情况，提出以下建议：

第一，优化制度环境，大力发展生产性服务业。目前，我国生产性服务业水平相对较低，提高生产性服务业水平尤为重要，一方面，放宽生产性服务业准入门槛，创造有利于生产性服务业发展的制度环境和生产环境；另一方面，激励措施宜"差异化"，避免重复建设，弱化同质性竞争，增加生产性服务业集聚的多样化，丰富集聚的类型，充分利用本地区的资源特色，形成适合本地区发展的服务业集聚区。

第二，提高生产性服务业专业化集聚水平，同时适度强化其多样化集聚程度。专业化集聚与制造业企业技术创新具有 U 型关系，应该促使专业化集聚水平突破转折点，是有利于技术创新的；而多样化集聚与制造业企业技术创新具有倒 U 型关系，如果只是单纯追求生产性服务业高集聚度，会造成规模不经济现象的发生，使集聚的外部性由"正"转"负"。因此，多样化集聚水平宜适度。提高专业化集聚程度，同时控制多样化集聚，保证多样化集聚的关联性，减少多样化集聚带来的经营管理、制度管理等方面的困难。

第三，各地区应建立不同特色的生产性服务业，形成分工协作功能互补的格局。生产性服务业集聚能够显著促进本地区制造业技术创新水平，但对邻近地区却产生不同程度的抑制作用。因此，各地区应积极打破区域间的壁垒，降低地方保护主义行为产生的不良影响，畅通生产性服务业信息、资金和人才等要素的流动通道，促进交流与学习。充分发挥生产性服务业集聚的规模经济效应，产生正外部性，同时周围地区要提高人力资本水平和研发投资，并结合地区特色吸收消化其溢出效应，从而提高制造业技术创新整体水平。

第四，完善制造业技术创新的环境。首先，加强制造业技术创新基础设施建设。增加创新人才数量的同时提高创新人才的质量，增加科技研发设备购置费，加大基础研究支出，提高创新转化率。其次，改善制造业技术创新的政策环境。生产性服务业集聚对以市场为基础的制度环境非常依赖，因此要建立有利于制造业技术创新的制度保障，同时规范市场竞争，倡导"竞争中性"。再次，改善制造业技术创新的金融环境，降低制造业企业发展成本，对于致力于技术创新的企业进行适当的财政补贴，对其融资进行金融支持，加强对中小微企业扶持力度，进一步增强其创新能力和创新动力，减轻其后顾之忧。最后，加强环境规制。环境问题一直是制造业生产面临的难题，环境标准、排放限额这些环境制度对企业的环境保护行为缺乏激励，使得环境规制未能积极促进企业技术创新。要发挥排污许可证交易和环境补贴等环境规制政策对企业技术创新的激励作用，环境规制需要因时因地制宜，根据企业所处阶段的不同采取不同的措施。

第六章 我国高技术产业技术创新路径与技术创新效率

一、问题的提出与文献回顾

技术创新是提高一国生产能力和国际竞争优势的重要途径。对科技创新的重视带来了我国科技投入的大幅增长和科技产业的迅猛发展，然而，创新能力与创新效率并没有随着创新投入同比增长，技术创新路径的不当选择所导致的低效制约了技术创新能力的进一步提高，企业如何做出选择，是自主研发、技术引进还是合作研发？由于不同的创新模式对于技术创新效率存在着不同的影响，因而技术创新路径与创新效率的研究受到学术界的关注。

技术创新与生产率之间的关系是学界研究的热点之一。国内外不少学者研究了不同技术创新模式的影响。克里斯库洛等（Criscuolo et al.，2003）对英国企业的研究表明，自主研发中的产品创新与企业绩效显著正相关，格里菲斯等（Griffith et al.，2006）运用英国、法国和西班牙等国家的企业数据也得到相似的结论。贝尔德伯斯等（Belderbos et al.，2004）、安蒂卡等（Faems et al.，2005）发现合作创新对企业投入产出效率有显著正向影响。胡（Hu et al.，2005）指出，自主研发、国外技术引进对生产率有明显正向影响，国内技术引进的作用不显著。李小平（2007）的研究也表明自主研发、国外技术引进对生产率有显著促进作用，国内技术引进的作用不明显，并且地区差异明显。以意大利的企业为研究对象，发现产品创新和工艺创新对高技术企业与非高技术企业的绩效均有显著促进作用（Hall et al.，2008）。于明超和申俊喜等（2010）对 1998～2007 年我国省级工业面板数据的分析认为，知识的内部获取、外部获取对创新产出有不同影响，自主研发、技术消化吸收对其有显著的正向影响，而国内外技术引进存在的影响则为负。上述文献考察了不同技术创新途径对生产绩效的影响，大多数文献采用总产出作为技术进步成果的衡量指标，而总产出指标不能完全反映技术创新的活动成果。

近期的研究深入到技术创新效率层面。阿吉翁（Aghion，2013）的研究表明机构所有权对技术创新效率有显著正向影响。吴延兵等（2011）、吴延兵（2008）的研究显示，所有制结构、企业规模、对外开放度、行业异质性对知识生产效率存在较大影响，产权性质对企业技术创新具有激励作用。白俊红（2011）等对区域创新系统的研究表明，创新主体关系、金融支持力度、政策支持力度对创新效率有重要影响。钟廷勇和安烨（2014）对中国 1998～2009 年文化创意产业的实证分析表明，经济发展水平、社会资本、信息化水平和科技水平等多维区域异质性对文化产业的技术创新效率有显著影响且效率差异收敛。陈建丽等（2014）将技术创新过程划分为两个阶段，运用 DEA 模型对我国高技术行业技术创新效率的变动趋势作了研究。上述文献大多是基于创新环境对技术创新的影响分析，而从创新途径的视角研究技术创新效率的文献还比较少。

上述文献中应该介绍不同技术创新方式影响技术创新效率的途径和机制，而不仅仅是两者的结果。要对文献进行梳理，不是简单的罗列。

本章是对技术创新效率与途径之间关系的分析。其方法特点在于，分别研究了技术创新过程两个阶段的创新效率，通过建立超越对数随机前沿生产函数模型，比较了四种创新路径对技术创新效率的影响；本章不仅分析了四种技术创新路径与效率之间的线性关系、U 型关系，还考察了不同路径对技术创新效率的交互影响。与以往的分析结论不同，本章发现技术创新路径与效率并不仅仅是简单的正向或者负向相关，而是存在着 U 型或者倒 U 型的关系；在技术创新的两个阶段，同一种技术创新路径对创新效率呈现出不同的影响。这些研究成果深化与丰富了技术创新的理论研究。

二、模型设定与变量选择

依照波特的价值链理论，一个价值链就是从资源投入到产生经济效益的一个完整的过程。技术创新的实质就是从知识获取的经费投入到新技术产业化应用产生经济效益的价值创造过程，技术创新过程可以分为两个阶段，第一阶段是"知识获得－新技术产生"，是以发明专利为代表产出的技术研发阶段；第二阶段是"新技术－新产品"的技术成果转化阶段。本章分别考察技术研发与技术成果转化两个阶段的技术创新效率。

目前，学界主要采取参数法与非参数法分析技术效率。非参数法以数据包络分析（DEA）为代表，参数法则以随机前沿分析（SFA）为代表，本章采用参数法中的随机前沿分析方法。与非参数法 DEA 相比，随机前沿 SFA 方法将生产函数估计的误差项分为随机误差与技术非效率两个部分，这使得模型更加贴近现实。

假设随机前沿生产函数为：

$$Y_{it} = f(L_{it}, K_{it}, \alpha, \beta) e^{v_{it} - u_{it}} \qquad (6-1)$$

式（6－1）中，Y_{it} 表示 i 行业 t 期的技术创新产出；L_{it}，K_{it} 分别表示 i 行业 t 期劳动与资本的投入；α，β 为待估计参数；u_{it} 表示非效率因素，即能够控制的因素产生的技术非效率误差项，u_{it} 非正表示产出不能超出生产可能性曲线的边缘；v_{it} 是由外界不可控变量决定的随机扰动误差项。

从函数性质上看，C－D 生产函数要求替代弹性不变的技术中性假设，而超越对数形式生产函数的普遍性能更好。分别对 C－D 随机前沿生产函数与超越对数随机前沿生产函数进行了估计，实证分析的结果表明：SFA 的分析方法是适合的，而且超越对数随机前沿生产函数的估计效果更好。因此，采用超越对数随机前沿生产函数，式（6－2）与式（6－3）分别为技术研发与技术成果转化阶段的超越对数随机前沿生产函数。式（6－4）是技术非效率模型，各公式中的变量含义参见表6－1。t 为时间，表示技术变化。

表 6 - 1 各变量及其说明

投入指标	产出指标	创新路径指标	
变量	变量	变量	变量的测算方法
研发人员全时当量（RDL）	发明专利有效申请数量（P）	自主原始创新强度（OII）	研发经费/（知识获取经费 + 外资研发经费）
知识获取经费（KAF）	专利革新生产总值（Q）	国外技术引进强度（TII）	国外技术引进经费/（知识获取经费 + 外资研发经费）
外资研发经费（FRD）	新产品产值（Y）	国内技术购买强度（TBI）	国内技术购买经费/（知识获取经费 + 外资研发经费）
R&D 经费内部支出（RDK）	—	外资研发强度（FRI）	外资研发经费/（知识获取经费 + 外资研发经费）

$$\ln P_{it} = \beta_0 + \beta_1 \ln RDL_{it} + \beta_2 \ln KAF_{it} + \beta_3 \ln FRD_{it} + \beta_4 t + \beta_5 (\ln RDL_{it})^2$$
$$+ \beta_6 (\ln KAF_{it})^2 + \beta_7 (\ln FAD_{it})^2 + \beta_8 \ln RDL_{it} \ln KAF_{it} + \beta_9 \ln RDL_{it} \ln FRD_{it}$$
$$+ \beta_{10} \ln KAF_{it} \ln FRD_{it} + \beta_{11} t^2 + \beta_{12} t \ln RDL_{it} + \beta_{13} t \ln KAF_{it} + \beta_{14} t \ln FRD_{it}$$
$$+ v_{it1} - u_{it1} \tag{6-2}$$

$$\ln Q_{it} = \beta_0 + \beta_1 \ln RDL_{it} + \beta_2 \ln RDK_{it} + \beta_3 \ln P_{it} + \beta_4 t + \beta_5 (\ln RDL_{it})^2$$
$$+ \beta_6 (\ln RDK_{it})^2 + \beta_7 (\ln P_{it})^2 + \beta_8 \ln RDL_{it} \ln RDK_{it} + \beta_9 \ln RDL_{it} \ln P_{it}$$
$$+ \beta_{10} \ln RDK_{it} \ln P_{it} + \beta_{11} t^2 + \beta_{12} t \ln RDL_{it} + \beta_{13} t \ln RDK_{it} + \beta_{14} t \ln P_{it}$$
$$+ v_{it2} - u_{it2} \tag{6-3}$$

$$u_{it} = \delta_0 + \delta_1 OII_{it} + \delta_2 TII_{it} + \delta_3 TBI_{it} + \delta_4 FRI_{it} + \delta_5 OII_{it}^2 + \delta_6 TII_{it}^2$$
$$+ \delta_7 TBI_{it}^2 + \delta_8 FRI_{it}^2 \tag{6-4}$$

此外，采用广义似然统计量来检验超越对数随机前沿生产函数与 C - D 随机前沿生产函数的适合性，以 LR 表示广义似然率，那么：

$$LR = -2 [\ln L(H_0) - \ln L(H_1)] \tag{6-5}$$

式（6 - 5）中，$L(H_0)$、$L(H_1)$ 分别为在原假设 H_0、备择假设 H_1 下的对数似然函数值。如果 LR 大于临界值，则拒绝原假设，接受备择假设，即接受超越对数随机前沿模型。检验结果表明，应该选择含有技术进步变量 t 的超越对数随机前沿生产函数模型。

三、指标测算

本章选取 1998 ~ 2012 年的医药制造、航空航天器制造、电子及通信设备制造、电子计算机及办公设备制造、医疗设备及仪器仪表制造 5 大高新技术产业 17 个细分行业的统计数据,资料来源于 1998 ~ 2012 年《中国统计年鉴》《中国人口年鉴》《中国科技统计年鉴》《中国劳动统计年鉴》和《中国高技术产业统计年鉴》。由于航空航天制造业、电子及通信设备制造业的 FDR 数据无法获得,所以只选取了其他 15 个分行业,观测样本数为 225 个,各类指标的测算方法如下。

1. 专利革新生产总值的测算。技术研发阶段的产出指标采用发明专利有效申请数量 P。由于新产品产值并不一定全部是新技术带来的纯技术增值,为了更准确地估算技术创新对生产总值增长的贡献,采用专利革新产值 Q 作为技术转化阶段的产出指标,它的计算方法参见式(6-6)。在技术转化阶段的投入指标中,人力投入采用研发人员全时当量;资本投入采用 R&D 经费内部支出。为了避免重复计算,在 R&D 经费内部支出中扣除了 R&D 人员劳务支出。

专利革新生产总值 = 生产总值 × 技术经济贡献率 × 专利技术贡献率

$$(6-6)$$

(1)专利技术贡献率的测算。专利中只有发明专利才对技术专利革新有深刻变革,将有效发明专利数占专利申请数的比值作为专利贡献估计值是可行且合理的,1998 ~ 2012 年高技术产业有效发明专利数占总专利申请数的算术平均估计值为 64.02%。

(2)技术经济贡献率的测算。将从业人员的人力资本存量 H_{it} 引入高技术产业生产函数中,根据索罗余值法构造式(6-7)计算技术进步率:

$$\ln \frac{Y_{it}}{L_{it}} = \alpha_0 + \beta_0 t + \beta_1 \ln \frac{K_{it}}{L_{it}} + \beta_2 \ln \frac{H_{it}}{L_{it}} + \beta_3 \ln \frac{P_{it}}{L_{it}} + \varepsilon_{it} \qquad (6-7)$$

其中,L_{it} 表示某产业从业人员;β_0 为技术进步率。它与技术经济贡献率的关系参见式（6-8）：

$$技术经济贡献率 = \frac{技术进步率}{产业增长率} = \frac{\beta_0}{\dot{Y}} = 35.5207\% \qquad (6-8)$$

其中，产业增长率 $= \left(\sqrt[14]{\frac{2012 \text{年的产业实际生产总值}}{1998 \text{年的产业实际生产总值}}} - 1 \right) \times 100\% = 22.3388\%$ 。

2. 从业人力资本投入 H、R&D 人力资本投入 RDH 的测算。人力资本存量 $H = H_K L$，其中 L 表示某产业从业人员，$H_K = \sum_{n=1}^{6} E_n h_n c$ 是知识智慧水平，E_n 表示各类学历受教育年限，小学 6 年，初中 9 年，高中 12 年，大专 15 年，大学 16 年，研究生及以上 20 年；h_n 表示不同学历占从业人员平均数的比值；c 是高新区平均受教育年限与高新区所在省域行业平均受教育程度的比值。由于统计年鉴中缺少高技术产业从业人员受教育程度的数据，首先获得全国高技术产业所属行业的平均受教育年限，然后乘以全国 54 个高新区平均受教育年限与其所在省域行业平均受教育程度的比值，间接求得高技术产业从业人员的行业平均受教育水平。

RDH 表示自主研发中的人力资本规模，是标准人有效劳动的投入量，而非自然人的投入量，从知识智慧水平、技术人才丰度和技术研究强度、机能健康水平四个维度来测量它，用数学公式具体可以表示为：

$$RDH = h_k^{RD} h_t^{RD} h_r^{RD} h_f^{RD} RDL \qquad (6-9)$$

其中，RDL 为科技活动人员数量；技术人才丰度 h_r 用科技活动人员中科学家和工程师的比重来衡量。技术研究强度 h_t 用国际通用的研发活动人力规模 R&D 人员全时当量与科技活动人员的比值来衡量；相对知识智慧水平 h_k 用教育年限法经过处理获得，具体公式为：$h_k^{RD} = \dfrac{\sum_{n=1}^{4} E_n^{RD} h_n^{RD}}{h_k}$，$E_1^{RD}$、$E_2^{RD}$、$E_3^{RD}$ 表示研究人员中本科、硕士、博士学历受教育年限分别为 16 年、19 年、22 年；E_4^{RD} 表示其他学历受教育年限，为小学、初中、高中、大专学历受教育年限的算数平均数；h_1^{RD}、h_2^{RD}、h_3^{RD}、h_4^{RD} 表示研究人员中不同学历者占全部研究人员 RDL 的比重；h_f^{RD} 表示科技活动人员机能健康水平，为简化计算，取值为 1。

3. K、KAF、FRD 与 P 存量的测算。KAF 为知识获取经费，以自主研发的 RD 经费和包含技术改造、技术消化吸收的非研发经费 NRD 以及国内技术引进经费 DT 和国外技术购买 IT 组成，由于 RD 与 NRD 存在滞后效应，参照吴延兵（2008）的做法，采取永续盘存法测算 RD 与 NRD 的存量资本，参见式（6–10）。

$$RD_t = (1 - \delta_{RD})RD_{t-1} + E_t^{RD} \qquad (6-10)$$

其中，E_t^{RD} 表示年 RD 支出；δ_{RD} 表示 RD 支出折旧率。δ_{RD} 的经验值为 15%，有学者用专利数据计算的折现率为 25%，取这两个数值的平均值，为 20%。

测算 RD 存量时还应该剔除通货膨胀的影响。设定 RD 支出价格指数 $= a_1$ 居民消费价格指数 $+ a_2$ 设备工器具价格指数 $+ a_3$ 其他费用价格指数。其中，a_1，a_2，a_3 表示三种价格指数的权重，分别用劳务费支出、仪器设备支出、其他费用支出占科技活动经费内部支出的比重来衡量；其他费用价格指数是居民消费价格指数、设备工器具价格指数、固定资产投资价格指数和工业生产者购进价格指数四者的平均值。

1998 年以前 R&D 支出增长率为 1998～2012 年 RD 支出经平减之后实际数值增长率的算术平均 g_{RD}，那么 RD 支出基期存量为：$RD_1 = \dfrac{(1 + g_{RD})E_1^{RD}}{g_{RD} + \delta_{RD}}$。

K 存量、NRD 存量的测算方法同此。但是测算 K 存量时，采用固定资产投资价格指数平减，折旧率为 $\delta_K = 12\%$，该值是王小鲁、樊纲等（2011）计算的 8% 与张军等（2004）计算的 15%（假定设备的寿命期为 20 年所算得的折旧率）的平均值。增长率 g_K 为 1998～2011 年 K 支出实际增长率的算术平均数；而测算 NRD 存量时采用 NRD 支出价格指数平减，NRD 折旧率 $\delta_{NRD} = 20\%$，NRD 增长率 g_{NRD} 为 1998～2012 年 NRD 支出实际增长率的算术平均数，NRD 支出分为技术改造经费支出和消化吸收经费支出，那么 NRD 支出价格指数的计算公式为：

$$\begin{pmatrix} NRD\,支出 \\ 价格指数 \end{pmatrix} = \left(\begin{matrix} 居民消费 \\ 价格指数 \end{matrix} + \begin{matrix} 设备工器具 \\ 价格指数 \end{matrix} + \begin{matrix} 固定资产投资 \\ 价格指数 \end{matrix} + \begin{matrix} 工业生产者 \\ 购进价格指数 \end{matrix} \right) \Big/ 4$$

$$(6-11)$$

K 支出与 NRD 支出的基期存量分别为：

$$K_1 = \frac{(1 + g_K)E_1^K}{g_K + \delta_K} \qquad (6 - 12)$$

$$NRD_1 = \frac{(1 + g_{NRD})E_1^{NRD}}{g_{NRD} + \delta_{NRD}} \qquad (6 - 13)$$

那么由 KAF 的定义，利用 $KAF_1 = RD_1 + NRD_1 + DT_1 + IT_1$，便得到 KAF 存量的数值。其中，DT、IT 存量的测算参照吴延兵（2008）的做法，按照当年经费投入量对固定资产价格指数平减，折旧率分别为 25%、15%，平均增长率都设定为与 g_{RD} 相同的增长率。另外，FRD 的计算方法参照 RD，折旧率设为 15%。

P 存量代表的是一种技术知识存量，其核算方法与 RD、NRD 等类似，考虑到我国技术的平均使用年限为 14 年，P 存量的折旧率可以取为 1/141/14（等于 0.0714），依旧采用永续盘存法来衡量以专利申请量表示的技术知识存量。

四、实证分析

本章以发明专利有效申请数量为技术研发阶段产出，以专利革新生产总值为技术转化阶段产出，将技术创新路径作为技术非效率项的影响因素，利用 Frontier4. 1 分别对技术研发和技术成果转化阶段的模型进行了拟合。由于假设检验表明存在技术进步，因此应该构建包含技术进步因素 t 的超越对数随机前沿模型。

（一）超越对数随机前沿生产函数的实证分析

对模型（2）、（3）的估计结果参见表 6 - 2，方差的估计值表明，高技术产业技术研发与成果转化阶段都存在无效率，效率偏差主要来源于技术非效率效应，模型的误差项是包含无效率因素的复合结果。在只考虑技术创新路径一次项的情况下，不管在研发阶段还是在转化阶段，技术非效率函数中 *TII*

的回归系数均显著为负，意味着国外技术引进模式对技术创新效率有正向影响，其技术溢出效应对技术效率的提升有促进作用。FRI 的系数均为负数，但是不显著，说明外资研发对企业的技术效率提升作用不大。因为，外商资本进入中国的目的是为了获得中国的市场而不是转让技术，也不会系统地投资于研发。TBI 系数在两个阶段中均显著为正，表明国内技术购买对技术创新效率的影响为负，依赖国内购买获得的技术不利于技术效率的提高。这与其他学者的结论相似，可能是因为国内企业的技术水平比较接近，技术引进空间较小，对技术创新效率的提高意义不大。

表6-2　　　　　　　　只考虑技术非效率函数一次项时的估计结果

技术研发阶段				技术转化阶段			
随机前沿函数		技术非效率函数		随机前沿函数		技术非效率函数	
常数项	-7.190^{***} (-6.957)	常数项	4.340^{***} (6.446)	常数项	-10.271^{***} (-3.681)	常数项	1.758^{**} (2.299)
$\ln RDL$	2.043^{**} (2.384)	OII	2.780^{***} (3.884)	$\ln L$	1.614^{**} (1.930)	OII	-0.018^{***} (6.342)
$\ln KAF$	-0.070 (-0.078)	TII	-0.099^{***} (-5.883)	$\ln K$	4.319^{***} (5.413)	TII	-0.030^{***} (-5.796)
$\ln FRD$	2.578^{***} (3.585)	TBI	0.023^{*} (1.558)	$\ln P$	-1.214^{**} (-2.207)	TBI	0.098^{**} (2.952)
t	0.593^{***} (4.595)	FRI	-0.010 (-1.240)	t	-0.400^{**} (-2.522)	FRI	-0.002 (-0.611)
$\ln RDL \times \ln RDL$	0.090 (0.897)	判定参数		$\ln L \times \ln L$	0.175^{*} (1.528)	判定参数	
$\ln KAF \times \ln KAF$	0.106 (0.977)	σ^2	0.414^{***} (3.861)	$\ln K \times \ln K$	-0.102 (-0.848)	σ^2	0.199^{**} (10.444)
$\ln FRD \times \ln FRD$	0.019 (0.567)	γ	0.470^{**} (2.609)	$\ln P \times \ln P$	-0.048^{*} (-1.374)	γ	0.999^{***} (4.195)
$\ln RDL \times \ln KAF$	-0.005^{*} (-1.281)	对数似然 函数值	-165.245	$\ln L \times \ln K$	-0.307^{*} (-1.449)	对数似然 函数值	-127.650
$t \times t$	-0.388^{**} (-2.117)	样本量	225	$t \times t$	0.015^{***} (3.554)	样本数量	225

续表

技术研发阶段		技术转化阶段	
随机前沿函数	技术非效率函数	随机前沿函数	技术非效率函数
$\ln RDL \times \ln FRD$	0.111 *** (1.440)		$\ln L \times \ln P$	−0.167 * (−1.559)	
$\ln KAF * \ln FRD$	0.106 ** (1.291)		$\ln K \times \ln P$	0.356 *** (3.453)	
$t \ln RDL$	0.063 *** (2.132)		$t \ln L$	0.141 *** (5.010)	
$t \ln KAF$	−0.051 * (−1.779)		$t \ln K$	−0.090 ** (−2.960)	
$t \ln FRD$	−0.020 * (−1.410)		$t \ln P$	−0.032 * (−1.390)	

注：①括号内为 t 值；②* 、** 、*** 分别表示显著性水平 $P<0.1$ 、$P<0.05$ 、$P<0.01$ ；假设检验临界值为显著性水平为1%下的临界值。

　　值得注意的是，在技术创新的两个阶段自主创新对创新效率的影响不同。在研发阶段自主创新是负面影响，而在技术成果转化阶段它是正面影响。自主创新投入越大，企业的创新能力越强，创新效率高是当然的。因此，自主创新的正向影响合乎常理。令人存疑的是为什么自主创新在技术研发阶段是负向影响？一个可能的原因是自主创新前期投入较大，存在一定的盲目性和重复投资现象；另一方面，我国企业的自主创新效率太低，高技术产业各行业的技术转化效率都高于研发效率，而且两个效率差距拉大，这是我国高技术企业重视应用研发，忽视基础研究的结果。

　　自主创新与技术创新效率是否为简单的线性关系？变量的二次项或者交叉项是否对创新效率也有影响呢？为此，有必要考察不同路径二次项和交叉项的影响。

（二）不同技术创新路径与创新效率的 U 型关系检验

　　为了减少行业差异对分析结果的影响误差，本章在控制行业特征的前提下进一步分析了不同技术创新路径与创新效率的关系，分析结果见表6 - 3。

表 6 - 3　　　　　　　　不同技术创新路径对创新效率的影响

技术研发阶段（控制行业环境）				技术转化阶段（控制行业环境）			
随机前沿模型		技术非效率函数		随机前沿模型		技术非效率函数	
常数项	7.479*** (7.529)	常数项	0.233 (0.216)	常数项	-11.058*** (-9.927)	常数项	0.181 (0.462)
$\ln RDL$	2.529** (2.743)	OII	-0.041** (-6.925)	$\ln RDL$	-0.689 (-0.934)	OII	0.122*** (6.257)
$\ln KAF$	0.754 (1.018)	TII	-0.021** (-2.707)	$\ln RDK$	4.772*** (6.848)	TII	-0.065** (-2.386)
$\ln FRD$	-3.624*** (-4.775)	TBI	0.218*** (6.385)	$\ln P$	-1.065** (-2.487)	TBI	-0.061 (-0.907)
t	0.463*** (3.151)	FRI	0.034 0.435	t	-0.227* (-1.403)	FRI	-0.002 (-0.224)
$\ln RDL \times \ln RDL$	0.042 (0.402)	$(OII)^2$	0.004*** (-3.979)	$Ln RDL \times \ln RDL$	0.269** (2.344)	$(OII)^2$	-0.002*** (-5.814)
$\ln KAF \times \ln KAF$	0.011 (0.100)	$(TII)^2$	0.002 (1.015)	$\ln RDK \times \ln RDK$	-0.061 (-0.557)	$(TII)^2$	0.001 (0.592)
$\ln FRD \times \ln FRD$	0.059 (1.312)	$(TBI)^2$	-0.042** (1.805)	$\ln P \times \ln P$	-0.100** (-2.445)	$(TBI)^2$	0.009* (1.483)
$t \times t$	-0.008** (-1.857)	$(FRI)^2$	-0.002*** (-5.060)	$t \times t$	0.007* (1.508)	$(FRI)^2$	-0.001* (-1.326)
$\ln RDL \times \ln KAF$	-0.320* (-1.702)	判定参数		$\ln RDL \times \ln RDK$	-0.423** (-2.195)	判定参数	
$\ln RDL \times \ln FRD$	0.071 (0.707)	σ^2	0.566*** (5.548)	$\ln RDL \times \ln P$	-0.069 (-0.654)	σ^2	0.145*** (7.506)
$\ln KAF \times \ln FRD$	0.153 (1.288)	γ	0.676*** (4.432)	$\ln RDL \times \ln t$	0.117*** (3.295)	γ	0.079*** (9.461)
$t \times \ln RDL$	0.066** (1.828)	对数似然函数值	-170.807	$\ln RDK \times \ln P$	0.307*** (3.269)	对数似然函数值	-100.920
$t \times \ln KAF$	-0.014 (-0.459)	样本量	225	$t \times \ln RDK$	-0.094*** (-3.306)	样本数量	225
$t \times \ln FRD$	-0.043** (2.359)			$t \times \ln P$	0.001 (0.031)		

注：①括号内为 t 值；② *、**、*** 分别表示显著性水平 $P<0.1$、$P<0.05$、$P<0.01$；假设检验临界值为显著性水平为1%下的临界值。

表 6-3 中，在技术研发阶段，*OII*、*TII* 的一次项系数为负，而二次项系数显著为正，因而 *OII*、*TII* 与技术创新效率呈现倒 U 型关系，*FRI* 一次项系数的估计参数不显著。*TBI* 的一次项系数为负，二次项系数不显著，这说明国外技术购买对技术创新效率有正向影响。从参数的估计值来看，在研发阶段，自主创新对技术创新效率的影响力是最大的，它是提高技术创新能力的重要途径，国内技术购买、国外技术购买对企业提高技术效率也都有积极意义。因此，企业在注重培养自主创新能力的同时，还可以多方利用国内外的技术创新成果，降低成本，实现规模效应，在技术创新过程中采用多种技术途径相结合的方式比单纯依赖一种技术方式的效率更高。

在技术转化阶段，*OII* 一次项系数为正，而二次项系数为负，因而 *OII* 与技术创新效率呈 U 型关系。*TII* 一次项系数显著为负，二次项系数不显著，因而 *TII* 与技术创新是线性关系。*TBI*、*FRI* 的一次项系数都不显著，可见，*TBI*、*FRI* 对技术创新效率的影响不大。

探其究竟，我们不难理解，在自主研发之初，企业的自主创新非常艰难，创新效率不增反降。但是，当技术投入达到一定水平，量变引起质变，企业技术创新的困境会有大的突破，同时企业也具备了一定的研发实力，技术创新活动的规模经济收益使得技术创新效率呈现出大幅提高。相比之下，购买外部的新技术带来的收益在短期中见效快，投入却比较小，因而短期中的技术创新效率相对较高。但是，长期的重引进、轻研发会形成企业对技术购买的路径依赖，不利于自主研发能力的提高，其技术创新效率在长期增长乏力。这样的分析结论与现实契合，由于自主研发的投入大、风险大、短期中难以见效等原因，很多企业更倾向于购买技术，加上外形、包装等方面的简单改造后就会投入生产环节，企业仍然缺乏核心技术。可见，自主创新需要一定的积累过程，企业在选择技术创新路径时应该具有更长远的发展眼光。

（三）不同创新路径对创新效率的交互影响分析

由于自主研发具有技术创新能力和吸收能力的双重属性，吴延兵（2008）通过 R&D 与国内外技术引进的交互作用来考察 R&D 吸收能力对生产率的影响。受此启发，分析了不同技术创新路径的交互作用对技术创新的影响。分析结果参见表 6-4 与 6-5。限于篇幅的原因，表 6-4 和 6-5 中的数据只选取了关于技术非效率函数的估计结果，有兴趣的读者可以与作者联系，索取其他结果。

表 6-4　　技术研发阶段不同技术创新路径交互作用对创新效率的影响

	模型 1	模型 2	模型 3	模型 4	模型 5	模型 6
技术非效率函数						
常数项	-16.306 (-0.158)	0.458* (1.415)	2.457*** (7.056)	-13.649 (-0.774)	-0.931 (0.909)	0.441 (0.985)
$OII \times TII$	0.018 (0.174)					
$OII \times TBI$		-0.011 (-0.803)				
$OII \times FRI$			-0.001*** (-4.581)			
$TII \times TBI$				-0.065 (-0.820)		
$TII \times FRI$					0.002* (1.432)	
$TBI \times FRI$						-0.004 (-0.771)
判定参数						
σ^2	0.507*** (17.555)	0.401** (2.023)	0.344*** (6.771)	0.551*** (8.879)	0.343*** (7.719)	0.356*** (4.905)
γ	0.951*** (3.393)	0.227*** (3.931)	0.510** (2.110)	0.954*** (17.672)	0.368*** (3.995)	0.001*** (4.357)
对数似然函数值	-192.851	-191.729	-176.474	-194.115	-181.508	-189.262
样本量	225	225	225	225	225	225

注：①括号内为 t 值；② * 、 ** 、 *** 分别表示显著性水平 $P<0.1$、$P<0.05$、$P<0.01$；假设检验临界值为显著性水平为 1% 下的临界值。

表 6 - 5　技术转化阶段不同技术创新路径交互作用对创新效率的影响

	模型 7	模型 8	模型 9	模型 10	模型 11	模型 12
技术非效率函数						
常数项	2.537*** (9.585)	4.981 (1.183)	1.974*** (6.373)	-0.503*** (-7.557)	1.535*** (8.975)	6.337* (1.607)
$OII \times TII$	-0.002*** (-5.689)					
$OII \times TBI$		0.010*** (8.891)				
$OII \times FRI$			-0.001*** (-5.383)			
$TII \times TBI$				0.037*** (7.794)		
$TII \times FRI$					-0.003*** (-5.846)	
$TBI \times FRI$						0.010*** (8.446)
判定参数						
σ^2	0.431*** (10.295)	0.349*** (10.031)	0.443*** (7.797)	0.377*** (10.439)	0.358*** (6.663)	0.354*** (10.198)
γ	0.999*** (6.210)	0.996*** (5.021)	0.444** (2.459)	0.398*** (5.327)	0.353** (2.797)	0.995*** (4.687)
对数似然 函数值	-208.944	-187.455	-198.943	-195.567	-182.708	-189.070
样本量	225	225	225	225	225	225

注：①括号内为 t 值；②*、**、*** 分别表示显著性水平 $P < 0.1$、$P < 0.05$、$P < 0.01$；假设检验临界值为显著性水平为 1% 下的临界值。

由表 6 - 4 中的数据可知，在技术研发阶段，$OII \times FRI$ 的参数在 0.01 的水平上显著为正，说明自主研发与外资研发的结合有利于技术创新效率的提高；而 $TII \times FRI$ 的参数在 10% 的水平上显著为负，即国外技术引进与外资研发的结合不利于创新效率的提高。

由表 6 - 5 的数据可知，在技术转化阶段，$OII \times TII$、$OII \times FRI$、$TII \times TBI$、$TII \times FRI$、$TBI \times FRI$、$OII \times TBI$ 的参数估计值均在 10% 的水平上显著。

但是，包含 TBI 的交叉项系数均为正。这说明国内技术购买不利于创新效率的提高，因为我国的高技术产业技术含量偏低，相关配套技术存在短板，从国内购买技术无法有效提高企业技术创新能力，对其投入过大反而会导致资源浪费，制约了对其他技术创新路径的选择，阻碍了创新效率的提高。以上结果表明，除国内技术购买以外，其他创新路径的结合均有助于技术创新效率的提高。

（四）稳健性检验

为验证实证分析结果的稳健性，本章将所有影响创新效率的技术创新路径因素都考虑在内重新做了实证分析，所得结论与前文一致，因此本章的研究结论是稳健可靠的。

五、结论与政策启示

本章采用我国高技术产业 1998～2012 年 15 个细分行业的面板数据，运用随机前沿的分析方法，建立超越对数生产函数模型，分两个阶段研究了四种不同创新路径对技术创新效率的影响。

实证分析的结果表明，两个阶段中技术创新路径与创新效率之间的关联不尽相同，不能都简单地概括为线性关系。无论是哪个阶段，自主研发对技术创新效率的影响力度都是最大的，而引进国外技术和购买国内技术对其均有正向影响。所以，技术创新的关键仍在于内因，若完全依赖外部力量，企业的技术创新能力与效率难以提高。

在技术创新的不同阶段，同一创新路径对技术创新效率的影响存在差别。比如，自发原始创新在技术研发阶段与技术创新效率之间存在倒 U 型关系，在技术成果转化阶段则为 U 型关系。因此，在技术研发的初步阶段，适当引进国外技术可以避免在自主原始创新上过度投入而造成资源浪费，减少技术非效率损失，应该保持开放的姿态，发挥不同创新路径对技术创新效率的提升作用。

　　此外，国内技术购买并不能够对创新效率的提高起到良好的促进作用，审慎引进同行业技术，减少在国内技术购买上的投入是理性的，这可能是因为我国高技术产业总体上技术水平偏低，在技术转化阶段，购买国内技术带来的市场价值较少，这也反映了我国技术创新成果转化难的问题。

　　根据上述分析，本章对于技术创新政策的建议为：第一，高技术产业应该坚持自主创新。为此，政府可以优化企业创新环境，给予中小企业财政与金融支持。第二，企业应合理引进外资，避免外资引进过度。在技术水平达到一定程度之后，国外技术的引进对于技术创新的影响不确定，其影响取决于引进技术的溢出效应与挤出效应。当技术引进过度时，它对本土技术的挤出效应大于溢出效应，从而不利于本土企业的自主创新。第三，政府在鼓励技术创新，走创新驱动发展战略的同时，应当发挥政策调控作用，引导企业对不同创新路径做出合理选择，实现创新资源在不同路径的合理分配，避免因对某一路径过度依赖而导致非系统性"偏食"。

第七章　数字经济、就业与收入增长

一、引言与文献回顾

近年来，全球经济增长乏力，全球化趋势出现新的动向，而大国博弈格局下中美贸易摩擦升级，2020 年的新冠疫情更是令全球经济复苏雪上加霜。虽然中国的疫情得到有效控制，但是经济增长速度趋缓，国外出口需求下降，就业面临严峻考验。2018 年全国总就业人数下降 0.07%，在此背景下，2020 年全国"两会"上"稳就业""保居民就业"被排在首位。为此，经济复苏与劳动收入的增长迫切需要找到新的增长点。而数字经济发展表现出惊人的活力，全球 10% 的消费品零售已经转向互联网，全球 40% 的广告支出转向数字渠道。2018 年中国数字经济占 GDP 的 34.8%，数字经济领域就业岗位占当年总就业人数的 24.6%，在全国总就业率下降的形势下逆向增长 11.5%。数字经济与传统经济正加速融合，它给收入分配带来的是"数字鸿沟"还是"数字红利"？数字要素如何参与收入分配？数字化技术是否必然导致劳动就业的减少，从而不利于劳动收入的增长？数字化技术的运用是否会导致劳动收入差距进一步加大？研究这些问题对于减少贫困与缩小收入差距，真正让劳动收入得以稳步提高，具有重要的现实意义。

　　数字经济是一个比较宽泛的概念。2016 年《G20 数字经济发展与合作倡议》指出，数字经济是使用数字化的知识与信息作为关键生产要素，以现代信息网络为重要载体，以信息通信技术的有效使用作为效率提升和经济结构优化重要推动力的一系列经济活动。数字经济概念产生于互联网经济、信息经济，1995 年在唐·塔斯考特（Don Tapscott）所著的《数字经济：智力互联时代的希望与风险》中出现，1998 年美国商务部发布了《新兴的数字经济》报告，数字经济的提法逐渐普及。数字经济涉及社会经济领域的方方面面，数字技术赋能传统产业，使得数字经济成为各产业发展的新动能，以大数据、云计算、人工智能、物联网等为代表的数字技术与产业融合，产生了数字金融、远程教育、在线医疗、平台经济等新业态新模式，数字技术的运用正在改造传统产业，重新塑造行业企业的竞争优势，尤其是在中国这样一个人口大国，数字技术对就业与收入带来广泛深刻的影响，受到学术界的高度关注。学术界从数字金融、数字化技术、人工智能等方面展开了相关研究，以下主要从三个方面加以概括。

1. 数字经济与收入差距的研究。数字经济是信息技术与经济的融合，包括数字产业与产业数字化，几乎涉及到社会经济所有领域，既有文献主要是从数字经济的某个维度展开研究与探索，研究热点在于人工智能技术、数字产业化、数字金融对劳动及其收入差距带来的影响。一些文献认为数字化技术加剧了收入差距，第一，城乡收入差距加大，由于工业智能化、城乡互联网普及率的城乡差异，城乡收入差距进一步加剧（刘欢，2020；贺娅，徐康宁，2019；Goos et al.，2014）。第二，劳动力市场内部收入差距拉大，人工智能技术的推广使得劳动力市场两极化，扩大了劳动者内部的收入差距（蔡跃洲等，2019；王林辉等，2020），由于技能型岗位的就业人数增加，竞争更加激烈，工资下行压力持续加大，在收入分配上对高学历高技能劳动者群体不断倾斜（Auto & Salomons，2018），青年群体更容易从数字经济发展中受益，数字经济红利偏向于受教育程度较高的群体（何宗樾，宋旭光，2020）。数字经济对农业类工作产生了负向影响。但是，对非农就业，特别是非正规就业具有显著的促进作用，并且对创业者也产生了积极影响。此外，数字普惠金融的发展显著地缩小了城乡收入差距（周利，冯大威，易行健，2020），不过持这种观点的人占少数。

2. 数字经济与收入增长的研究。一方面，数字经济可以拓宽劳动者增收渠道，因为数字金融的发展对于农村家庭的创业行为有正向影响，有助于提升农村家庭收入（张勋等，2019）。此外，数字金融在为个人和小企业提供融资渠道方面能够发挥重要作用，可以促进创业和收入增长（谢绚丽等，2018）。从整体效应来看，数字金融显著提升了我国城乡居民人均可支配收入

（杨伟明等，2020），并且对东部地区城镇和农村居民人均可支配收入的提升效果要显著大于中部、西部地区（李牧辰等，2020）。而新兴消费、"长尾效应"催生了越来越多体制外、跨行业的就业岗位，打破了许多传统行业的固有形式和业务范式，降低了诸多职业从业者的门槛（丛屹，俞伯阳，2020）。另一方面，数字经济对于劳动收入的增长存在一定的负面影响。例如，工业智能化降低了农业转移人口的收入水平与工作的稳定性（刘欢，2020）。

3. 数字经济影响劳动收入的机理分析。（1）数字经济通过提高就业与创业几率带来收入增长。大数据、云计算、物联网等信息技术的运用与中国巨大的市场规模相结合，促进了数字支付、共享经济、平台经济、跨境电商等新模式新业态日益壮大，促进了就业与收入增长。（2）数字技术对劳动的替代性影响。人工智能技术对于劳动既有替代效应，也有补偿效应（Acemoglu & Restrepo，2018；贝森，2018；Furman & Seamans，2015），过去几十年里，从短期来看自动化对人类劳动产生了替代效应，但是在长期中对补偿性工作产生了引致需求（Autor，2015）。人工智能技术对不同技能劳动以及相对工资（收入不平等）的影响，在一定程度上取决于劳动替代性是部分替代还是完全替代。一方面，人工智能技术造成一部分劳动岗位的缩减，不利于收入增长；另一方面，数字技术的普及会带来一些行业生产规模的扩大，从而增加劳动需求，有利于收入增长。（3）产品需求弹性对于技术的就业效应具有调节作用，如果需求是富有弹性的，技术变化会带来就业增长与收入增长（James Bessen，2018）。虽然自动化与高技能劳动力互补，与低技能劳动力是替代关系，从而导致非自愿性低技能失业（Prettner & Strulik，2107）。但是，低技能也受益于技术进步，只不过其受益程度低于高技能劳动（Acemoglu & Autor，2011）。（4）产业数字化带来的技术进步对劳动就业的影响具有不确定性，技术进步在不同的国家其偏向性不同，美国的数字技术偏向资本，而中国的数字技术偏向劳动。中国第三产业数字化发展最快，第三产业数字化转型的一个特征是服务业可贸易性增强（彭文生，2020），能够促进劳动生产率进一步提高，从而增加劳动收入。

综上所述，既有文献是从数字金融、人工智能、自动化技术影响就业及收入层面展开分析的，主要有以下几个特点，第一，基于数字经济的某个维度——数字金融、人工智能、互联网水平的分析，而不是对数字经济发展水平作出综合测度，因而也就无法综合评价数字经济对于就业收入的影响。第二，大多采用省级层面的数据，而不是微观个体数据，其研究结论是对省级层面收入均值的分析，主要反映数字经济对于不同省份平均收入的影响。本章主要在以下几点有所突破，第一，从数字基础设施、数字产业、数字化应用、数字公共服务四个维度构建了测度数字经济的指标体系，并测算了我国30个省份2014～2018年的数字经济综合指数，实证研究在一定程度上体现了数字经济对于收入的综合性影响。第二，在测算数字经济综合指数时采用了动态权重而不是静态权重的计算方法——"纵横向"拉开档次法，对各二级指标的权重采用动态测度，其测算结果更客观合理。第三，构建了数字经济影响劳动收入的机理模型，并采用劳动者个体微观层面数据，检验了数字经济影响收入增长的中介机制，有别于采用省级层面数据的均值分析方法。

二、理论模型

至少从目前来看，数字经济对于劳动的影响具有不确定性，一方面，数字技术的进步将取代很多工作岗位，导致更高的失业率和更大的不平等。据估算，约占美国总就业人数47%的职业在未来一两个10年内面临被计算机化的风险。另一方面，数字技术、自动化技术的发展创造了大量的新工作岗位，维拉（Vera，2006）对菲律宾11个行业的研究表明，电子商务在2000～2005年减少了1202个就业岗位，但却创造了21298个就业岗位。英国政府在鼓励电子商务投资后，在2000年成功地使男性和女性的自主创业人数分别增加了4.73%和19.06%，多米尼等（Domini et al.，2020）在研究法国制造业企业投资数字化技术对就业的影响时发现，数字化技术通过降低相应公司的离职率来提升同期的就业水平。如果数字经济偏向于劳动，那么就业增加，劳动收入将会上升。阿西莫格鲁（Acemoglu）在这方面做了大量的研究工作，下面借鉴阿西莫格鲁（2017）的要素增强型生产函数，解释在一定的条件约束下数字经济的发展增加就业提高工资收入的机理。

假设一个经济体只生产一种最终产品，在生产过程中使用两种要素 L 和 K，L 表示劳动，K 表示资本。所有经济主体的偏好都用最终产品的消费来衡量,而要素供给总量是无弹性的,令劳动总量为 $\bar{L}$,资本总量为 $\bar{K}$,$\bar{L} \in R_+$,$\bar{K} \in R_+$。该经济体由全部的企业 i 组成,$i \in \Phi$,Φ 是连续集。企业提供最终产品,每个企业有相同的生产函数,实际总产量为 $G(L,K)$,生产要素的使用由企业决定,生产中采用的技术 θ 为二维变量,设 $\theta = (\theta_L, \theta_K)$,且 $\theta = (\theta_L, \theta_K) \in R_+^2$,技术由技术生产者提供,在数字经济下技术变化会改变劳动要素的投入。

假设生产函数为要素增强型,总产量为 $G(L,K,\theta) = G(\theta_L L, \theta_K K)$,$G$ 在 L,K 上是连续的、二阶可微、凹的,且在 L,K 上是同位函数。

进一步地,可以设生产函数为:

$$G(L,K,\theta) = \left[\alpha(\theta_L L)^{\frac{\sigma-1}{\sigma}} + (1-\alpha)(\theta_K K)^{\frac{\sigma-1}{\sigma}} \right]^{\frac{\sigma}{\sigma-1}} \qquad (7-1)$$

式 (7-1) 中 α 为要素 L 的分配比例;$1-\alpha$ 为要素 K 的分配比例;σ 是要素 L 和 K 的替代弹性:

$$\sigma = \frac{\partial \ln(L/K)}{\partial \ln(W_L/W_K)} \bigg|_{\frac{\theta_L}{\theta_K}} \qquad (7-2)$$

式 (7-2) 可以写成另外一种形式:$\dfrac{\partial \ln(W_L/W_K)}{\partial \ln(\theta_L/\theta_k)} = \dfrac{\sigma-1}{\sigma}$

生产技术 θ_L,θ_K 的成本 $C(\theta_L, \theta_K)$ 在 θ_L,θ_K 是连续的、二阶可微、凸的、同位函数,出于简便的目的,可以将生产 θ_L 和 θ_K 的成本设为 $\theta_L^{1+\delta}$,$\theta_K^{1+\delta}$,$\delta > 0$,可见技术具有报酬递减特征。记 $C(\theta_L, \theta_K)$ 的一阶导数为 C_L,C_K,则:

$$C_L = \frac{\partial \theta_L^{1+\delta}}{\partial \theta_L} = (1+\delta)\theta_L^{\delta} \qquad (7-3)$$

$$C_K = \frac{\partial \theta_L^{1+\delta}}{\partial \theta_K} = (1+\delta)\theta_K^{\delta} \qquad (7-4)$$

$$\frac{C_L}{C_K} = \frac{(1+\delta)\theta_L^{\delta}}{(1+\delta)\theta_K^{\delta}} = \frac{\theta_L^{\delta}}{\theta_K^{\delta}} \qquad (7-5)$$

可得:

$$\delta = \frac{\partial \ln(C_L/C_K)}{\partial \ln(\theta_L/\theta_K)} \qquad (7-6)$$

$$\max_{\theta_L,\theta_K} G(L,K,\theta) = \left[\alpha(\theta_L L)^{\frac{\sigma-1}{\sigma}} + (1-\alpha)(\theta_K K)^{\frac{\sigma-1}{\sigma}}\right]^{\frac{\sigma}{\sigma-1}} - (\theta_L^{1+\delta} + \theta_K^{1+\delta})$$

$$(7-7)$$

均衡技术 θ_L^*、θ_K^* 满足式（7-7）的一阶条件，可得如下比例式：

$$\frac{\theta_L^*}{\theta_K^*} = \left(\frac{\alpha}{1-\alpha}\right)^{\frac{\sigma}{1+\sigma\delta}} \left(\frac{\bar{L}}{\bar{K}}\right)^{\frac{\sigma-1}{1+\sigma\delta}}$$

$$(7-8)$$

式（7-8）可以写为：

$$\frac{\partial \ln(\theta_L^*/\theta_K^*)}{\partial \ln(L/K)} = \frac{\sigma-1}{1+\sigma\delta}$$

$$(7-9)$$

当 $\sigma > 1$：

$$\frac{\partial \ln(\theta_L^*/\theta_K^*)}{\partial \ln(L/K)} = \frac{\sigma-1}{1+\sigma\delta} > 0$$

$$(7-10)$$

且：

$$\frac{\partial \ln(W_L/W_K)}{\partial \ln(\theta_L/\theta_K)} = \frac{\sigma-1}{\sigma} > 0$$

$$(7-11)$$

式（7-10）、式（7-11）说明，当 $\sigma > 1$，技术 θ_L 相对变化的方向与 L 的相对变化是同向增长的。也就是说技术是偏向劳动力，并且促进了就业的增长与工资的上升。

三、数字经济综合指数的测度

本部分旨在分析数字经济发展水平对于提高劳动收入的影响。为此，需要对数字经济发展水平进行测度。有多种数字经济的测度方法，每一种测算方法的指标体系各有千秋。阿里研究院从数字基础设施、数字消费者、数字产业生态、数字公共服务、数字科研五个维度，每个维度各占20%权重，对2018年全球数字经济发展指数进行了测算；腾讯从数字产业、数字文化、数字生活、数字政务四个维度测算了2019年"数字中国指数"；上海社科院构建的 2017 全球数字经济竞争力指数是由数字基础设施竞争力、数字产业竞争力、数字创新竞争力、数字治理竞争力五个维度复合计算而成。在参考上述测算方法的基础上，结合研究目的，并考虑到数据的可得性，设计了数字经济综合指数的指标体系。数字经济综合指数由数字基础设施指数（D1）、数字化应用指数（D2）、数字产业发展指数（D3）与数字公共服务指数（D4）这 4 个一级指标、16 个二级指标构成，具体设计见表 7 - 1。在二级指标中，2014 ~ 2018 年的网上政务能力数据来源于中央党校（国家行政学院）电子政务研究中心的历年评估结果《省级政府和重点城市网上政务能力调查评估报告》；其他数据均来自 2014 ~ 2018 年的《中国统计年鉴》。

表 7 - 1　　　　　　　数字经济综合指数的指标构成及其权重

综合指标	一级指标		二级指标			二级指标权重				
	变量名	符号	变量名	符号	单位	2014 年	2015 年	2016 年	2017 年	2018 年
数字经济综合指数	数字基础设施指数	$D1$	移动电话交换机容量	$D11$	万户	0.2387	0.2394	0.2453	0.2452	0.2484
			互联网宽带接入端口	$D12$	万个	0.2472	0.2436	0.2480	0.2457	0.2450
			光缆密度	$D13$	—	0.2585	0.2584	0.2607	0.2602	0.2636
			移动电话普及率	$D14$	—	0.2761	0.2787	0.2823	0.2792	0.2773
			互联网普及率	$D15$	—	0.2738	0.2749	0.2795	0.2777	0.2752
			每百人使用计算机数	$D16$	台/百人	0.2730	0.2758	0.279	0.2774	0.2754
	数字化应用指数	$D2$	电子商务交易活动的企业数	$D21$	个	0.2320	0.2394	0.2454	0.2456	0.2414
			每家企业拥有网站数	$D22$	个	0.2632	0.2682	0.2745	0.2735	0.2726
			人均企业电子商务销售额	$D23$	元/人	0.2302	0.2333	0.2270	0.2266	0.2315
			人均快递业务收入	$D24$	元/人	0.2194	0.2184	0.2117	0.2084	0.2069

续表

综合指标	一级指标		二级指标			二级指标权重				
	变量名	符号	变量名	符号	单位	2014 年	2015 年	2016 年	2017 年	2018 年
数字经济综合指数	数字产业发展指数	D3	信息传输，计算及服务和软件业城镇从业人员（万人）	D31	万人	0.2603	0.2554	0.2544	0.2538	0.2496
			信息传输、计算机服务和软件业人均固定资产投资	D32	元/人	0.2482	0.2487	0.2481	0.2397	0.2513
			人均技术市场成交额	D33	元/人	0.1711	0.1717	0.1692	0.1736	0.1831
			人均软件产品收入	D34	元/人	0.2285	0.2230	0.2195	0.2181	0.2134
			人均电信业务总量	D35	元/人	0.2815	0.2835	0.2590	0.2786	0.2730
	数字公共服务指数	D4	网上政务能力	D41	—	0.2741	0.2632	0.2696	0.2696	0.2688

数字经济综合指数（dig）由表 7 - 1 的二级指标加权计算生成。为此，先要计算各个二级指标权重。对于权重赋值的确定，学术界大多采用静态权重值的计算方法，比如熵值法、主成分法等。然而，考虑到表 7 - 1 中指标具有三维特征，并且数字经济各方面在不同年份可能存在非均衡变化，因此，采用动态权重的评价方法——郭亚军（2002）提出的"纵横向"拉开档次法。该方法优点在于，能够客观反映各指标的变化，充分应用数据自身的信息，因而使得综合指标的测度结果更合理准确。下面是权重的计算过程。

对于某一确定的年份 t 年，假设各省数字经济动态的综合指数为：

$$y_i = \sum_{j=1}^{16} w_j z_{ij} \qquad (7-12)$$

式（7 - 12）中，i 表示省份，$i = 1, 2, \cdots 30$，j 表示二级指标，$j = 1, 2, \cdots$

16。y_i表示 i 省份数字经济综合指数；z_{ij}表示 i 省份第 j 个二级指标值；w_j 为二级指标 z_{ij} 的权重。

为了减少量纲的差异，对 z_{ij} 进行归一化处理。由于 z_{ij} 都是正向型指标，归一化后的向量为：

$$X_j = \begin{bmatrix} \dfrac{z_{1j}}{\sqrt{z_{1j}^2 + z_{2j}^2 + \cdots + z_{30j}^2}} \\ \dfrac{z_{2j}}{\sqrt{z_{1j}^2 + z_{2j}^2 + \cdots + z_{30j}^2}} \\ \cdots \\ \dfrac{z_{30j}}{\sqrt{z_{1j}^2 + z_{2j}^2 + \cdots + z_{30j}^2}} \end{bmatrix} = \begin{bmatrix} x_{1j} \\ x_{2j} \\ \cdots \\ x_{30j} \end{bmatrix}$$

下面计算 x_{ij} 的权重 w_j。$\{x_{ij}\}$ 是经过上面归一化处理后的指标，x_{ij} 的总离差可以表示为：

$$e^2 = \sum_{i=1}^{30} (y_i - \bar{y})^2 = \sum_{i=1}^{30} \left(\sum_{j=1}^{16} w_j x_{ij} - \bar{y} \right)^2$$

令 $\bar{y} = \dfrac{1}{30} \sum\limits_{i=1}^{30} \sum\limits_{j=1}^{16} w_j x_{ij}$，那么，$e^2 = \sum y_i^2 = (WX)^f (WX) = W^f H W$，其中，$W = (w_1, w_2, \cdots, w_{16})^f$，$H = X^f X$ 是对称矩阵，表示为：

$$X = \begin{bmatrix} x_{11} \cdots x_{1,16} \\ \cdots \\ x_{30,1} \cdots x_{30,16} \end{bmatrix}$$

当 W 为矩阵 H 的最大特征值所对应的特征向量时，e^2 取最大值，则最能体现各评价指标的差异程度。

最后，运用 Matlab2015b，求出 H 的最大特征值及特征向量，从而得到我国 30 个省份 2014~2018 年 16 个二级指标的权重，计算结果见表 7-1。根据这些权重值，再计算出每一年各省份数字经济综合指数，计算结果见表 7-2，表 7-2 列出了 2014~2018 年我国 30 个省份、4 大区域以及全国平均的数字经济综合指数（由于西藏数据缺失，故不包括西藏）。

表 7 - 2   2014～2018 年 30 个省份及各区域数字经济综合指数的测算结果

地区	2014 年	2015 年	2016 年	2017 年	2018 年	地区	2014 年	2015 年	2016 年	2017 年	2018 年
北京	1.4677	1.4296	1.3537	1.4260	1.4161	河南	0.4810	0.5007	0.4972	0.5149	0.5205
天津	0.5952	0.5907	0.5747	0.5895	0.6689	湖北	0.5522	0.5697	0.5818	0.5661	0.5516
河北	0.5198	0.5158	0.5255	0.5492	0.5626	湖南	0.4874	0.4999	0.5006	0.5031	0.5137
山西	0.4501	0.4470	0.4376	0.4322	0.4670	广东	1.0574	0.9973	0.9847	0.9835	1.0160
内蒙古	0.4068	0.4019	0.4085	0.4447	0.4704	广西	0.4385	0.4254	0.4218	0.4606	0.4953
辽宁	0.5914	0.6004	0.6271	0.6010	0.5905	海南	0.5199	0.5997	0.5706	0.5819	0.5459
吉林	0.4386	0.4396	0.4667	0.5164	0.5395	重庆	0.4880	0.4706	0.5151	0.4923	0.5092
黑龙江	0.4786	0.4598	0.4751	0.4906	0.4982	四川	0.6273	0.6637	0.6804	0.6583	0.6681
上海	1.2891	1.1947	1.1896	1.1138	1.0284	贵州	0.4304	0.4617	0.5161	0.5046	0.4911
江苏	0.8097	0.7832	0.7280	0.7305	0.7623	云南	0.4879	0.5018	0.4909	0.4983	0.4732
浙江	0.8191	0.8206	0.8130	0.7977	0.7879	陕西	0.5650	0.5665	0.6195	0.5783	0.5924
安徽	0.5271	0.5664	0.5726	0.5622	0.5593	甘肃	0.4035	0.4398	0.4349	0.4554	0.4660
福建	0.6520	0.6318	0.6037	0.5964	0.5982	青海	0.3677	0.5457	0.4875	0.4901	0.4978
江西	0.4289	0.4545	0.4305	0.4595	0.4666	宁夏	0.4204	0.4644	0.5111	0.4903	0.4890
山东	0.6181	0.6020	0.6277	0.6412	0.6954	新疆	0.4155	0.4319	0.4340	0.3858	0.3996
东部	0.8500	0.8414	0.8195	0.8248	0.8297	西部	0.4021	0.4243	0.4413	0.4372	0.4439
中部	0.4399	0.4591	0.4668	0.4669	0.4736	东北部	0.4800	0.4655	0.4703	0.4749	0.4567
全国	0.5667	0.5744	0.5754	0.5761	0.5797						

从表 7 - 2 和图 7 - 1 来看，2014～2018 年全国数字经济综合指数与数字经济发展状况相符①，表明本章的测算方法合理。全国数字经济综合指数有小幅波动，但表现出平稳增长趋势。东部地区的数字经济水平指数有所下降，但仍然是全国最高水平，并远超其他地区；而中部、西部以及东北部均未达到全国平均水平，不过中部、西部地区的数字经济水平不断上升，发展趋势良好；而东北部是唯一出现下降趋势的区域，这个情况应该引起重视。从表 7 - 2 可以看出，在各省份中北京的数字经济水平最高；上海居于第二位；广东省位居第三；而甘肃、新疆、青海、宁夏等几个省份的数字经济综合指数处于低位；东部、中部、西部及东北地区经济差距在数字经济上

---

① 本文将表 7 - 1 的计算数据与中国信息通信研究院 2019 年的《中国数字经济发展与就业白皮书》的研究结果做了比对，结论基本相符，请参阅此书的图 2《数字经济增速与 GDP 增速》，第 9 页。

的表现一览无余。尽管我国互联网消费规模较大，但是我国数字经济发展水平综合衡量仍然比较低，地区差距大，这样的趋势令人担忧会不会形成"数字鸿沟"。因此，中西部地区要找准数字经济发展短板，加快数字经济与传统经济融合，让数字经济成为高质量发展的新动能，这是在未来不落后于其他地区的关键所在。

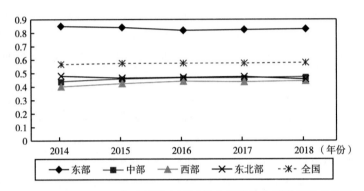

图 7 - 1　2014 ~ 2018 年全国及各区域数字经济综合指数的变化趋势

四、实证分析

（一）模型的设定

为了分析数字经济对于劳动收入的影响，本章在克鲁格尔（Krueger，1991）的工资方程基础上构建了基准模型，见式（7 - 13）。

$$\ln wage_{ijt} = \alpha + \beta \ln dig_{jt} + \gamma X_{it} + \mu_{jt} + \varepsilon_{ijt} \qquad (7-13)$$

式（7 - 13）中，i 表示个体，j 表示省份，t 表示年份，$wage$ 为工资收入，$\ln wage_{ijt}$ 表示在 t 时期 j 省份个体 i 所获得的小时工资对数值，dig 为数字经济综合指数，X 为控制变量，包括影响工资水平的微观因素：受教育年限 edu、健康 hea、婚姻状态 mar、工作经验 exp、性别 gen、户籍 res，α 为模型的常数项，β 为要测定的数字经济发展水平对工资收入的边际效应，γ 为个体控制变量对工资的影响效应，μ 表示省份固定效应的虚拟变量，ε 是随机误差项。

由于基准模型所得到的是均值回归，为了更加全面描述数字经济对于不同收入群体的影响，采用分位数回归模型，设定为式（7-14）。

$$Q_\tau(\mathrm{ln}wage_{ijt} \mid \mathrm{ln}dig_{jt}, X_{it}) = \alpha_\tau + \beta_\tau \mathrm{ln}dig_{jt} + \gamma_\tau X_{it} + \mu_{jt} + \varepsilon_{ijt} \qquad (7-14)$$

其中，τ 为分位点，Q_τ 表示条件分位数，其他字符含义与式（7-13）相同。

在完成数字经济对收入增长的影响研究之后，检验了数字经济收入效应的传导机制。由前文可知，就业是数字经济提高劳动者收入的主要途径之一，故本章以就业为中介变量，构建了中介效应模型，见式（7-15）~式（7-17）。

$$\mathrm{ln}wage_{ijt} = \alpha_0 + \alpha_1 \mathrm{ln}dig_{jt} + \alpha_2 X_{ijt} + \mu_{jt} + \varepsilon_{ijt} \qquad (7-15)$$

$$\mathrm{ln}emp_{ijt} = \beta_0 + \beta_1 \mathrm{ln}dig_{jt} + \beta_2 X_{ijt} + \mu_{jt} + \varepsilon_{ijt} \qquad (7-16)$$

$$\mathrm{ln}wage_{ijt} = \delta_0 + \delta_1 \mathrm{ln}emp_{ijt} + \delta_2 \mathrm{ln}dig_{jt} + \delta_3 X_{ijt} + \mu_{jt} + \varepsilon_{ijt} \qquad (7-17)$$

（二）变量说明及数据来源

本章采用微观个体层面的收入数据，数据来源于北京大学中国社会科学调查中心的"中国家庭追踪调查"（*CFPS*）数据库，该数据库覆盖 2010~2018 年（每隔两年发布一次）中国 25 个省份，样本规模达到 16000 户家庭，是以家庭为单位对劳动力的追踪调查，由于结婚、离婚、离世等原因会导致家庭成员的变动。因此本章采用个人编码对数据进行匹配，然后剔除无效数据，保留有效数据。为了与数字经济综合指数的年份保持一致，本章选取了 *CFPS* 数据库 2014 年、2016 年、2018 年三个年份的调查数据，由于 2016 年的健康数据缺失较多，故 2016 年的有效数据比其他 2 个年份更少。

被解释变量为劳动收入，以 *wage* 表示，数据来源于 CFPS 数据库。相对于年工资和月工资而言，小时工资能够剔除掉工作时间对工资的影响。在 CFPS 数据库中，工资分为主要工作的工资与一般工作的工资。鉴于主要工作更具代表性且数据缺失值较少，所以采用主要工作的小时工资作为工资的衡量，小时工资 = 年工资/（每周工作小时数 ×4×12），并以 2014 年为基期进行了消胀处理。

本章核心解释变量是数字经济综合指数，用 *dig* 表示，该指数已经计算所得。

控制变量包括被考察个体的婚姻状况、健康状况、受教育程度、工作年限、性别、年龄、户籍,资料均来自 CFPS 数据库。婚姻用 ms 表示,将未婚、同居、离婚、丧偶4种状态均视为非在婚,表示为非在婚 ms = 0,在婚 ms = 1。健康用 hea 表示,将非常健康、健康、比较健康视为健康,则 hea = 1,将一般、不健康视为非健康,hea = 0。受教育程度用 edu 表示,按学制进行换算,具体为博士22年,硕士19年,本科16年,专科15年,高中12年,初中9年,小学6年,文盲或半文盲0年,以上换算的前提是个体取得了相应学位证书。工作年限用 exp 表示,exp = 年龄 - 6 - 受教育年数。性别用 gen 表示,男 = 1,女 = 0。户籍用 res 表示,农村 = 1,城镇 = 0。表7 - 3 对这些变量的主要特征做了简单的统计性描述。

表7 - 3   有关变量的统计性描述

变量	2014 年		2016 年		2018 年	
	均值	标准误	均值	标准误	均值	标准误
wage	17.8466	233.1776	14.4715	35.6949	20.104	121.0115
dig	0.6429	0.3204	0.6468	0.2789	0.6455	0.2761
edu	11.1199	4.7162	11.0888	4.758	9.6852	3.8836
expr	20.9137	13.9452	18.5754	14.065	23.9978	13.8598
expr2	631.8296	722.8251	542.8268	731.821	767.9615	790.4321
hea	0.8033	0.3975	0.8054	0.3959	0.8107	0.3918
gen	0.6078	0.4883	0.5629	0.4961	0.586	0.4926
ms	0.7597	0.4273	0.6746	0.4686	0.7729	0.419
res	0.6332	0.482	0.7024	0.4573	0.6256	0.484
观测值	8693	8693	4717	4717	8044	8044

(三)实证分析结果

1. 基准回归分析。由于2014年、2016年、2018年 CFPS 调查对象有变化,基准回归采用2014年、2016年、2018年的横截面数据与逐步回归方法,实证结果参见表7-4（限于篇幅，表7-4将逐步添加变量的过程省略，只保留包含全部解释变量的回归结果）。

表7-4　　　　　　　　2014年、2016年、2018年的基准分析结果

变量	（1） 2014年	（2） 2016年	（3） 2018年
lndig	0.0573*** (0.0085)	0.0740*** (0.0137)	0.0345*** (0.0069)
edu	0.0016*** (0.0003)	0.0028*** (0.0004)	0.0074*** (0.0004)
exp	0.0026*** (0.00030)	0.0020*** (0.00044)	0.0009*** (0.00036)
$expr2$	-0.0001*** (0.00001)	-0.00005*** (0.00001)	-0.00003*** (0.00001)
hea(=1，健康)	0.0196*** (0.0028)	0.0202*** (0.0041)	0.0126*** (0.0027)
gen(=1，男性)	0.0341*** (0.0022)	0.0320*** (0.0033)	0.0322*** (0.0021)
ms(=1，在婚)	0.0142*** (0.0031)	0.0152*** (0.0042)	0.0189*** (0.0030)
res(=1，农村)	-0.0312*** (0.0025)	-0.0272*** (0.0037)	-0.0195*** (0.0024)
$\_cons$	0.1792*** (0.0087)	0.1557*** (0.0127)	0.1566*** (0.0086)
省份固定效应	控制	控制	控制
Obs	8693	4717	8044
R-squared	0.1446	0.1335	0.2381

注：①Standard errors are in parenthesis；②括号内为t值；③*、**、***分别表示显著性水平$P<0.1$、$P<0.05$、$P<0.01$。

从表7-4可知，解释变量dig在1%的水平上显著为正，表明在这三个年份里数字经济对劳动收入的增长有显著的正向影响，对收入增长的边际贡献大于0.035。2016年的参数值最大，数字经济每增长1%，每小时工资增长0.07%。在三个年份中，其他变量的参数符号均显著且相对稳定，表明劳动

者个体特征变量包括教育、工作经验、健康对收入有显著的正向影响。其中受教育程度变量对于收入的影响越来越大，由 2014 年的 0.0016 上升到 2018 年的 0.0074；健康变量的参数值略有下降；工作经验变量对收入呈正向影响，但是工作经验的二次方变量前的参数为负，表明工作经验对收入影响具有边际收益递减特征。教育、健康、工作资历都是劳动者人力资本的重要组成部分，人力资本越多，收入越高，这些实证结果符合经济学解释。此外，人口学统计变量中性别、婚姻的回归参数显著为正，户籍的回归参数为负，表明男性收入比女性更高，已婚者收入比未婚者收入更高，这些参数基本符合预期。男性在就业上具有优势，而有家庭者责任心更强，已婚者比未婚者更努力工作，因而收入更高。但是户籍变量系数为负，表明农村户口对收入增长是负向影响，城乡差距对于农村劳动者收入的增长仍然是一种障碍，而户籍前的参数值变小表明这种不利影响在逐渐下降。随着我国交通、信息、互联网等基础设施的逐步改善，数字经济对于农村收入的提高发挥了正面作用。

2. 稳健性分析。采用两种方法对实证分析结果进行了稳健性检验。第一种方法，考虑到数字经济是主要的被解释变量，因此采用主成分方法对数字经济综合指数再次进行了测算，并且将新的数字经济综合指数代入计量方程，实证结果依然表明数字经济对于收入增长有较大的提升作用，对低收入群体作用大于高收入群体，实证结果与前文的分析结论一致。第二种方法，采用工具变量对上述模型重新进行估计，以避免内生性问题。参照何宗樾等（2020）的方法，采用被考察劳动力个体所在省份的省会城市与杭州的地球表面距离为工具变量，由于地理距离不随时间的变化而变化，这将导致工具变量法的第二阶段估计失效。本章将该距离标准化后，与每年全国数字经济发展水平平均值的交互项作为随时间变化的新工具变量（*dtdbz*）。根据第一阶段回归的 3 个统计量来检验所选工具变量的有效性，*Kleibergen-Paap rk LM* 统计量在 1% 的显著性水平上，拒绝"工具变量识别不足"的原假设；*Kleibergen-Paap Wald rk F* 统计量（大于 10）拒绝"存在弱工具变量"的原假设；*overidentification test of all instruments* 的过度识别检验，*P* 值为 0.0000，拒绝"过度拟合的原假设"。因此，本章所选工具变量是有效的。从 *TSLS* 回归结果可以看出，变量 *lndig* 的回归系数在 1% 的水平上显著为正，这说明在控制内生性后数字经济水平对劳动者工资增长的促进作用依然显著，本章的实证分析结论是可靠的（见表7-5）。

表7-5　　　　　　　　　　　　稳健性检验结果

lnwage	(1) 2014 年	(2) 2016 年	(3) 2018 年
lndig（dtdbz）	0. 05775 *** （0. 00381）	0. 08442 *** （0. 00756）	0. 07092 *** （0. 00441）
个体特征变量	控制	控制	控制
Kleibergen-Paap rk LM statistic	2207. 359 ***	1119. 775 ***	2105. 538 ***
Kleibergen-Paap rk Wald F statistic	8119. 410 ***	4039. 812 ***	8442. 014 ***
overidentification test of all instruments	0. 0000	0. 0000	0. 0000
Obs	8693	4717	8044
R-squared	0. 12021	0. 10641	0. 20601

注：①括号内为 t 值；②*** 表示显著性水平 $P < 0.01$。

3. 分位数估计。表7-6给出了2014年、2016年、2018年数字经济对不同收入群体的分位数回归估计结果，2014年、2016年的 F 值均显著；而2018年的 F 值处于临界值范围。总体来看，数字经济对于各分位点收入群体的影响系数显著为正，而20%的分位点回归系数均大于0.5，而最后20%的分位点参数值大于0.3，反映了数字经济对低收入群体的影响大于对高收入者的影响。分位数回归结果表明，数字经济对于整体收入的增长有较大的促进作用，对各不同群体的收入增长均有正向影响，且对低收入群体的收入增长促进作用更大，这有利于缩小劳动者之间的收入差距，表现出数字经济对于收入增长具有普惠性的促进作用（见表7-6）。

表7-6　　　　　　数字经济对收入影响的分位数估计

	(1) 2014 年	(2) 2016 年	(3) 2018 年
q20：lndig	0. 0527 *** （0. 0037）	0. 0710 *** （0. 0076）	0. 0534 *** （0. 0042）
q40：lndig	0. 0435 *** （0. 0021）	0. 0637 *** （0. 0031）	0. 04940 *** （0. 0025）

续表

	（1） 2014 年	（2） 2016 年	（3） 2018 年
$q60$：$\ln dig$	0.0364 *** （0.0019）	0.0499 *** （0.0037）	0.0478 *** （0.0023）
$q80$：$\ln dig$	0.0331 *** （0.0024）	0.0509 *** （0.0035）	0.04170 *** （0.0034）
个体特征固定	控制	控制	控制
省份固定	控制	控制	控制
观测值	8693	4717	8044
F 统计量	8.78 *** （0.0001）	3.42 *** （0.0006）	1.81 * （0.070）

注：①括号内为 t 值；②* 、 *** 分别表示显著性水平 $P < 0.1$、$P < 0.01$。

4. 异质性检验。为了进一步分析数字经济对于不同区域、不同特质劳动者是否具有异质性影响，本章在上述模型的基础上加入数字经济与区域的交叉变量、数字经济与各控制变量的交叉变量，实证结果发现数字经济与性别、健康、户籍的交叉项回归系数均不显著，其他交叉项的回归参数参见表 7 - 7。限于篇幅，表 7 - 7 仅列出回归分析中交叉项的输出结果。

表 7 - 7 中的第（1）、（2）两行是以初等教育为基准值的估计结果，数字经济与中等教育（$c_digedudj$1）、与高等教育的交叉项（$c_digedudj$2）系数在 2014 年都不显著；在 2016 年数字经济与中等教育的交叉项（$c_digedudj$1）系数显著为正；在 2018 年上述 2 项交叉项系数均显著为正，并且数字经济对受过高等教育的劳动者收入促进作用更大，反映出教育水平对于收入增长的作用越来越重要。

表 7 - 7 中的第（3）行是对婚姻与数字经济交叉项的回归结果，这一交叉项的系数在 2014 年、2018 年均显著为正，说明数字经济的收入效应在婚姻上存在异质性影响。

表 7 - 7 中的第（4）、（5）、（6）是数字经济收入效应区域异质性的分析结果，以东部地区为基准值，数字经济与西部地区交叉项（$c_digregion$2）的系数显著为负，表明数字经济对东部地区劳动力工资有显著促进作用，但对西部地区劳动力工资并无促进效应，甚至是抑制了工资的增长，不过在 2018

年这种负面影响比 2014 年有所减弱。2016 年、2018 年数字经济与中部地区
交叉项（*c_digregion*1）的系数不显著，而 2018 年数字经济与东北部交叉项
（*c_digregion*3）的系数显著为负，其绝对值逐渐变大，表明数字经济对东北部
地区劳动力工资具有不利影响，这种不利影响在逐渐加剧，对照本文测算的
数字经济综合指数可知，东北部的数字经济发展水平有下降趋势，由于东北
地区第三产业发展滞后、政府科技投入不足、缺少增长极等一系列问题，东
北部地区的数字经济发展在全国居于落后水平（田俊峰，2019），从而不利于
劳动者收入的增长。

表 7 - 7　　　　　　　　　数字经济发展水平对于收入的异质性影响

		2014 年	2016 年	2018 年
（1）	*c_digedudj*1（与中等教育的交叉项）	− 0.0083 (0.0078)	0.0187 * (0.0141)	0.012 * (0.0068)
（2）	*c_digedudj*2（与高等教育的交叉项）	− 0.0088 (0.0084)	0.0213 (0.0155)	0.0264 *** (0.0099)
（3）	*msc_dig*（与婚姻的交叉项）	0.0073 (0.0055)	0.0093 (0.0091)	0.01817 *** (0.0064)
（4）	*c_digregion*1（与中部地区的交叉项）	− 0.1174 *** (0.0332)	− 0.0078 (0.0125)	0.0045 (0.0225)
（5）	*c_digregion*2（与西部地区的交叉项）	− 0.0805 *** (0.0124)	− 0.032 ** (0.0151)	− 0.0547 *** (0.0123)
（6）	*c_digregion*3（与东北部地区交叉项）	− 0.0226 (0.0187)	− 0.0266 (0.0221)	− 0.0689 ** (0.0326)
	个体特征固定	是	是	是
	观测值	8693	4717	8044
	R^2	0.1539	0.1085	0.2309

注：①*Standard errors are in parenthesis*；②括号内为 t 值；③*、**、*** 分别表示显著性水平
$P < 0.1$、$P < 0.05$、$P < 0.01$。

5. 中介效应的分析。本章以就业为中介变量检验了数字经济收入效应的
传导机制，回归结果参见表 7 - 8。由于解释变量与被解释变量的主要分析结
果已经报告，限于篇幅，表 7 - 8 仅保留解释变量与中介变量以及被解释变
量、解释变量与中介变量的估计结果。2014 年、2016 年、2018 年数字经济对

于收入增长的影响系数分别为 0.044、0.0466、0.0488，在 1% 的水平下显著，数字经济对于就业（中介变量）的影响系数分别为 0.038、0.0453、0.0403，表 7-8 的第（Ⅲ）、（Ⅵ）、（Ⅸ）列是加入中介变量后的估计结果，影响系数在 1% 的水平下均显著为正，而且在加入中介变量后数字经济影响系数的值变小，表明就业在数字经济与收入增长之间存在中介效应。

表 7-8 中介效应的估计结果

变量	2014 年			2016 年			2018 年		
	（Ⅰ）	（Ⅱ）	（Ⅲ）	（Ⅳ）	（Ⅴ）	（Ⅵ）	（Ⅶ）	（Ⅷ）	（Ⅸ）
	lnwage	lnemp	lnwage	lnwage	lnemp	lnwage	lnwage	lnemp	lnwage
lndig	0.044*** (0.0023)	0.038** (0.0015)	0.0415*** (0.0021)	0.0466*** (0.0042)	0.0453*** (0.0058)	0.0359*** (0.004)	0.0488*** (0.0026)	0.0403*** (0.0045)	0.0405*** (0.0025)
lnemp			0.6698*** (0.0178)			0.2332*** (0.0123)			0.2021*** (0.0108)
观测值	8693	8693	8693	4717	4711	4711	8044	8034	8034
R-squared	0.1038	0.0149	0.298	0.0819	0.0365	0.1942	0.2047	0.0738	0.3076

注：①Standard errors are in parenthesis；②括号内为 t 值；③ ** 、*** 分别表示显著性水平 $P < 0.05$、$P < 0.01$。

五、结论与政策启示

本章得到的主要结论有以下几点：（1）从我国数字经济综合指数来看，东部地区增长速度趋缓，中部、西部平稳上升，东北地区的指数略有下降趋势。全国平均水平在逐年上升，不过，其平均值达不到东部地区的一半。这表明我国数字经济发展的总体水平仍比较低，除东部地区以外，其他三个地区均低于全国平均水平。可见，数字经济发展的地区差距较大，其差距之大甚至超过了 GDP 的地区差距。（2）数字化技术与产业的融合还需加强。从一级分项指标来看，各省份数字基础设施、政府公共服务指数的离差小于数字化应用指数、数字产业发展指数的离差，而后者的离差高达 10 倍之多。这表明我国基础设施、硬件设施较好，政府数字公共服务也在逐步推进，但是各地区与数字经济相关的产业发展差距较大，其中既包括数字产业的发展，也包括产业数字化运用。（3）数字经济对收入的促进力度较大，教育、工作经验、健康对收入有显著的正向影响，受教育程度对于收入的影响越来越重要，工作经验对收入影响具有边际收益递减特征，男性收入比女性更高，已婚者收入比未婚者收入更高。（4）数字经济通过促进就业提高劳动收入。尽管自动化、机器人取代了一部分工作岗位，但我国仍然是劳动资源丰富的国家，这可能导致数字技术的发展偏向于劳动，并进一步增加非自动化岗位的劳动需求，提高劳动收入份额，而数字经济创造出的新劳动需求是促进劳动者提高收入的重要途径。（5）数字经济的发展对于教育程度、性别、婚姻、西部地区表现出一定的异质性特征，西部地区的数字经济不利于收入增长。数字经济在各分位点的系数均显著为正，表明数字经济对于各群体的收入均有正向影响，对低收入群体的影响更大。从这一点来看数字经济表现出一定的普惠性，有利于缩小劳动者的收入差距。

根据以上研究结论，本章提出以下政策建议。第一，加大数字基础建设投入，为数字经济发展夯实硬件设施基础。在我国不少省份，光缆密度、每百人使用的计算机数这些指标仍然比较低，与东部地区相比，西部、东北部地区的互联网普及率落后很多。第二，加强产业与数字技术的融合，促进产业数字化转型。北京、上海、天津、浙江、江苏、广东这些地区发展领先，其他省份的数字产业从业人员、数字技术市场成交额以及人均收入水平都比较低，数字经济还未能发挥经济增长新动能的作用。第三，增加劳动者的人力资本投入对于提高收入水平具有重要意义。劳动者人力资本积累一方面来自劳动者自身投资，而这一点与劳动者收入紧密相关，由于收入低的劳动者无法进行人力资本投资，因此政府公共财政对于人力资本投入非常重要。在信息化互联网时代，劳动者受教育程度对于数字经济发挥收入增长效应具有积极的意义，一方面政府要加强基础教育，尽早实现 12 年义务教育；另一方面政府要有针对性地推出职业培训，提高劳动者从传统产业到数字产业的职业转换能力。无论是产业还是个体，政府要发挥引导与帮扶作用，因为所有的数字化转型都不是自动完成的。

第八章　地方市场分割与技术创新

一、引言与文献回顾

随着资源约束、环境压力与出口贸易摩擦的加大，中国经济低成本优势的增长模式难以为继，创新驱动是中国经济发展的必由之路。自党的十八大明确提出创新驱动发展战略以来，中国不断加大科技创新的投入力度，2017年中国研发经费投入强度为 2.12%，仅次于美国，为全球第二。但是，与西方技术强国相比，中国技术创新效率比较低，缺乏核心技术的局面没有得到根本改观。科技研发不是一蹴而就的，知识与人才需要假以时日，而制度要与科技创新相适应。制度对于技术的影响至关重要，按照新制度经济学的观点，在一定程度上讲，技术的选择由制度决定。

地方市场分割是影响技术创新重要的制度层面原因。多年来，中国政府一直致力于建设国内一体化市场，然而，各地形成的市场分割、贸易壁垒始终存在，各地政府在科技研发的补贴政策、购买政策、技术标准、市场准入等方面设置了不同的贸易壁垒。例如，以北京、上海、深圳等一线城市为代表的城市，对于新能源汽车都不同程度地设置了地方目录形式，而参考依据则包括是否在当地建厂、百公里耗电量以及续航里程等，以此来抬高外地品牌新能源汽车的准入门槛①，这种模式阻碍了新能源汽车行业的技术创新。

---

① 新能源汽车地方保护将打破 多部委力克顽症，经济观察报，http：//auto. cntv. cn/2014/06/09/ARTI1402274554837976. shtml.

学术界对于技术创新的研究成果很丰富，但是从市场分割角度来研究的文献并不多见，市场分割对技术创新是否存在影响以及存在怎样的影响等问题是具有重大意义的研究领域，而这方面的实证研究还比较少。因此，本章测算了中国市场分割指数，以我国高技术产业中5个产业的面板数据为样本，实证分析了市场分割对技术创新的影响。计算机产业、电子及通信设备产业、新能源汽车等高技术产业的发展是中国打造先进制造业的领军力量。因此，以高技术产业为研究对象具有代表意义。本章的边际贡献主要在于，第一，采用价格法计算了中国2004~2016年市场分割指数，对中国市场分割的现状与变动趋势作出实证分析；第二，以市场分割指数反映地方贸易保护程度，构建实证模型，分析了地方市场分割对于技术创新的影响，并且对市场分割影响技术创新的原理进行了探究，为破除市场分割，促进高技术产业技术创新提供了理论支撑。

地方贸易保护主要表现在地方政府对区际间的要素流动和商品贸易给予的行政性干预（雷明，2004），市场分割的形成并不全都是由于人为因素所致，也有可能是空间隔断、产品属性等自然因素产生，而本章的市场分割是指地方贸易保护所导致的那种。

地方政府为什么要实行地方市场分割？主要观点可以概括为以下几个方面：（1）保护地方财税收入是根本原因。在分税制改革之前的集权模式下，中央财政掌握全部税收，各级地方政府财政收入由上级机构计划分配，因此地方政府对于区域经济发展的竞争与保护意识并不强烈。分税制改革之后，地方政府财政支出压力加大，保护税基并多方增加财政收入导致政府竞争加剧（沈立人，戴园晨，1990；Young，2000；Qian，2000；银温泉，才婉茹，2001；林毅夫，刘培林，2004；白重恩等，2004；周黎安，2004）。（2）保护本地企业免受外来企业的竞争（2004）。区域经济的竞争归根到底还是企业之间的竞争，地方政府通过各种行政手段设置区域贸易壁垒来为本地企业保留本地的市场份额，这样做可以帮助落后地区的产业在未来的分工中占据有利地位（陆铭，2004），甚至实现对发达地区的赶超（林毅夫，刘培林，2004）。

地方市场分割是否可以促进当地经济发展？如果不能促进经济增长，那么政府为什么要采取贸易保护主义？如果地方贸易保护、市场分割不利于经济发展，或者说促进了经济发展，那么影响机理又是什么？围绕这些问题，学术界从以下几个方面展开了探讨。（1）产业结构。扬格（Young，2000）指出，地方保护、市场分割是各地产业结构趋同的重要原因，由地方保护而引起的市场分割不利于地区产业结构的差异化（邱风等，2016）。白重恩等（2004）进一步指出，地方贸易保护的影响超过了规模经济以及经济外部性的影响，地方贸易保护降低了产业的地区集中度，不利于区域专业化生产程度的提高，由于地方政府的干预与地方贸易保护，我国钢铁行业集中度下降（Sun，2007）。也有不同的研究结果，吕品（2013）对 2003～2007 年纺织产业的研究结论是地方贸易保护促进了产业集聚。（2）出口贸易。关于市场分割对出口贸易的影响，也存在两种不同的观点。一种观点是市场分割不利于出口贸易，由于生产要素不能自由流动，企业的生产效率无法得到提高，市场分割降低了企业的出口竞争力（蓝海林，2012；陈媛媛，2013；李文洁，2013；吕越，2017）。另一种观点则认为严重的市场分割大大增加了区域贸易的成本，企业会寻求以国际市场代替本土市场，从而促进了企业的出口贸易（朱希伟，2005；张杰，2010）。（3）资源配置效率。市场分割导致了省际资源配置不合理（郑毓盛，李崇高，2003；毛其淋，盛斌，2012），这种观点已经成为学术界的共识。谢攀等（2016）以 2006～2012 年我国 A 股上市公司为研究对象，实证分析结果表明地方保护加剧了产业间资本要素配置的扭曲，并且对劳动力的配置效率有负向影响[1]。一组关于企业并购的实证研究也反映市场分割阻碍了资源的合理流动，方军雄（2009）发现同一行政地区内的企业并购数量显著高于异地企业并购数量，一定程度上验证了我国地区之间市场分割的存在。因为，本地并购主要涉及多元化并购，对企业绩效改善的作用不大，而异地并购是相关并购，可以增加主并购企业的规模经济与范围经济[2]。陈冬（2016）研究了 1998～2012 年沪深两市 A 股市场 247 起上市公司"壳交易"后，发现上市公司的"壳交易"受到地方保护的干预，虽然被异地收购后雇员规模和劳动力成本显著降低，经营业绩显著提高，但是，异地

---

[1] 谢攀，林致远. 地方保护、要素价格扭曲与资源误置——来自 A 股上市公司的经验证据 [J]. 财贸经济，2016（2）：72.

[2] 方军雄. 市场分割与资源配置效率的损害 [J]. 财经研究，2009（9）：37.

收购率很低，地方政府偏好由本地非上市公司收购本地上市壳公司，以避免本地壳资源的浪费①。王磊（2016）选用中国工业企业数据库1998~2007年微观企业数据的研究发现：市场分割指数与省级行业层面生产率差异度显著正相关，即市场分割程度越高，资源错配越严重②。（4）企业的生产率。地方市场分割是否能够提高企业生产率？相当多的学者认为市场分割不利于企业提高生产率（郑毓盛，李崇高，2003；刘培林，2005；付强，乔岳，2011；毛其淋，盛斌，2012）。因为地方贸易保护程度越严重，该地区企业劳动工资率越高，冗员越严重，企业成本越高，最终导致经济绩效越差（刘凤伟，于旭辉，李琳，2007）。而徐宝昌采用1999~2007年中国制造业企业的微观数据，研究结果是市场分割与本地企业生产率呈倒U型关系，即较低强度的市场分割促进了本地企业生产率提升，而超过一定强度的市场分割则阻碍了本地企业生产率提升（徐宝昌，2016）。从已有的文献研究结论来看，地方市场分割对经济的短期效应与长期效应不尽相同，在产业结构、生产率、出口贸易这些方面的研究结论存在较大的差异，原因在于：第一，研究方法不同。特别是对市场保护、市场分割的几种测度方法，不同的方法影响很大，最终对中国市场分割变化趋势的判断会产生截然不同的观点。第二，选取的研究对象不同。不同的行业地方市场分割程度不相同，其分析结论不同。第三，研究的时间框架不同。短期中地方市场分割可以促进当地经济发展，但是从长期来看，当地方市场分割达到严重程度后，地方经济发展的空间已经无法实现新的扩张，市场分割必然阻碍经济发展。

　　政府的地方保护主义对经济效率的影响是重要的研究问题（严冀，陆铭，2003）。有部分学者在研究地方保护、市场分割对经济的影响时触及到了技术创新层面，遗憾的是，他们未能对此问题做进一步的探究。虽然国内媒体大力呼吁技术创新要破除地方保护与市场分割，然而理论界对此的关注尚不及政府部门，市场分割与技术创新问题缺乏系统研究，相关的实证分析成果也比较少。正是在这个背景下提出问题，尝试分析地方贸易保护导致的市场分

①　陈冬等.谁动了上市公司的壳？——地方保护主义与上市公司壳交易［J］.金融研究，2016（7）：178.
②　王磊.市场分割与资源错配——基于生产率分布视角的理论与实证分析［J］.经济理论与经济管理，2016（11）：24.

割对我国技术创新的影响机理，以及政府、制度对于技术创新的重要作用，为建立完善我国有利于技术创新的制度环境提供参考。

二、地方市场分割影响技术创新的机理分析

市场分割之于经济增长，有利有弊。二者并不是简单的线性相关，一种可能的情况是，市场分割对于当地的经济增长具有倒 U 型影响（陆铭，陈钊，2009）。如此看来，地方分割问题颇像是一个囚徒困境问题。从单个地区来看，地方政府保护本地企业获得足够的市场份额，无疑是地方政府的一种最优策略。然而，从全国范围来看，各地区相互掣肘，阻碍了整体经济的产业升级与技术进步。市场分割主要是通过市场规模、市场竞争、资源流动与研发投入几个渠道影响技术创新。

第一，市场分割制约了市场规模。首先，根据熊彼特（Schumpeter，1942）假说，市场规模越大，企业在技术资金风险分担、融资信贷、创新收益上获得的优势越大，技术创新能力越强。其次，市场规模的扩张也带来制度性成本的下降，由于外地企业的进入需要承担着更高的税费（叶宁华，2017），市场规模与产量的扩大可以降低此类成本。最后，由施穆克勒（Schmooker，1966）的需求拉动技术创新原理可知，市场规模的扩张不仅带来产品需求数量的增长，而且带来对产品多样化与升级的加速，从而引致了新技术的出现。

第二，地方市场分割弱化了市场竞争，保护了本地技术落后的企业，不利于技术创新。通过对更富有竞争力的外省份企业设置各种进入壁垒，本地企业得到了市场份额的保证，往往满足于既得利益而裹足不前，尤其是在国有经济比重较高的行业，地方市场分割现象更为严重。在某些重要经济领域，各大型产业集团在每个省份都设立有分支机构。在产能过剩的钢铁行业，各地钢铁企业盲目发展，整个行业产业集中度下降，技术升级改造严重落后，从而导致我国粗钢产量过剩，而精钢、特钢产量还需要从日本、德国进口，这种局面直到现在也未得到根本扭转。

第三，资源的自由流动通过技术并购、R&D 资源配置、R&D 溢出效应等

途径推动企业的技术创新活动。市场分割使得资源的自由流动受阻，影响生产效率与技术的提升（陈媛媛，2013）。谢攀等的实证研究表明地方保护主义抑制了国内资本的流动，加剧了资本市场的再配置效应扭曲，在受保护行业中，资源和商品自由流动受到限制，破坏了地域之间的经济、技术融合，减小了隐含在商品或机器中先进技术溢出的可能。市场分割到了一定程度，会恶化金融资本的配置效率，从而阻碍技术进步（陈瑾瑜，2015）①。而孙早等（2014）的研究指出，市场化程度、地方保护主义是影响转型期中国 R&D 溢出水平的决定性因素，地方保护主义对 R&D 溢出有显著的负效应，R&D 溢出越大，地方保护主义带来的负效应也越大②。资源的流动反映了市场配置R&D 资源的程度，地方保护对于企业并购的"壳资源"交易存在干预，政府不倾向于支持异地并购，不利于"壳资源"按照市场要求进行资源整合③。

第四，地方市场分割改变了企业技术创新的投入。市场广阔的企业研发创新活动具有更高的规模经济效益，会有更强的动机与实力投入 R&D 活动。地方保护和市场分割降低了企业技术创新的积极性，阻碍了技术创新能力的形成和提高（余东华，2009）。申广军（2015）使用中国工业企业数据库中2001～2007 年的数据，直接考察企业层面研发投入与市场分割的关系，发现市场分割程度与企业研发密度有显著的负相关，市场分割程度下降一个标准差，企业研发密度增长 17%。叶宁华（2017）实证分析了出口贸易与国内跨区域贸易带来的市场规模的扩大，二者对于企业技术创新投入的影响，其结果是，跨省份销售份额更高的企业也更积极地从事研发创新活动，而与此形成鲜明对比的是，企业在国际市场上的拓展并不能激发自身的研发创新投入。可以说，在技术创新上，国际市场不能替代国内市场，国内跨区域贸易的激烈竞争是企业研发投入与再投资的强大动力。

第五，市场分割阻碍了专业化分工的程度，不利于产业结构的优化。地方贸易保护加剧了国内区域市场分割，是产业同构的重要原因（刘瑞明，

---

① 陈瑾瑜. 市场分割条件下金融支持技术进步的路径分析 [J]. 统计与决策, 2015 (16): 168.

② 孙早, 刘李华, 孙亚政. 市场化程度、地方保护主义与 R&D 的溢出效应 [J]. 管理世界, 2014 (8): 87.

③ 陈冬, 范蕊, 梁上坤. 谁动了上市公司的壳? ——地方保护主义与上市公司壳交易 [J]. 金融研究, 2016 (7): 189.

2007），不利于产业集聚（白重恩等，2004；黄玖立，李坤望，2006；路江涌，陶志刚，2007；吕品，2013）。按照斯密的观点，分工要受到市场容量的制约。市场规模越大，企业内分工、企业间分工以及产业分工越深，专业化分工程度提高了劳动生产率，促进了技术创新，加速产业集聚，从而实现规模报酬递增、知识分享与技术分享。

三、地方市场分割的测度

（一）市场分割的测度方法

对地方市场分割作出客观的描述关系到对中国现实的科学判断，大量文献做出了有意义的尝试，研究结论有两种不同的看法，其一，市场分割程度在增大（Young，2000；Poncet，2003，2005）；其二，市场分割程度在下降（Naughton，1999；Park and Du，2003）。更多的人认为国内的地方保护仍然存在，但是市场分割程度处于下降的趋势（Xu，2002；桂琦寒等，2006；陈敏等，2008；Fan and Wei，2006；陆铭，陈钊，2009；赵奇伟，熊性美，2009）。随着时间的推进，国内一体化市场程度不断提高，地方保护现象得到了治理。但是，在一些新兴行业与关键行业，地方政府对于资源、市场以及产业未来发展空间的争夺依然是十分激烈。有几个事实可以反映这个问题，第一，新能源汽车行业多次呼吁，市场分割、地方贸易保护现象严重阻碍行业发展；第二，区域产业结构趋同，即使在中央部委大力推动的产业重组下，在钢铁、煤矿、玻璃等产能过剩的行业产业集中度仍然有下降趋势，表明各地自给自足的"诸侯经济模式"依然严重。第三，在企业并购与"壳交易"中，同地并购、同地交易的数量远远高于异地交易数量，表明地方政府在企业并购中设置了市场壁垒以争夺宝贵的"壳资源"。所以，地方保护、市场分割现象依然存在。

以下将对市场分割程度进行测算，市场分割的测度方法大致有四种。

第一，贸易流量方法。该方法通过各地区之间或者产业内贸易流量的变动趋势来观察地区之间市场分割或者市场一体化的状况（Naughton，

1999；Young，2000；Poncet，2003；赵永亮，徐勇，2007；黄赜琳，王敬云，2007；行伟波，2012）。庞赛特（Poncet，2003）采用的是考察地区之间贸易流量的方法，利用中国1987年、1992年、1997年，的投入—产出表分析了省内贸易流量、省际之间的贸易流量以及各省份与外国的贸易流量数据。她的测算表明国际边界效应和省际边际效应值都很大，各省份与外国的贸易壁垒有下降趋势，而省际边界指数还在上升。1987年，中国消费者在省内购买的商品是从其他省份购买的12倍；1992年，这个数字是16倍；1997年则是27倍。同时，中国消费者在省内购买的商品是从国外购买的650倍；在1997年是400倍①，从这些数据可以推知，各省份自产自销的能力越来越强，而省际之间的贸易壁垒越来越高，"诸侯经济"的强化反映了中国国内市场一体化进程的倒退。而范剑勇（2011）则是考察产业内贸易流量的方法，他对产业内贸易指数进行了估算，指出中国国内产品市场的分割并没有处于严重的状态，产业内贸易的增加会带来地区之间贸易流量的增长，可以减轻消费者对于本地产品的偏好，使边界效应得到一定程度的弱化②。

　　第二，产业结构法。该方法是通过计算各地区的产业结构或者产出结构趋同程度以及专业化分工程度来考察市场分割情况。如果各地区产业结构相似度高，那么专业化程度下降，市场分割比较严重（Young，2000；白重恩等，2004；胡向婷，张璐，2005；罗勇等，2005；路江涌等，2006）。Young（2000）考察了1978～1997年中国产业结构数据，他依照计划经济体制下的核算体系分析了农业、工业、建筑业、运输业与商业五大物质生产部门，以及第一、第二、第三产业的产出在总产出中所占比重的变动，发现中国地区专业化水平在下降。白重恩等（2004）分析的是各行业在各省份的集中程度，以此来测算区域专业化水平，他发现1985～1997年中国产业区域专业化水平在提高，在利税率较高和国有成分比例较高的行业里区域专业化水平较低，

① Sandra Poncet，Measuring Chinese Domestic and International Integration［J］．China Economic Review 2003，14：1-21.
　② 范剑勇．产品同质性、投资的地方保护与国内产品市场一体化测度［J］．经济研究，2011（11）：53.

地方保护比较严重①。胡向婷（2005）对1996～2002年全国26个省份的制造业中7个行业的产业结构与全国平均水平的差异以及两个省份之间的产业结构差异进行了测算，她采用产量指标进行计算的结果是各省份产业结构差异化程度越来越高②。

第三，价格法。价格法是通过计算商品价格在各省份之间的差异考察国内市场一体化的程度，这是学界采用较多的一种方法（Fan，Wei，2003；桂琦寒，陈敏，陆铭，陈钊，2006；范爱军，2007；赵奇伟，熊性美，2009；盛斌，毛其淋，2011；郭勇，2013；宋冬林等，2014）。一部分学者通过计算某些特定商品的价格差异，比如大米（喻闻，黄季焜，1998）、农产品（黄季焜等，2002）、啤酒（李杰，孙群燕，2004），来观察国内市场一体化程度。后来，在运用价格法分析时对于商品种类的选择更加多样化，以期得到更可靠的分析结果。桂琦寒等（2006）选取了1985～2001年全国28个省份9类商品的零售价格指数，考察了相邻两省份相对价格方差的变动趋势，发现全国范围内这些相对价格方差的波动具有先发散后收敛的特点，反映出在其观察期市场整合程度上升，从而否定了区域市场分割越来越严重的观点③。盛斌和毛其淋（2011）以1985～2008年28个省份8类商品的环比价格指数为样本，发现自1985年以来国内市场一体化程度在上下波动中趋于上升，这与诺顿（Naughton，1999）、桂琦寒等（2006）观点一致④。

第四，商业周期法。商业周期扰动与反应的协同性被广泛用作不同国家间经济一体化的一个测度指标，这种方法主要用于对不同国家一体化程度的检验，而徐新鹏（2002）将此方法用于中国省际经济一体化程度测算。徐新鹏从商业周期的角度测度了经济一体化水平，将一体化定义为主要经济变量协同性的程度。协同性之所以成为衡量一体化的指标，是因为如果省际之间存在着较强的贸易联系，或者要素在省际之间可以流动，那么这些

① 白重恩等.地方保护主义及产业集中度的决定因素和变动趋势[J].经济研究，2004（2）：35.
② 胡向婷等.地区保护主义对地区产业结构的影响——理论与实证分析[J].经济研究，2005（2）：108.
③ 桂琦寒等.中国国内商品市场趋于分割还是整合——基于相对价格法的分析[J].世界经济，2006（2）：26.
④ 盛斌，毛其淋.贸易开放、国内市场一体化与中国省际经济增长：1985～2008年[J].世界经济，2011（11）：50.

变量在相同的时间变动或者朝着相同的方向变动。他指出，在解释经济波动中，如果特定的产业效应比特定的省域效应更重要，区域被看做是整合的。这种推断的依据在于，如果特定省份效应更重要，各省看起来就会是"分割的"，而且省域之间经济变量的协同性被阻塞了。如果某一个省的产量增长是由于技术的冲击而另一个省份的产量增长是由于该省份具有某种偏好性的政策，那么各省份不能被看做是一体化的。在控制住其他变量之后，如果归因于同一种因素导致的各省份产量增长现象同步发生了，那么各省份可以被看做是一体化的。徐新鹏（2002）选取了中国 1991~1998 年 29 个省份的数据，他的研究结论是，虽然在短期内特定的省级效应可以解释真实产出增长方差变动的 1/3，但从长期来看，中国各省份经济变量协同变化的性质是显著的[1]，中国各省份一体化程度仍然是不完全的，尽管它正处于不断上升状态。

（二）对中国市场分割程度的测算

计算市场分割指数的方法是依据帕斯利和魏（Parsley and Wei, 1996；2000；2001）最早使用的计算相对价格方差方法，即将数据的地区与年份固定，计算出两地在给定年份各类商品之间价格变动平均值的方差 $Var(P_i^t/P_j^t)$，t 表示年份，i, $j(i,j=1,2,\cdots,n)$ 表示地区，该方差的个数为 $t\times n\times(n-1)/2$。$Var(P_i^t/P_j^t)$ 便于观察方差随时间的演变情况，从而利用其变动规律检验市场分割指数的变化情况，并且其综合了不同商品的价格信息，能够反映对市场的综合评价。

参照桂琦寒等（2006）[2] 的方法，首先，选择邻省组作为研究对象，根据中国的行政区域划分，每两个相邻的省份成为一个邻省组，共得到了 30 个省级行政区的 68 个邻省组[3]。其次，令相邻两省份相对价格的一阶差分形式

---

[1]　Xinpeng Xu. Have the Chinese provinces become integrated under reform？[J]. China Economic Review, 2002, 13：118.

[2]　桂琦寒等. 中国国内商品市场趋于分割还是整合——基于相对价格法的分析 [J]. 世界经济, 2006（2）：26.

[3]　桂琦寒等的解释是，选择邻省作为分析对象的原因主要在于，一个省采取什么样的市场政策，最先受到影响的就是与其相邻的省份，从而可以进一步得到全国的市场分割情况。

为 $S_{i,j}^k = \ln(P_{i,t}^k/P_{j,t}^k)$ ，k 表示第 k 种商品，i，j 表示相邻的两个省级行政区，那么 $\Delta S_{i,j,t}^k = \ln(P_{i,t}^k - P_{j,t}^k) - \ln(P_{i,t-1}^k - P_{j,t-1}^k)$ ，$S_{i,j,t}^k$ 与 $\Delta S_{i,j,t}^k$ 有相同的收敛性。采用相对价格的差分形式来反映市场分割情况，好处在于可以直接利用环比价格指数，比定基指数更为方便。将上述公式进行简单数学变形，得到：

$$\Delta S_{i,j,t}^k = \ln(P_{i,t}^k/P_{i,t-1}^k) - \ln(P_{j,t}^k/P_{j,t-1}^k)$$

本章所选数据样本涵盖 68 个邻省组的 16 类商品，时间跨度为 14 年，得到 14144 个差分形式的相对价格指标 $\Delta S_{i,j,t}^k$ [①]。为了消除因地区 i，j 排列顺序对调所导致的相对价格数据异号的影响，对 $\Delta S_{i,j,t}^k$ 取绝对值为 $|\Delta S_{i,j,t}^k|$。

为了更加准确度量相对价格的方差，要剔除由于商品异质性造成的对 i，j 两省份价格差异的影响。这是因为某种商品价格发生变动除了与不同地区的市场环境等因素有关外，还与其自身所具有的不同于其他商品的特性有关。因此在计算方差之前，应该消除后一类因素对商品价格变动的影响。本书采取去平均值的方法来消除商品异质性对商品价格波动的影响，即消除与商品异质性有关的影响。具体做法是：令 $|\Delta S_{i,j,t}^k| = a^k + \varepsilon_{i,j,t}^k$ ，$\varepsilon_{i,j,t}^k$ 表示与两地的市场环境有关的部分，a^k 为商品异质性带来的影响（Parsley and Wei, 2000; 2001）。对给定年份 t，给定商品种类 k，对 68 个邻省组的 $|\Delta S_{i,j,t}^k|$ 求平均值 $\overline{|\Delta S_{i,j,t}^k|}$，分别用 68 个邻省组的 $|\Delta S_{i,j,t}^k|$ 减去该均值，令 $s_{i,j,t}^k = |\Delta S_{i,j,t}^k| - \overline{|\Delta S_{i,j,t}^k|} = (a^k - \overline{a^k}) + (\varepsilon_{i,j,t}^k - \overline{\varepsilon_{i,j,t}^k})$ ，其中，$\overline{a^k}$ 为 a^k 的均值，那么 $s_{i,j,t}^k = (\varepsilon_{i,j,t}^k - \overline{\varepsilon_{i,j,t}^k})$。

最后，求 $s_{i,j,t}^k$ 的方差 $Var(s_{i,j,t}^k)$，逐年计算 68 个邻省组 16 类商品之间相对价格变动（去平均值后）的方差，得到反映市场分割程度的 2004～2016 年各省份的市场分割指数 Seg。

本章用来计算市场分割程度的原始数据取自《中国统计年鉴》中的分地区商品零售价格指数：包含了 2003～2016 年全国 30 个省份的 16 类商品，据此构建了三维面板数据，其中 t 为年份；k 表示商品种类；i，j 均代表地区。数据选取的原则有：（1）以 2003 年的数据为起始数据，原因是在《中国统计

---

① 由于采用相对价格的一阶差分形式，故只能得到以 2003 年为起始年份的相对价格数据（68 × 13 × 16 = 14144）。

年鉴》分地区商品零售价格指数项目中，2002 年以前与 2003 年之后的统计项目变动较大，为了数据的准确性和一致性，以 2003 年作为起始年度。（2）在省份选择上剔除了海南。因为后面的计算中要考虑的是相邻省份间的商品相对价格，海南省作为一个单独的海岛，没有与其直接接壤的省份。（3）分地区商品零售价格指数项目中所包含的所有商品种类，共计 16 种商品，包含食品①、饮料烟酒、服装鞋帽、纺织品、家用电器及音响器材、文化办公用品、日用品、体育娱乐用品、家具、化妆品、金银饰品、中西药品及医疗保健用品、图书、报纸、杂志及电子出版物、燃料、建筑材料及五金电料和交通、通信用品。

按照以上方法，本章计算出了 2004～2016 年中国 30 个省份的市场分割指数②，市场分割指数的变动趋势如图 8-1。总体来看，全国平均市场分割指数在波动中呈现出下降的趋势，2004～2009 年各个区域的市场分割程度呈上升态势；2010～2013 年市场分割指数逐渐下降；自 2014 年起，市场分割指数又有所上升。西部地区市场分割指数较高，反映地方保护、市场分割情况比较严重；东部地区的情况好于西部地区；中部地区市场分割程度最轻。

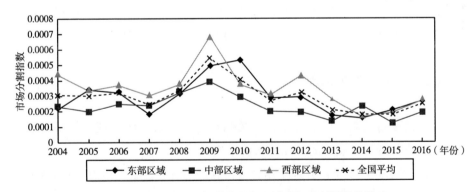

图 8-1　2004～2016 年全国及各区域市场分割指数的波动

注：东部地区包括北京、天津、河北、辽宁、上海、江苏、浙江、广东、福建 10 个省份；中部地区包括山西、吉林、黑龙江、湖北、湖南、安徽、江西、河南 8 个省份；西部地区包括内蒙古、广西、重庆、四川、贵州、云南、陕西、新疆、甘肃、青海、西藏 12 个省份。

---

①《中国统计年鉴》的分地区商品零售价格指数项目中食品类别下包含了粮食、油脂、肉禽及其制品、蛋、水产品、菜以及干鲜瓜果，采用了食品大类的价格指数，未采用其细分种类。

② 30 个省份历年的市场分割指数未一一列举。

四、地方贸易保护影响技术创新的实证分析

(一) 模型设定

实证研究的主要目的是分析市场分割对技术创新的影响，被解释变量为高技术产业技术创新投入变量与产出变量；解释变量是市场分割；反映地区与行业特点的变量作为控制变量。经多次检验，技术创新变量 $Inna$ 与市场分割变量 Seg 的二次关系不成立，故将实证分析的基本模型设定为：

$$\ln IP_{it} = \beta_0 + \beta_1 \mathrm{Ln}Seg_{it-1} + \beta_2 X + \lambda_i + \delta_t + \varepsilon_{it} \qquad (8-1)$$

式 (8-1) 中，$Inna_{it}$ 为 t 年 i 省份的技术创新变量；Seg_{it-1} 为 $t-1$ 年 i 省份的市场分割指数。由于技术创新行为受价格影响存在一定的时间滞后效应，并且为了减小内生性的影响，采用了一阶滞后模型。X 为控制变量，包括各省份的人均 $GDPP$、人口数 Pop、贸易开放度 $Trad$、国有经济比重 Soe、政府消费比重 Gov、人均受教育年限 Edu；λ_i 为地区固定效应；δ_t 为时间固定效应；ε_{it} 为随机误差项。对 $Inna_{it}$，Seg_{it-1}、人均 $GDPP$、Pop 取对数形式。

(二) 变量及数据来源

本章的变量及数据来源如下，相关指标均已经过消胀处理，价格指数采用历年各省份统计年鉴中的商品零售价格指数。

$Inna_{it}$ 技术创新变量：分别采用各省份新产品开发经费支出 IP 与高技术产业产出新产品销售收入 OP，数据来自于 2004 ~ 2016 年《中国高技术产业统计年鉴》。

Seg 为市场分割指数，由前面的方法计算而来。

$GDPP$ 为各省份人均国内生产总值，等于各省份 GDP 除以总人口数 Pop，数据来源于历年各省份统计年鉴。

人口数 Pop 为各省份常住人口数，来源于历年各省份统计年鉴。

贸易开放度 $Trad$：为进出口贸易值之和除以 GDP，进出口贸易总值来源

于历年各省份统计年鉴。

国有经济比重 *Soe*：计算方法为：按地区分组的国有控股工业企业主要经济指标中工业销售产值/按地区分组的规模以上工业企业主要经济指标中工业销售产值，数据来源于历年《中国工业统计年鉴》。

政府消费比重 *Gov*：政府消费比重 = 政府消费/（政府消费 + 居民消费）；政府消费和居民消费来源于历年各省份统计年鉴中按照支出法计算的地区生产总值。其中，黑龙江、重庆、陕西、西藏和甘肃五个省份的统计年鉴中没有居民消费数据，这五个省份的居民消费通过计算得出，计算公式为：居民消费 = （城镇人口 × 城镇居民人均消费 + 乡村人口 × 乡村居民人均消费）。

人均受教育年限 *Edu*：计算公式为：人均受教育年限 = （小学 × 6 + 初中 × 9 + 普通高中 × 12 + 中职 × 12 + 大学专科 × 15 + 大学本科 × 16 + 研究生 × 19）/6 岁及以上人口；从历年《中国统计年鉴》中分地区按性别、受教育程度划分的 6 岁及以上人口统计数计算得出。

（三）描述性统计

由于海南、青海、甘肃、宁夏、新疆、西藏几个省份高技术产业的数据缺失处较多，本章在进行实证分析时剔除了这六个省份。表 8 - 1 是主要变量的描述性统计值。

表 8 - 1　　　　　　　主要变量描述性统计值（2004 ~ 2016 年）

变量	平均值	最小值	中间值	最大值	标准差
IP	5. 16E + 09	2745862	1. 68E + 09	1. 01E + 11	1. 10E + 10
OP	7. 08E + 10	10849080	1. 87E + 10	1. 20E + 12	1. 43E + 11
Seg	0. 000276	4. 21E - 05	0. 000222	0. 001025	0. 000184
GDPP	31789. 1	3951. 48	26426. 41	116272. 1	21077. 73
Trad	0. 352561	0. 031896	0. 137562	1. 657387	0. 41249
Soe	0. 356718	0. 096599	0. 349359	0. 781438	0. 169028
Gov	0. 294322	0. 189516	0. 275367	0. 713859	0. 07736
Edu	8. 693419	6. 377819	8. 610942	12. 38909	1. 022063

注：*IP*、*OP* 的单位为元，*GDPP* 的单位为元/人。

（四）回归结果

本章使用面板数据模型的 LLC 方法对各序列进行单位根检验，检验结果表明各变量序列均是原序列平稳①。经过 Hausman 检验，选择面板数据的随机效应模型，逐步添加控制变量，以新产品开发经费支出 IP 为被解释变量，对模型（1）进行实证分析，回归结果见表 8 – 2。

表 8 – 2   全样本回归结果

变量	模型（1）	模型（2）	模型（3）	模型（4）	模型（5）	模型（6）
lnSeg（－1）	− 0. 488255 *** （− 5. 554361）	− 0. 08778 ** （− 2. 289537）	− 0. 088588 ** （− 2. 318218）	− 0. 09198 ** （− 2. 418648）	− 0. 089302 ** （− 2. 343545）	− 0. 053069 * （− 1. 393659）
LNGDPP		1. 853304 *** （36. 3697）	1. 834637 *** （34. 6948）	1. 948446 *** （20. 44271）	1. 938101 *** （20. 14421）	1. 487642 *** （10. 12504）
Trad			− 0. 195846 （− 1. 185776）	− 0. 080685 （− 0. 452242）	− 0. 071476 （− 0. 398444）	− 0. 088275 （− 0. 501975）
Soe				− 0. 643378 * （− 1. 420485）	− 0. 559341 * （− 1. 214144）	− 0. 142633 * （− 0. 307064）
Gov					− 0. 573891 * （− 1. 340594）	− 0. 615461 * （− 1. 477312）
Edu						0. 339807 *** （4. 048861）
常数项	17. 17809 *** （21. 57073）	1. 589575 ** （2. 711591）	1. 841688 *** （3. 037158）	0. 386694 （0. 328684）	0. 710176 （0. 586218）	2. 810879 ** （2. 155122）
地区	控制	控制	控制	控制	控制	控制
年份	控制	控制	控制	控制	控制	控制
Hausman 检验	0. 41358	0. 471102	10. 373104	19. 452473	17. 55266	17. 725524
P 值	0. 5202	0. 7901	0. 0156	0. 0006	0. 0036	0. 007
省份数	25	25	25	25	25	25
样本数	300	300	300	300	300	300

注：①括号内为 t 值；②*、**、*** 分别表示显著性水平 $P < 0.1$、$P < 0.05$、$P < 0.01$。

由表 8 – 2 可知，市场分割指数 Seg_{it-1} 的回归系数显著为负，表明新产品

---

① 出于篇幅的限制，此处省略了各变量序列 LLC 检验结果。

开发经费投入 IP 与 Seg_{it-1} 负相关，即市场分割程度越高，新产品开发经费投入越少，市场分割对高技术产业技术创新投入有负向影响。不难理解，如果市场分割指数越大，反映地方保护程度越高，区域贸易壁垒导致市场竞争弱化，本地企业对于技术创新的激励不足，用于 R&D 经费支出越低。由实证研究结论得到的被解释变量与主要的解释变量之间关系符合理论预期。

由表 8 - 2，可以得到控制变量对新产品开发经费投入 IP 的影响。$GDPP$ 的回归系数显著为正，说明人均 GDP 对该地区的高技术产业新产品开发经费投入有正向影响，人均受教育年限 Edu 的回归系数显著为正，表明人均受教育年限对高技术产业新产品开发经费投入具有正向影响。一个地区经济发展水平越高，那么市场需求越大，科技水平与人力资本水平越高，技术创新的研发实力越强，高技术产业研发的经费投入就越多。

政府消费支出比重 Gov 的回归系数显著为负，国有经济比重 Soe 的回归系数显著为负，表示这二者对高技术产业新产品研发投入存在负面影响，其结论为政府消费比重越高，国有企业比重越高，越不利于高技术产业从事技术创新活动。因为在国有经济比重较高的地区地方保护主义程度较高，产能落后、产能过剩现象在国有企业比重高的行业更严重，而政府消费比重的高低在一定程度上折射了地方政府对经济的干预程度，政府消费具有挤出效应、低效率与腐败的负面影响，因此政府消费比重越高，对技术创新的负面影响就越大。最后，地区贸易开放度 $Trad$ 的回归系数为负，但是不显著，说明地区贸易开放度对于高技术产业研发投入的影响不太确定。

考虑到中国三大区域经济发展水平、市场分割程度与技术创新活动的差异较大，下面分别以东部、中部、西部三个区域作为子样本进行计量检验，以考察不同区域市场分割对高技术产业技术创新的影响，表 8 - 3 是分区域的回归结果。

表 8 - 3　　　　　　　　　　分区域回归结果

变量	模型（1）东部	模型（2）中部	模型（3）西部
lnSeg（-1）	-0.06272 * (-1.433184)	-0.134646 ** (-2.136297)	0.883501 *** (9.708339)
ln$GDPP$	1.581419 *** (7.173138)	1.738534 *** (7.357632)	0.500955 ** (2.911708)

续表

变量	模型（1）东部	模型（2）中部	模型（3）西部
Trad	-0. 118539 （-0. 72614）	-3. 028618 ** （-2. 410333）	7. 322763 *** （9. 299749）
Soe	-1. 945951 ** （-2. 716793）	0. 691922 （0. 986138）	2. 278015 *** （5. 059953）
Gov	0. 366477 （0. 477997）	-0. 322931 （-0. 573387）	-6. 284691 *** （-9. 559714）
Edu	0. 139482 * （1. 097382）	0. 338301 *** （2. 906985）	0. 878059 *** （8. 804126）
常数项	4. 254087 ** （2. 395898）	-0. 436871 （-0. 199638）	15. 59794 *** （12. 39991）
地区	控制	控制	控制
年份	控制	控制	控制
Hausman 检验	42. 286173	30. 636466	1613. 596126
P 值	0. 0000	0. 0000	0. 0000
省份数	10	8	7
样本数	120	96	84

注：①括号内为 t 值；② * 、 ** 、 *** 分别表示显著性水平 $P < 0.1$、$P < 0.05$、$P < 0.01$。

由表 8 - 3 可知，东部、中部地区的市场分割指数 Seg_{it-1} 的参数显著为负，市场分割与高技术产业 R&D 投入呈反向变动趋势。但是，西部地区情况发生变化，市场分割指数 Seg_{it-1} 的参数显著为正，表明一定程度的市场分割对高技术产业 R&D 投入具有正向影响。因此，中国各区域市场分割、高技术产业的发展状况差异较大，不能一概而论。对于地方保护、市场分割现象的治理，不同的区域需要采取不同的政策手段。

$GDPP$，Edu 的回归系数都是显著为正，说明人均 GDP 越高，人均受教育年限越长，该地区的高技术产业新产品开发经费投入越多，该结论对三个区域来说是一致的。

政府消费支出比重 Gov 的回归系数在东部、中部地区都为负，但不显著；而西部地区显著为负。表明西部地区政府消费支出比重对该地区的高技术产业新产品开发经费投入存在负面影响；而在东部、中部地区，它的影响不大。

国有经济比重 Soe 的回归系数东部显著为负，而西部显著为正，中部不显著。在东部，国有经济比重越高，产业研发投入越低，而西部的情况正好相反。究其原因，是因为东部地区经济发展水平较高，国有经济所占的比重不断下降，从事技术创新活动的主力主要是民营经济，而西部民营经济发展落后于东部，其技术创新活动对国有经济成分的依赖更多。

地区贸易开放度 Trad 的回归系数在西部显著为正，中部显著为负，东部为负，但是不显著。在中部和东部，贸易开放度对技术创新活动有负向影响，这个可以用国外市场替代国内市场理论来解释，也就是说企业出口贸易量越大，越倾向于扩大产量而不愿增加技术创新的投入。西部情况正好相反，出口贸易度越高的企业其技术研发投入越强。

（五）稳健性检验

为了检验上述实证分析结果的可靠性，以高技术产业新产品研发的产出变量代替投入变量，即以新产品销售收入 OP 作为被解释变量，重新进行了估计。若此回归结果与上面实证结果一致，那么上文的实证结果是可信的。实证分析结果如表8-4。

表8-4　　　　　新产品销售收入与市场分割指数的回归结果

变量	模型					
	(1)	(2)	(3)	(4)	(5)	(6)
lnSeg (-1)	-0.534352 *** (-5.438591)	-0.152923 ** (-2.356783)	-0.155884 ** (-2.444223)	-0.143113 ** (-2.248663)	-0.137266 ** (-2.155416)	-0.117695 ** (-1.803909)
lnGDPP		1.777053 *** (20.70675)	1.851549 *** (21.40938)	1.525669 *** (10.79632)	1.510188 *** (10.60423)	1.248666 *** (5.170842)
Trad			0.947246 *** (3.647359)	0.731383 *** (2.806573)	0.747122 *** (2.847638)	0.719439 *** (2.716313)
Soe				-1.924941 *** (-2.839953)	-2.060778 *** (-3.00098)	-2.328357 *** (-3.22217)
Gov					-1.224384 ** (-1.746066)	-1.248193 ** (-1.778453)
Edu						0.191123 * (1.361534)

— 189 —

变量	模型					
	(1)	(2)	(3)	(4)	(5)	(6)
常数项	19. 19404 *** (21. 50584)	4. 225392 *** (4. 534253)	3. 109883 *** (3. 254924)	7. 290833 *** (4. 204538)	7. 900982 *** (4. 434885)	9. 177199 *** (4. 502273)
地区	控制	控制	控制	控制	控制	控制
年份	控制	控制	控制	控制	控制	控制
Hausman 检验	0. 766424	0. 359273	4. 826225	12. 212884	10. 552113	10. 175434
P 值	0. 3813	0. 8356	0. 185	0. 0158	0. 061	0. 1175
省份数	25	25	25	25	25	25
样本数	300	300	300	300	300	300

注：①括号内为 t 值；② *、**、*** 分别表示显著性水平 $P<0.1$、$P<0.05$、$P<0.01$。

$Seg_{i,t-1}$ 的回归系数在 5% 以上的水平下显著为负，说明新产品销售收入与市场分割指数呈负向变化。被解释变量与解释变量的关系与前面的结论是一致的，不论被解释变量是新产品开发经费还是销售收入，与市场分割指数都是反向变化，这表明市场分割程度越高，越不利于高技术产业的技术创新。

至于各个控制变量对于被解释变量的影响，结论基本一致。GDPP、人均受教育年限 Edu、贸易开放度 Trad 的回归系数均显著为正，即这些变量对产出量均存在正向影响。国有经济比重 Soe、政府消费支出比重 Gov 的回归系数显著为负，说明某一地区的国有经济比重越高，越不利于高技术产业技术创新；政府消费越高，越不利于高技术产业技术创新。

本章以新产品销售收入 OP 作为被解释变量，对东部、中部与西部三个区域重新进行了估计，得到的结论与前面的实证分析基本一致，无论解释变量，还是控制变量，各变量系数的符号与理论预测基本相符，结果表明高技术产业技术创新活动与市场分割指数之间呈反向变动，说明地方贸易保护程度越严重，市场分割程度越高，越不利于高技术产业技术创新，结论的稳健性较好，本书的实证研究结果是可信的。

五、结论与政策启示

基于当前新能源汽车行业发展受阻，生产企业多次呼吁要打破地方贸易保护、市场分割，以及钢铁行业落后产能过剩、产业集中度下降等问题的现实背景，本章提出了市场分割影响技术创新的问题，并尝试对地方贸易保护、市场分割影响技术创新进行实证分析，探求市场分割影响技术创新的机理。本章采用价格法测算了我国 30 个省份 2004~2016 年的市场分割指数，以中国高技术产业 2004~2016 年 25 个省份的数据为样本，建立面板数据的随机效应模型，分别考察了市场分割指数对高技术产业新产品研发经费投入与新产品销售收入的影响，实证分析结果表明市场分割程度越高，越不利于高技术产业的技术创新。尽管有研究表明，市场分割与企业全要素生产率呈倒 U 型关系，但本章的实证分析表明市场分割与技术创新是负向相关，二者的倒 U 型关系不成立。

发展高技术产业，提升产业创新能力的政策建议如下：

第一，加快全国一体化市场水平建设。虽然从全国范围内来看，市场分割程度存在下降趋势，但是，自 2014 年以来，市场分割现象又有所加重，西部地区的市场分割情况最为严重。

第二，加快国有经济的改革，提高技术创新能力。在落后产能过剩的行业中国有经济比重偏高，尽管国有经济 R&D 费用投入一直在增长，但是技术创新能力较差。

第三，减少政府对经济的干预，让市场机制充分发挥资源配置的决定性作用。从实证分析来看，政府消费支出比重越高，对技术创新的阻碍作用越大。政府应该减少地方贸易保护与地方贸易壁垒，完善相关的法律制度，加强产权保护，提倡市场竞争。

第四，增加国民的教育投入。随着国家经济实力的加强，尽早将高中阶段的教育纳入义务制教育体系。从短期来看，增加研发科技人才可以提高技术创新能力；从长期来看，更应该增加国民教育的经费投入，提高全体劳动者的知识水平是创新驱动发展的重要基础。

第九章　提升我国技术创新能力

党的十八大提出科技创新是提高社会生产力和综合国力的战略支撑，必须摆在国家发展全局的核心位置。要坚持走中国特色自主创新道路，以全球视野谋划和推动创新，提高原始创新、集成创新和引进消化吸收再创新能力，更加注重协同创新。科技创新的关键是如何提高科技创新能力的问题。

如何提升技术创新能力？本章从制度层面讨论四个问题：（1）技术创新能力取决于技术创新与制度创新有效互动机制的建立；（2）制度是促进技术创新的激励机制；（3）制度是促进技术创新的组织构架；（4）制度及组织创新可以降低技术创新的交易成本。这四个方面，从不同层面揭示技术创新能力与制度的关系。

一、技术创新能力取决于技术创新与制度创新
有效互动机制的建立

从经济发展与技术创新的关系来看，2008～2009 年的《全球竞争力报告》把经济发展划分为三个阶段：一是要素驱动阶段，即人均 GDP 低于 3000 美元的阶段；二是效率驱动阶段，即人均 GDP 从 3000 美元增加至 9000 美元的阶段；三是创新驱动阶段，即人均 GDP 高于 17000 美元的阶段。这种划分只是表明在经济发展的不同阶段经济增长的驱动因素重点有差异，但是这三个因素（要素、效率和创新）在不同的经济发展阶段都是存在的。世界银行认为，近年来，拉美和中东的许多国家深陷中等收入陷阱，作为商品生产国在面对不断攀升的工资成本时却始终挣扎在大规模和低成本的生产性竞

争中，它们无法提升价值链和开拓以知识创新为主的新市场。这表明，我国在从中等收入国家向高收入国家迈进的过程中，提高自主创新能力非常重要。除了要重视发展新兴技术战略产业外，我们更要重视我国技术创新能力的建设。

从实践来看，在技术创新与制度创新的关系上，我国制度创新还适应不了技术创新的需要。这需要我们探讨的一个基本问题是，支撑技术创新的制度是什么？什么样的科技制度才有利于技术创新？这些年来我们重视技术创新的平台和投资，但是忽视了相应的制度构建和制度平台的建设。本文从技术创新能力取决于技术创新与制度创新有效互动机制建立的视角来分析我国技术创新能力问题。缺乏有利于技术创新能力提高的制度支撑成为制约我国技术创新能力提升的瓶颈。

从理论上讲，正如拉坦（1994）所言，对于技术创新与制度创新之间相互关系的明确理解一直是那些对发展的历史和制度方面感兴趣的经济学家和其他社会科学家所感到困惑的①。从阿兰·斯密德的观点来看，技术变迁与制度变迁具有同样的功效，但是各自又有相对的独立性。技术创新是一个复杂的系统，而技术创新和制度创新是它的两个不可或缺的组成部分，双方共同构成互相联系、互相推进的有机整体，唯有将二者整合在一起，才形成推动经济增长的现实力量。在人类历史上，并不是所有国家都能建立起技术创新与制度创新的有效互动机制。在近代，英国之所以超过法国等竞争者，就在于首创了专利法等知识产权制度来保护知识的所有权，使创新的私人收益率接近社会收益率，从而形成了有利于创新的激励机制。技术创新需要一系列诱导机制，这些诱导力量则来自于制度创新，从而形成了技术创新与制度创新的互动机制。

经济发展中制度与技术互补和互动关系的表现是多方面的：（1）一般来讲，技术创新的同时需要相应的制度创新。例如19世纪的铁路建设热潮不仅带来了技术变革，还带来了股票证券市场的新制度②。（2）技术进步的内容

---

① 拉坦. 诱致性制度变迁理论［M］. 载科斯等. 财产权利与制度变迁［M］. 上海：上海三联书店，1994：329.

② ［德］柯武刚，史漫飞. 制度经济学——经济秩序与公共政策［M］. 北京：商务印书馆，2000：482.

和进程受制度安排的影响。尤其是那些取决于互补技术以及组织和制度协调的技术应用缓慢,这时组织和制度的创新非常重要。如速冻技术可以显著地改善水果和蔬菜的质量,但是只有在多年后建立了商店和家庭冰柜的其他系统之后才发挥作用①。(3)技术的使用和推广需要制度和组织的协调配套。新技术引进和扩散的速度取决于环境与制度,好的环境与制度有利于新技术的引进和扩散。而环境与制度因素在不同部门、不同国家和不同时期存在明显差异。例如,新的生产、运输、通信、消费方式需要改变产权界定或调整商务惯例。

技术创新和制度创新之间的关系以及它们在创新体系中的地位和作用在不同时空、不同的发展阶段,矛盾运动的主要方面也会发生变化。在诺思看来,知识和技术确立了制度创新的上限,进一步的制度创新则需要知识、技术的增长。在诺思看来,制度与技术之间是一种互动关系。但这两者并不是一种平衡发展的关系,它们之间的关系可能是技术创新了,相应的制度创新还未产生。这时制度创新就很重要了。当一种制度处于比较发达和完善的状态时,技术创新占主流,这时技术创新可以转化为产品、产业,对经济增长起着重要作用,这时制度适应技术的发展;但当完善的制度尚未建立起来时,这时制度创新显得非常重要,技术进步的水平及其对经济发展的持续贡献则取决于相应的制度安排。在我国经济转型时期,制度安排和制度创新还满足不了我国技术创新的需要。我国许多技术创新因缺乏相应的制度支撑难以转化为现实的生产力,难以转化为产品和产业。

技术创新能力取决于技术创新与制度创新有效互动机制的建立。建立这种互动机制是需要相应条件的。这取决一国专利制度、企业制度、资本市场、市场经济制度等的建立与完善,取决于相应的非正式制度(包括人们对知识产权的尊重等观念的形成),从而形成一种使创新的私人收益率等于社会收益率的激励机制。换言之,这种互动机制的建立既取决一国的技术创新系统,也取决于一国的制度创新系统。技术创新能力是由"技术—制度综合体"决定的。技术创新能力的提高不仅取决于技术创新的数量,也取决于技术创新的质量,还取决于相应的制度和组织形式。技术创新的质量,主要是技术创

---

① 阿兰·斯密德. 制度与行为经济学 [M]. 北京:中国人民大学出版社,2004:282.

新转化为产品、转化为产业的能力，这又取决于企业家、对创新的保护、人力资本、制度环境等。

当前我国专利数量增长很快，但是转化为产品、产业的能力还不高。我国的技术创新潜力还没有充分地转化为现实的生产力。我国知识产权局所接受的专利申请数连续超过日本。世界知识产权组织最新公布的《2012 年全球知识产权指标报告》指出，中国及美国，在 2011 年成为世界第一，无论在新型专利、商标，或是工业设计的申请数量上，2011 年都是最多的国家。我国在技术创新的数量上有了较大的进步，但在技术创新的质量上还需要提高。我国原始创新、集成创新不够，引进消化吸收再创新能力也需要提高。从深层次看，我国制度创新能力的滞后成为制约我国技术创新能力提高的主要因素。技术创新能力并不简单地取决于技术数量的增长，而且还取决于相关的制度创新和组织形式把潜在的技术优势转化为现实的技术优势。如苹果是由一万多项专利所构成的技术体系，如果没有公司组织形式的支撑就很难形成具有竞争力的苹果产品。

二、制度是促进技术创新的激励机制

建立国家创新体系，关键是要把激励机制搞对，要建立有效的科技体制。企业和研究机构技术创新的激励来自于什么？来自于制度安排。正如党的十八大报告所强调的，要完善科技创新评价标准、激励机制、转化机制。实施知识产权战略，加强知识产权保护。促进创新资源高效配置和综合集成，把全社会智慧和力量凝聚到创新发展上来。

技术创新的激励机制根植于增长模式之中。罗默（1986，1990）在理论上第一次给出了技术进步的内生增长模型。他把知识增长看作是经济长期增长的关键，并把理论建立在对创新性质深刻的理解上。技术创新是出于市场激励而致的有意识行为的结果。在罗默看来，技术进步是由谋求利润极大化的厂商和知识积累来推动的。因此，技术是经济主体理性选择的结果，并且被内在地融入了增长模式之中。

制度是促进技术创新的激励机制。作为一种激励机制，制度的作用主要表现为三个方面。

(1)制度可以为技术创新提供一种稳定的预期。技术革命引发的经济周期被称为康吉拉耶夫周期,长达六七十年。整个投入产出周期如此漫长,如果人们不是相信自己的投入会有回报,那么这一切都不会发生。如果不能保证创新者应有的荣誉与财富,那么谁会有兴趣搞发明创造的智慧生产呢?如果投资因为项目本身问题失败,那么投资者只能自己承担损失,但如果是经营成功利润滚滚而来之后,政府充公没收,那么这种预期一旦形成,有谁会去投资新技术项目呢?简单说,技术革命,从头到尾都是"企业家"行为,如果企业家的成果不能得到保障,技术革命根本不会出现。专利、版权、商标权等知识产权制度为创新者提供了一种稳定的预期。一旦创新者的权益受到侵犯就可以通过法律途径来保护自己的利益。纵观人类的发展历史可知,那些经济强国(例如,英国、美国)都建立了有利于技术创新的知识产权制度。科斯提出,与英国18世纪、美国19世纪的工业革命相比,中国工业革命在技术创新上稍逊一筹。中国自主创新的困难在哪里?我们认为,我国自主创新的困难在于与自主创新相适应的制度体系还不够完善。

(2)技术发明导致了对所交易物品产权的更进一步界定,并降低了私人成本与收益和社会成本与收益的差别,尽管没有将它完全消除①。在技术进步过程中,有受益者也有受害者,制度影响竞争的结果和技术进步的内容与进程。技术进步产生了新的利润、名声、权力和声望的机会,也会产生实现这些进步制度变迁的需求;同时,制度和意识形态也影响技术进步②。诺思的贡献在于认识到制度安排之交易成本的极端敏感性。在他看来,交易部门在引致技术变革过程中作用巨大,而不仅是技术进步的被动结果。在很大程度上,技术创新取决于他所说的"有效市场",亦即"当套利性竞争足够强烈且信息反馈足够有效从而接近科斯的零交易成本条件时,各方都是在新古典框架中实现潜在收益时"的市场。尽管有效市场罕见,但我们可以通过制度安排接近它们③。至少有三项制度对人类进步和文明社会来讲是具有根本性的作用:

---

① [美] R. 科斯, A. 阿尔钦等. 财产权利与制度变迁——产权学派与新制度学派译文集 [M]. 上海:上海三联书店,1991:213.

② 阿兰·斯密德. 制度与行为经济学 [M]. 北京:中国人民大学出版社,2004:383.

③ [美] 约翰·N. 德勒巴克等. 新制度经济学前沿 [M]. 北京:经济科学出版社,2003:32.

保障产权、通过自愿的契约性协议自由转让产权、信守诺言①。制度框架所建立的激励结构在规范技能与知识的形式中起着决定性的作用。技术变化一旦产生，就容易被廉价复制。如果企业家型的发明者得不到足够的补偿，他们就没有动力来改进技术。因此，诺思认为有效的产权制度是影响技术变化的一个重要原因。通过将发明所创造价值中的大部分赋予发明人，发明人创新的动机得到了加强②。

（3）制度保障技术创新私人收益率的提高。就现代世界来说，改进技术的持续努力只有通过提高私人收益率才会出现。在创新缺乏产权的情形下，技术变化的进程主要受市场规模的影响。以往技术变化率的提高是与经济扩张相联系的③。从人类历史来说，我们可以看到新技术不断地被开发出来，但步伐缓慢，时有间断，一些技术并没有得到有效利用，主要的原因在于对发展新技术的激励在系统的专利制度建立起来之前仅仅是偶然的。一般来讲，创新可以被别人无代价地模仿，而发明创造者得不到任何报酬。直到现代，不能在创新方面建立一个系统的产权仍是技术变化迟缓的主要根源。与产业革命相联系的技术变化要求事先建立一套产权，以提高发明和创新的私人收益率④。

从制度对技术进步作用的激励机制来看，由于我国专利制度等创立时间较晚，保障技术创新的制度体系不够完善，制度的实施成本较高，加上地方保护主义及利益集团的影响，从总的来讲，我们还没有创立一种有利于创新者的制度环境，在一定程度上讲，仿制、山寨等还处于有利的地位，而创新的私人收益率不高。例如，在中国制造业，由于常年在低端市场"血拼"，加上过去有成本要素低的核心竞争力，长期沉迷于山寨，包装一下就是引进消化吸收，但却缺乏创新的动力。在西方主要工业国，公司用于研发的费用往往占利润的3%以上，苹果甚至到8%～10%，而中国公司的平均值是1%。

① ［德］柯武刚，史慢飞著. 制度经济学——经济秩序与公共政策［M］. 北京：商务印书馆，2000：24.
② 科斯，诺思等. 制度、契约与组织——从新制度经济学角度的透视［M］. 北京：经济科学出版社，2003：89.
③ ［美］道格拉斯·C. 诺思. 经济史中的结构与变迁［M］. 上海：上海三联书店，1991：186.
④ ［美］道格拉斯·C. 诺思. 经济史中的结构与变迁［M］. 上海：上海三联书店，1991：166.

2011 年在中国，企业平均研发投入超过 3% 的城市只有深圳。因为对创新者的产权保护不够，山寨行为得不到有效遏制，创新者的私人收益率不高，所以我国企业用于创新的投资动力不足。

三、制度是促进技术创新的组织构架

提高技术创新能力的组织构架是制度的另一重要层面。它是从整体上建立有利于技术创新的制度框架。我们仅有有利于技术创新的规则、政策是不够的，还要有利于这些规则、政策实施的组织保障。正如党的十八大所指出的那样，深化科技体制改革，推动科技和经济紧密结合，加快建设国家创新体系，着力构建以企业为主体、市场为导向、产学研相结合的技术创新体系。完善知识创新体系，强化基础研究、前沿技术研究、社会公益技术研究，提高科学研究水平和成果转化能力，抢占科技发展战略制高点。实施国家科技重大专项，突破重大技术瓶颈。加快新技术新产品新工艺研发应用，加强技术集成和商业模式创新。

所谓的"绝对创新"既表现在组织方面，也表现在技术方面。"组织创新"主要是为了降低交易成本；"技术创新"主要是为了降低生产成本。技术进步是竞争者控制利益过程的函数，受到满足谁的利益的制度的影响[1]。

组织创新与技术创新是有内在联系的。产业革命在一定程度上讲就是组织创新与技术创新互动的结果。交易费用与技术是密不可分的，它增加了专业化从而导致组织创新，组织创新又导致了技术变化，技术变化进而需要组织创新去实现新技术的潜力[2]。如诺思所分析的那样，当一个油田成为一个单位时，这是一种组织创新，由于创立、维持及监督与形成一种组织是需要资源的，从而提高了交易费用。同时油田的整合降低了转化成本，这在一定程度上大大抵销了交易费用的上升。在这种情况下，一种提高交易费用的制度

---

① 阿兰·斯密德. 制度与行为经济学 [M]. 北京：中国人民大学出版社，2004：288.
② [美] 道格拉斯·C·诺思. 经济史中的结构与变迁 [M]. 上海：上海三联书店，1991：190.

变迁会受到降低转化成本的更大补偿①。经济组织的变化及完善对技术进步发挥着极其重要的作用。市场规模的扩大也诱发了组织变化，组织从诸如家庭和手工业生产的纵向一体化走向专业化。

技术创新是在市场体制下实现的，正是较充分界定的产权（与自由放任不同）改善了要素和产品市场。在亚当·斯密看来，分工受市场范围的限制。市场规模的扩大导致了更高的专业化与劳动分工，从而增加了交易费用。制度创新和组织变迁的功能在于降低这些交易费用，这种制度创新和组织变迁的好处在于市场规模扩大、发明的产权得到更好的界定和保护、提高了创新收益率、降低了创新成本。知识和技术存量规定了人们活动的上限，但它们本身并不能决定在这些限度内人类如何取得成功。政治和经济组织的结构决定着一个经济的实绩及知识和技术存量的增长速率②。从世界各国的实践来看，企业为主体、市场为导向、产学研结合的制度安排才有利于技术创新。其中最重要的是以企业为主体。目前我国科技体制受苏联的影响比较大，科技的人、财、物大量集中在研究机构和大学。科技创新与企业实业是"两张皮"。我国技术创新的组织构架主要存在以下两大问题。

一是作为科技体制的主体，企业创新动力和创新能力不足。为什么我国以企业为主体的科技体制难以形成？这主要是因为我国技术创新系统出现了组织分割的现象，即"两张皮"的问题。原因如下：（1）科技创新与企业"两张皮"的路径依赖。在人们的观念中，科技创新是研究人员的事，是科学家的事，所以我国的企业在理念上还难以把创新放在突出的地位。尽管这些年企业开始重视创新了，但与欧美国家的企业相比，我们还有很大的差距。打破科技创新与企业"两张皮"的路径依赖，关键是通过组织和制度创新把创新转化成企业所追求的理念。对向美国证券交易委员会提交的年度和季度报告的搜索结果显示，2011年各公司以不同方式提到"创新"这个词的次数为33528次，比五年前增长了64%。苹果、谷歌和宝洁这三种截然不同类型的公司，在其最近的年度报告中分别提到创新22次、14次和22次。（2）我国企业的创新还没有作为一个内生要素根源于企业治理结构之中。技术和创

①② ［美］道格拉斯·C. 诺思. 制度、制度变迁与经济绩效［M］. 上海：上海三联书店，1994：90.

新作为企业的重要生产要素，无论是从产权制度，还是从治理机制来看，创新还没有作为一个内生要素根源于企业治理结构之中，企业缺乏创新的激励机制。从研发投入（与GDP比率）、研发人员（名/万人）、专利数（件/百万人）来看，中国分别是1.4、9、116；高收入国家分别是2.5、39、775；中等收入国家分别是0.9、5、41；低收入国家分别是0.6、3、1；世界平均是2.3、11.7、153。这三个指标我国都低于世界平均水平。（3）我国还缺乏熊彼特意义上的企业家，即创新型的企业家。缺乏企业家把技术创新转化为产品。企业家是创新的化身，没有企业家，再多的专利、技术也难以转化为生产力。有三类企业家，第一类，能够识别出消费者自己都不明白的需求，他们创造产业。比尔·盖茨、乔布斯，就是这样的企业家；第二类，能够更好地满足已有的需求。他们能够以很低的成本进行大规模制造；第三类，按订单生产。中国最多的企业家是第三类，做代工生产，其次是第二类。我国的第一类企业家很少（张维迎，2010年）。在全球经济市场化竞争的大背景下，原有的事业再伟大，也难以抵御市场竞争主体是企业的事实。

二是在我国科技体制的组织构架中，由过多政府主导的科技投资带来的问题。处理好政府与市场的关系也有利于处理好政府主导的科技投资与民间投资的关系。这些年我国在教育、科技方面的投资不断增加，但是这些投资的效果并不理想，自主创新能力提高缓慢。其中的重要原因是，我国教育、科技投入主要来自于政府。来自于政府的投资往往是软预算约束，并且其投资的成本与效率没有人真正去关心，这就必然导致投资的低效率。我国政府在科技、教育领域控制的资源太多，其投资效果呈递减态势。

政府为主的投资对于需要集中优势的行业和一些战略性行业投资有效率，但是在许多行业政府的投资会带来一些问题：（1）科技资源投资于什么，这是由市场和社会需求决定的问题，由于信息不对称和认识的有限理性，我们不可能搞清楚投资什么，投资多少。这种投资的方向、数量和结构只有通过市场和社会需求来"试错"地决定。投资主体越多元化，信息越充分，竞争越激烈，那么就越有利于科技投资的决定及其结构的优化。（2）如何有效地配置科技资源，这也是以政府为主的投资需要解决的一个问题。以日本为例，在过去的 90 年中，美国的科学家获得了 44 项诺贝尔奖，日本只获得了一项，尽管日本在科学上的投资足足占了美国投资总额的一半。德国在科学上的投资占日本投资的一半，却产生了 5 个诺贝尔奖获得者。而法国在科学上的投资远远少于德国，也出现了 3 个诺贝尔奖获得者。日本在科学方面的成就相对较小，一个主要原因是科技资源的分配不是按创新能力和效率原则来分配，而是按关系和资历来分配，科技资源并没有配置到创新力最强的群体中。所以即使投资了，如果不能有效地配置科技资源，也会大大地降低科技投资的效率。（3）政府的投资和对创新过多的介入有可能扭曲创新的激励机制。如我国为了建设文化强国，各级政府都出台了一系列鼓励政策，全国 2/3 以上的省份都有专门的动漫产业扶持政策，包括播出补贴等。这导致我国目前已有了 20 万分钟的动漫年产量，超过日本成了世界第一，但质量和影响却并不高，根本就没有观众愿意看。这种数量型扩大并不仅限于动漫产业。

从深层次看，提高自主创新能力并不仅仅是增加教育、科技投入的问题，而关键在于建立有利于提高自主创新能力的体制和机制。我国现行的教育、科技体制适应不了我国提高自主创新能力的需要。这些年来，我国专利数量、论文发表数量等已经处于世界前列，但是质量还需要提高。我国科技成果转化为生产力、形成产品和产业的能力还不高。我们并不差钱，不差人，不差市场，而是缺乏一套把这些科技资源转为生产力的制度体系。以我国国家的研究机构运作为例，这些机构的运作经费 30% 来自财政拨款；而 70% 是来自一些部委的"竞争性课题"。一方面，这种多头的科技资源供给体制很难集中资源进行原始创新、集成创新，并且这些部委的课题由于专业、技术、信息等方面的原因难以反映科技和社会经济发展的需要。另一方面，这些研究机构及科技人员要花很多时间和精力去争取这些竞争性课题，科研机构难以有效地整合资源，资金低效使用，考核成本高。更重要的是，在这种科技资源分配体制下，科技人员难以"静"下心来从事科技研究，这种体制很容易导致科技数量增长、课题导向的增长，而不是自主创新能力的提高[1]。

近年来中国研究经费持续增长，但这种增长没有对中国的科学和研究起

---

[1]　卢现祥. 自主创新的春天还差体制这把火［N］. 湖北日报, 2013 - 05 - 07.

到应有的强大的促进作用（施一公，饶毅，2010）。这说明一方面我国政府一些部门过多地主导了科技资源的投入；另一方面目前我国企业、个人、民间资本投资于创新的明显不足。这是因为：（1）挤占效应，政府投资多，企业、个人、民间投资就会少。（2）知识产权保护不到位，创新不利，模仿者有利，创新动力不足。（3）科技投资的风险大，我国还缺乏使科技投资的私人收益率等于社会收益率的体制和机制。这样，作为理性的企业、个人、民间投资者就没有动力投资于科技创新领域。

因此，我们要改革和完善科技投资体制，政府的科技投资主要集中于基础领域、战略性行业、国家安全领域等，而对那些竞争性行业的投资政府应该退出来。

四、制度及组织形式的创新可以降低技术创新的交易成本

建立创新体系和提升技术创新能力，除了我们前面分析的建立创新的激励机制和促进技术创新的组织构架外，还需要建立有利于技术创新的制度环境。

有利于技术创新能力提高的制度可以降低技术创新的交易成本。其实，制度在任何产业的发展中都非常重要，技术创新也不例外。问题是怎样的制度安排才能降低技术创新的交易成本。从人类历史来看，导致技术创新的原因主要有两个，一是市场规模；二是有效的产权（诺思）。这两种导致技术变化的原因从本质上来说都具有制度特征，尤其是有利于技术创新的产权（包括知识产权）制度并不是在所有国家都能建立起来的。这样，制度引起了经济绩效的改变，并且这一判断受到历史事实的支持。经济绩效随技术的快速变化而提高，技术变化又得到大规模市场和更完善的产权制度的支持。在这里，制度成为主导的决定力量①。

---

① 科斯，诺思等．制度、契约与组织——从新制度经济学角度的透视［M］．北京：经济科学出版社，2003：88．

制度对技术进步发挥着重要的作用。经济史的研究表明，技术知识和组织知识的巨大进步是在工业革命中实现的。这些进步要依赖有利于资本积累和市场交易的制度的逐步演变，这些影响演变的因素包括个人的公民自由、财产权利、法律对契约的有效保护、受约束的政府等。技术本身并不能说明一系列长期性变化，因为技术没有发生过具有深远意义的变化，或者说技术变化没有带来实现其潜力所需要的那种最根本的组织变化[①]。从实践上来讲，新的技术使用不仅需要想象力和推动力，而且还需要制度保障。一种新的生产方式、交换方式、流通方式都是一种技术创新。福特的流水线比一般的技术创新更重要。

作为技术快速变化重大原因之一的市场规模也是制度的产物。例如，铁路和电报打开了美国中部和西部的辽阔草原和牧场，使之成为美国工业化东海岸的肉库和粮仓，并打入了庞大的欧洲市场。新鲜牛肉供应链的建立是由GF斯威夫特这家公司完成的。这个牛肉供应链的形成过程就是技术创新与制度创新互动的产物。GF斯威夫特是波士顿一家小型屠宰批发公司，靠着垂直整合整条供应链（从牧场放养到牛肉上餐桌），建立起横跨北美大陆的经济帝国。它不仅缩短、规范化了GF牛肉运输的时间，还极大地提高了信息传递的速度和质量。GF斯威夫特在建立这个供应链过程中推动了以下进程：（1）电报和铁路是一起建设的，它们的传递线路紧紧挨着。1849年，纽约和伊利铁路率先使用电报来控制列车运行。5年后，这成了各家铁路公司的标准做法。（2）统一了时间和价格。19世纪中叶，美国有两百多种不同的当地时间。于是，在1883年，铁路实行统一时刻，并采用了延续至今的四个时区。与此同时，同种商品在美国东西海岸各城市之间的成本越来越一致了。这时芝加哥开始出现了期货市场。（3）从运活牛到运冻牛肉。开始运活牛总有一定比例的死牛，运输活牛还意味着运送毫无价值的重量和空间，因为一头牛有55%的部分是不能食用的；每一个城镇都有自己的屠宰场，规模效率低下等。后来斯威夫特建立了冷藏火车运输冻肉系统，其特点表现为，一是大量货物通过以快速运输和通信为基础的系统运输；二是系统靠需求拉动，而非受供给推动。利用电报，零售屠户所下订单传递到总部和驻守牲畜棚的采购员，告

---

① ［美］道格拉斯·C.诺思.经济史中的结构与变迁［M］.上海：上海三联书店，1991：68.

知每天所需的品种、等级和数量。电报有效地平衡了供给和需求。到 1903 年,GF 斯威夫特成为全世界最大的肉类加工厂。

在供应链的创建中,技术和创新都重要,但政府的支持和制度保障也很重要。当时,东部的批发屠宰户试图维护自己的垄断地位。于是,他们要求制定法律,由牛肉食用地的官方出面,在屠宰之前 24 小时内对活牛进行检查。这种制度就是试图阻止冷藏火车运输冻肉系统的形成。1890 年,美国最高法院宣布,这类法律违背了跨州贸易。在最高法院的支持下,冷冻牛肉市场才得以继续存活。这个事例说明,仅有技术创新是不够的,没有相应的制度创新,人类的技术创新能力是难以提高的。市场规模的扩大和组织治理的完善是技术创新的重要保障。

制度的功能是用来减少交易费用的,因此交易费用应该被看作是在经济制度内被决定的变量。于是,问题最终变为:经济组织如何通过内生的组织重组得以改善?最优的制度就是交易费用最小化的制度。通过组织形式的创新还可以减少不利的制度环境对经济的影响。

进一步讲,制度环境要为技术的协同创新提供保障,从而降低技术创新组织运行的交易成本。我国技术创新为什么难以协同?在当前的制度环境下,我国企业还没有产生内源性的技术创新需求,他们仿照的成本低于技术创新的成本,所以他们不愿意去与研究机构搞什么协同。从研究机构来讲,他们可以把眼睛盯着政府,而不是市场。许多科技发明活动难以形成协同效应,重复投资和重复研究的现象相当突出,科技产出低效。其中的原因,一是缺乏一种创新的协同机制,大家各自为阵,部门分割、地方保护、产学研各搞各的,市场在这种体制下失灵,没有办法把各种科技资源和人财物有机地结合起来。我国的许多科技部门不是当作产业、企业、实业来经营的,而是大量的行政事业单位。我们还主要是用行政手段来配置科技资源。创新的协同机制是在市场竞争中形成的,而不是靠行政的"拉郎配"形成的。二是缺乏企业家来集合协同创新。我们不缺乏科技的创新人员,但我们缺乏集创新者与企业家于一体的人才,即爱迪生、比尔·盖茨、乔布斯这类创新型企业家①。近些年我国政府开始重视协同创新,这是

---

① 卢现祥. 投资、机制和体制:创新的核心命题 [N]. 中国社会科学报,2012 – 09 – 10.

完全正确的科技发展战略，但是协同机制如何形成？这涉及到是以政府为主导还是以市场为主导的问题。政府主导的协同创新可能会流于形式，而不是实质性的协同创新。国内外的实践已证明，有效的科技协同机制来自于市场，是企业、大学及民间资本在市场竞争中根据社会需求和契约原则而形成的。因此，提升我国技术创新能力要从建立有效的科技体制、完善组织形式及制度安排入手。

第十章 高质量发展中的创新组织方式转型

我国正在从高速增长阶段转向高质量发展阶段，而高质量发展的关键是创新。改革开放 40 多年来，中国的高速增长是建立在要素投入和低成本优势基础上的。高质量发展要从要素驱动转变到创新驱动上来。国内关于中国创新与制度的关系分析比较多，但是从组织层面系统分析不够。制度与组织是相互联系的。创新既取决于制度，也取决于组织。在诺思看来，制度是竞赛的规则，而组织则是参与竞赛者。制度和组织决定着技术进步。本章从创新的组织层面分析中国创新组织模式转变的问题。中国有利于创新的制度不足和组织缺陷是制约我国创新潜力难以发挥出来的深层次原因。高质量发展必须转变中国创新组织模式，中国创新组织模式从自上而下的组织方式转变到自下而上的组织方式并不仅仅是一个顺序的颠倒，而是一种观念、体制及机制、制度层面的变革。

一、组织创新比技术创新更重要

发明是技术突破，而创新则是新技术的大规模商业应用。政府与市场在这方面是有分工的。政府的职责不是在创新上，而是在发明上，发明就是技术的突破。新技术大规模商业应用的主体是企业和企业家。新技术的大规模商业应用主要体现在三个层面上，一是科技创新；二是改变生产函数；三是改变制度规则。把发明转化为创新是一个复杂的过程，库兹涅茨认为，在科技黑匣子里面一个较小的黑匣子叫做"研发"，它将输入转化为知识输出。而这个黑匣子里只有一个更小的黑匣子包含了可用的知识。为什么有些社会似乎更倾向于产生新知识并利用这些知识，而有些社会却做不到？只有那些建立了从发明扩展到创新制度体系的国家才能做到产生新知识并利用这些知识。因此，欧洲委员会在探讨是否建立创新的专利体系问题，也就是从制度上将所有权的范围从发明扩展到创新①。

创新是技术创新、制度创新和组织创新相互作用的产物。技术创新可以降低生产成本，而组织创新可以降低交易成本、保障创新收益的实现。在一定意义上讲，从发明到创新就需要具有创造性内在动力的经济组织的产生。在钱德勒看来，技术进步本身就包括组织创新。而组织性问题的实质是解决激励问题。20世纪人类许多创新来自美国，是与美国新公司组织的创新分不开的。短期的技术进步在任何国家都是存在的，现在国与国的差距关键在于能否把技术进步转变为一个稳定的和内生的不断扩张的机制。这种机制就是创新的组织方式能否表现为社会所产生的革新和获得的收益大于发明和开发的成本。从发明到创新需要"惊人的一跳"，还需要组织和制度上的创新。这是因为，一是只有在有效的制度基础上，技术潜力才能转化为技术优势；二是有效的创新组织构架为创新产业的集群创造条件。为什么近现代美国在创新上领先于欧洲？美国科学家和欧洲的科学家知道的东西并不多，近现代欧洲与美国的差距主要源于管理、组织和经验，尤其是组织。我们认为对于转型国家、技术追赶国家来讲，组织创新比技术创新更重要。

国家创新体系是指机构和组织在一定制度和组织框架下构成国家创新网络。这个网络系统主要由三个部分组成：

一是创新体系的基础层面。构成美国创新体系基础的是市场经济＋风险资本＋中小企业。这也就是市场决定资源配置在创新体系里的表现形式，国内外的实践证明这是目前为止最为成功的创新体系。我国改革的目标就是以企业为主体、市场为导向和产学研相结合的创新体系的建立。创新体系的基础层面还包括知识产权制度、企业制度等。

二是创新的国家战略层面。这涉及国家的创新战略及实施创新的手段等

---

① ［德］柏林科学技术研究院. 文化VS技术创新——德美日创新经济的文化比较与策略建议［M］. 吴金希等译. 北京：知识产权出版社，2006：321.

方面，还包括创新多层次体系的构建。美国的创新体系分为三个层次：第一，最基层政府加大对教育、研发等方面的投入，从而建立创新基础；第二，通过大企业之间的竞争促进创新，把中小企业的发明或创新变成产品、产业；第三，全社会加速在高科技领域、科技前沿领域大项目上的突破。

三是创新的组织形式。埃德蒙·费尔普斯在研究人类创新史中发现了两种创新组织模式。埃德蒙·费尔普斯（2013）认为，从宏观层面看，主要有两种创新组织模式，即自上而下和自下而上的创新组织模式。自下而上的创新组织模式比自上而下的创新组织模式更有效。因为自下而上的创新组织模式发挥了更多人的创造性①。这两种创新组织模式的重要区别在于两个方面，第一，投资的来源；第二，创新的动力。创新组织模式实质是科技资源配置与制度相结合的问题，它涉及到创新的激励机制及创新与经济的关系。

衡量国家创新体系创新能力高低的重要指标就是"知识分配力"。创新系统的"知识分配力"就是指把发明转化为创新的能力，即创新系统能保证创新者随时可以得到相关的知识存量。知识的产生和分配力是不同的。知识可能产生于世界各地，但是谁能把知识变成产品、变成财富却取决于谁拥有知识分配力。知识分配力越强创新也就越多。在诺思看来，发达国家通过制度/组织框架的优势把分散知识所固有的潜在生产率转变为了现实的生产率。影响一国知识分配力大小的因素主要有两大方面，一是制度层面的，知识产权、法治等会影响创造者获得资源的权利，选择生产组织方式的权利，以及使用它们的权利，从而决定了创新者的数量，决定了一国创新的微观基础。现在中国只要讲创新似乎就是钱的问题，就是目标问题，以为有了钱，有了目标就可创新、就可一流了。其实关键就是权利问题。许多发展中国家创新上不去并不仅仅是钱的问题，而更重要的原因是创新权利的缺失。二是在分配力方面，自上而下的创新组织模式更多地应用了行政或政府的力量，而自下而上的创新组织模式则应用市场的力量。创新的产权有力保护和自下而上的创新组织模式是发达国家制度/组织框架的基本特征。自下而上的创新组织方式具有竞争的特性，因此组织与组织之间是相互竞争的。

现在制约中国创新的并不仅仅是技术、资金及人才，更重要的是制度和

---

① ［美］埃德蒙·费尔普斯. 大繁荣［M］. 余江译. 北京：中信出版社，2013：XVI.

组织层面的创新不足。制度和组织层面的创新不足使中国创新的潜力远远没有发挥出来。在人类发展历史上，组织创新和制度创新比发明与创造性本身还要重要。① 从我国这些年创新的结果来看，在数量、形式和规模上都不错，但在质量、实质、颠覆性上就显得不够。分析这种现象背后的深层次原因主要是创新制度的不足和组织缺陷。

二、两种创新组织模式的比较

20 世纪 50 ~ 80 年代，苏联的科技创新投入都偏重宇航、航天和军工等国家重点发展的领域，而美国的创新则偏重家电、互联网、汽车等民生及市场需求。这分别代表两种不同创新体系，其根本区别在于：苏联的科研是国家主导和国家出资，是自上而下的创新组织模式，没有留下改变人类生活与生存方式的技术发明；而美国的研发是市场主导，以私人投资者为主，是自下而上的创新组织模式。到底哪一种创新模式创新能力更强？

区分自上而下和自下而上创新组织模式的标准主要有三点，一是创新的来源；二是创新的投资主体；三是创新的导向机制。其中投资的来源以及创新的动力来自何处是这两种创新组织模式最重要的区别。

（一）创新的来源

自下而上创新组织的创新源于市场需求。研究表明，市场需求拉动的创新（市场需求和企业生产需求合计）占英国创新的 73%（美国为 78%），而源于技术推动的英国为 27%（美国为 22%）。市场需求对技术创新的拉动作用是创新的内在源泉。这 70% 以上的市场需求在自下而上的创新组织方式中被发现，是没有问题的。但是自上而下的创新组织模式如何发现这 70% 以上的市场需求呢？换言之，自上而下的创新组织如何与市场需求相吻合成为其创新的关键。自下而上的创新组织建立在分散信息和分散知识的基础上。那

---

① ［美］埃德蒙·费尔普斯. 大繁荣［M］. 余江译. 北京：中信出版社，2013：85.

些能有效利用分散知识、分散信息的组织构建更有效率。在自下而上的创新组织方式中，企业家和企业家精神是在市场竞争中孕育的，他们知道在哪些领域创新、如何创新。科技资源不是由政府来决定的，而是在产权明晰的情况下由各个经济主体在市场竞争中决定把创新资源用于什么领域的创新并如何创新。

自上而下创新组织的创新主要源于政府的发展战略。这种发展战略主要适合于追赶，优势是可以降低决策成本。这种模式在创新追赶模式中还可发挥一定的作用。由政府决定创新什么、发展什么产业以及上什么项目方面在一国追赶时期还具有一定的可行性，因为可以参考其他国家的创新路径模仿追赶。在工业革命之后，许多国家政府都尝试自上而下将创新作为工程项目来搞就不怎么成功。

政府主导的创新模式面临主要问题是创新什么，这个创新是如何确定的。自上而下的创新组织模式很难与上述70%以上的市场需求相吻合。即使有重大决策与创新体系各参与方的开放对话机制也很难捕捉到这70%以上的市场需求。那么自上而下的创新组织模式是如何确定创新什么呢？在自上而下政府主导的创新模式下，创新什么及创新资源配置主要由政府决定。具体主要有三种方式：（1）自上而下的创新决定建立在专家信息和专家知识的基础上。例如，政府为了鼓励创新，会圈定一些领域、项目作为支持的对象，政府部门在产业发展上就是在按专家信息、专家知识"挑选赢家"。这种组织方式难以搞清楚市场的真实需求，并且容易做出错误的选择。（2）政府官员在推动创新运动中扮演着重要角色，为了更容易得到晋升的机会，他们更可能做一些能够被评价和被上级官员看到的事情①。为此，自上而下的创新会带来创新量的增加，但不利于创新质的提高。（3）企业为使自身利益最大化会诱导政府出台一些有利于获得收益和创新资源的项目，而可能会偏离创新的目标。

这两种创新模式的动力来源也是不一样的。自上而下的创新组织模式是创新者把眼睛盯着政府；而自下而上创新组织中的创新者则是把眼睛盯着市场。这两种创新组织模式的制度是有差别的。自上而下的创新组织模式更强

① ［美］乐文睿，［美］马丁·肯尼等．中国创新的挑战［M］．刘圣明等译．北京：北京大学出版社，2016：296．

调政府对制度的主导及对创新的激励作用；而自下而上的创新组织模式更强调市场的作用及激励。莫基尔分析了英国工业化比法国更早的主要原因是英国的专利法制度比法国的政府奖励科技制度更有利于创新。英国有一半的发明转化为创新是靠保护私人企业剩余权的普通法来实行的。英国的制度优势＝专利制度＋自由企业制度＋普通法。与这种制度创新相适应，英国建立了人类历史上第一个自下而上的创新组织模式。有分析表明，那些有专利制度的国家比那些没有专利制度的国家更有利于创新，这表现为创新的类别更加广泛。现在美国在计算机互联网领域的创新能力强于其他国家的主要原因是，美国在这些领域的知识产权保护要比其他国家更完善。不完善的知识产权制度对创新的影响是双重的，一方面有利于对国外知识技术的模仿和产业的快速发展；另一方面对知识产权保护的不足会阻碍国内企业对研发的投入。

（二）创新的主体

创新的动力从根本上说就是谁是创新的主体。创新的动力来源于个人或组织对外部需求的反应并有利于自身利益最大化，可称为内源性创新。而外源性创新个人或组织来自外部（政府或其他组织）的委托而实现自身利益最大化的行为，即这些投入主要是政府部门自上而下投入的，而主要不是来自企业、市场需求。这些资金最终是企业或研究机构使用的，但它是一种用张三的钱为李四买东西（外源性的），而不是用自己的钱为自己买东西（内源性），这本身就会影响产出（专利）。美国大多数研究和开发支出是由私人投资的①。投资者与创新的动力是相互联系的。粗略地分类，创新的投资来源主要是两大类，一类是来自国家投资为主的；另一类是来自民间投资为主。同样是一万亿元，用这两种不同类型的投资方式投资下去，结果是不一样的。

从世界情况来看，那些创新成功的国家有一个共同的特征，那就是创新的研发投入主要是来自企业或风险投资，这是一种内源性的投入模式，而我国企业（尤其是国有企业）的研发投入主要是来自外部或政府，这是一种外

① ［美］威廉·鲍莫尔. 资本主义的增长奇迹［M］. 彭敬译. 北京：中信出版社，2004：5.

源性投入模式。内源性创新模式以自下而上的组织方式为主,而外源性创新模式则以自上而下的组织方式为主。国家重视创新不等于国家就要直接投资创新领域。其中的一个重要原因是过去长期的计划经济体制以及现在政府仍然自上而下地控制着创新的资源影响着我国创新能力的提高。

当今世界有三种主要的投入方式,一是美国模式,即市场经济+风险资本+中小企业。科尔内的分析表明,近百年全世界87个革命性发明中的85%都产生于美国模式①。在美国,绝大多数的革命性或开创性的发明几乎都产生于风险资本资助的中小创新公司;相反,大公司研发则集中于改进型和渐进型的创新。为什么在美国中小公司与大公司有这样的分工?这是因为风险投资中的多个独立投资者是形成风险资本硬预算约束的条件。而大公司的内部资本市场无法模拟硬预算约束机制。这表明,大公司不宜在风险最大的领域从事创新。这种投资模式构成了美国自下而上创新组织形式的基础。从制度上,风险资本依赖于发达的金融市场制度和发达的司法制度。

另外两种创新投资方式,一是欧盟国家设立政府主导的风险资本;二是苏联和东欧国家的政府直接投资。这两种投资方式构成了自上而下创新组织方式的物质基础。当前我国创新投资主要是欧盟式的风险资本与苏联和东欧集团式的政府直接投资为主,民间投资在不断增长中。政府投资基金和私人投资不一样,前者是软预算约束并存在着委托代理问题;而后者是硬预算约束。政府投资基金有两大问题,一是缺乏一种机制保证投资的钱真正投资于值得投资的项目;二是政府的投资基金还有可能为寻租和腐败提供了条件。这两种投资方式还存在委托—代理问题。委托人与代理人之间的合约必然是不完全的,有可能出现逆向选择和道德风险问题。这些问题的严重程度主要取决于制度安排。在这种投入下,委托人与代理人之间的关系就非常重要了。证据显示,正是那些不道德、机会主义和无能力的人希望获得好位置而展示忠诚的信号。

(三)创新的导向机制

创新的导向机制主要涉及创新组织模式的内在运行机制,尤其是科技资

---

① 许成钢. 当把"大众创业 万众创新"作为目标,要警惕什么?[EB/OL]. https://mp.weixin. qq.com/s/RJbjaf9QO4mqQpIjGKOmIw, 2016-09-28.

源是如何配置的。我们可从四个方面比较一下两种创新组织模式的差异：

一是自上而下的创新组织方式是关系导向的惯例。在这种组织下创新的特点表现为，政府控制了基本的科技资源，并认为通过自上而下的指令或政策（项目）把这些资源配置是有效的。我国高等教育、研究系统及产业系统这三大领域就是自上而下的创新体系，是关系导向的惯例。而自下而上的创新组织模式是创新导向。创新导向决定着组织创新的能力，创新导向的惯例是组织能力的微观基础。为什么中国的企业在创新能力上与欧美国家一些企业的创新能力存在较大的差距？缺乏创新的惯例将使得中国企业在形成知识的分配力上存在较大困难①，也就是知识分配力较低。自上而下的组织模式与政府主导的创新是相互强化的。而哈耶克在其自下而上的创新组织模式理论中认为，现代经济在新产品和新工艺的开发过程中要求体制内的个人拥有发挥原创的自由，并充分发挥其由环境和知识塑造的个性。哈耶克开启了自主创新模型的大门，这是一种源于本土的、基于个人各类观念的创新。

二是企业通过追求外部创新资源并与政府的发展战略是适应的，来保证自身的生存和发展。所谓关系导向的惯例就是这种创新组织方式的关键是只有与政府搞好关系才有资源，结果会导致锁定效应，不利于创新导向惯例的形成②。中央政府和地方政府均涉足经济活动，从而导致企业与政府的紧密关系。虽然这些联系有助于促进中国经济发展，但也阻碍了企业通过市场竞争形成自己的核心竞争力③，自上而下的创新组织模式由于受资源及项目数量的限制只能采取人格化交易，这就使大量的潜在创新者难以转化为现实的创新者，减少了创新者的数量。与自上而下的创新组织方式不同，自下而上的创新组织方式是非人格化交易。欧美国家的产业支持政策是基于市场发挥基础性作用的，以非人格化交换为前提，有利于创新导向的惯例发挥作用。

三是自上而下创新组织方式的科技资源配置是相对集中的，并且项目实施具有计划性、强制性，无论是事前、事中还是事后，创新主体对市场的反应是比较迟缓的。这主要的原因是，科技资源的软预算约束，加上创新主体

---

①② ［美］乐文睿，［美］马丁·肯尼等. 中国创新的挑战［M］. 刘圣明等译. 北京：北京大学出版社，2016：206.

③ ［美］乐文睿，［美］马丁·肯尼等. 中国创新的挑战［M］. 刘圣明等译. 北京：北京大学出版社，2016：291.

追求自身利益最大化的机制不同于自下而上的创新主体。自上而下的创新组织模式中更多的是行政性荣誉。政府主导模式将放大"不确定性"的破坏作用,这是因为政府在经济发展中扮演"最终的风险承担者"的角色和存在刚性兑付。在一个不存在风险的社会是不可能有真正创新的,什么都由政府来买单的市场经济并不是真正意义上的市场经济。而自下而上的创新组织模式中创新者是企业家,创新组织方式是市场导向和创新导向的惯例,这种组织创新方式更有利于减少不确定性和分散风险。自下而上创新组织方式中的企业创新有多个点,承担损失也有多个点,从而大大地降低创新中的风险并使创新中的损失最小化。

四是两种创新模式都有创新资源的误配,但在误配的程度上是有差别的,尤其是在市场误配的修正机制方面自下而上的创新组织方式比自上而下的创新组织方式更有优势。由政府引导的科技资源配置,适应性效率比较低,对市场变化的反应也比较迟钝。维塞尔早就指出,在经济学中,成千上万个体的分散行动比一个单个的权威在上面组织要更有效,因为后者"绝不可能获知无数的可能性①。综上所述,从创新什么、创新的结果和创新的适应性效率来看,自下而上的创新组织模式比自上而下创新组织模式的知识分配力更强。

三、我国的创新组织模式要转变

从前面的分析可以看出自上而下的创新组织模式对我国模仿追赶创新阶段的发展发挥了重要的作用,但在我国从高速增长转向高质量发展的过程中这种模式的局限性也越来越明显,这主要表现在以下三个方面:

一是自上而下的创新组织模式会使创新行为发生变异。由于创新的来源、创新的主体及创新导向方面的原因,我国不少创新是一种策略性创新,也就是为其他目的(如财政补贴)而进行创新;还有的是为获得课题而创新,创新本身变为次要的。为什么会产生这种现象?我国创新的产出(专利)也是

---

① [西班牙]赫苏斯·韦尔塔·德索托.社会主义:经济计算与企业家才能[M].朱海就译.长春:吉林出版集团有限责任公司,2010:128.

一种外源性的，对这些东西追求不是源自对自己创造的价值最大化追求，而是通过这些（专利）去获得财政补贴、资助，甚至通过这些显示企业的创新能力。这种外源性的创新产出模式必然导致数量的扩张而质量难以提高。为什么我国这些年专利增长很快？在这种组织方式和制度下，创新是外源性的，创新的目标本身并不重要，重要的是能否纳入政府支持和鼓励的范围内。例如，专利、项目、获奖等成为创新主体追逐的对象。企业为了"寻扶持"而增加创新"数量"的行为只是一种策略性创新，而缺乏实质性创新[①]。

二是自上而下的创新组织模式容易使创新的资源产生大量的资源错配。这种资源错配表现在以下几个方面，一是作为政府主导的科技资源配置一般倾向于选择国有企业，这既是制度使然，又可降低交易成本。如前所述，在市场经济体制中，中小企业更有利于搞发明和专利，而大的企业可以把这些发明和专利聚集在一起，变成产品。在社会主义初级阶段，公有制企业与非公有制企业各有自己的优势。如果我们把更多的研发投向非公有制中小企业，中国 2001 ~ 2007 年制造业的生产率增速能够增加 33% ~ 50%[②]。二是因为委托代理中的监督成本太高，创新的目标与创新的结果往往不一致。自上而下的创新组织方式对创新成果的考核体系本身会产生资源的错配。如前所述，许多自上而下的投资创新项目变成了为专利而专利，把专利作为结项的手段。政府对科研机构的定额任务，加上申请专利的补贴，使得无数"垃圾"专利通过了申请。宽松的审查程序也加剧了我国专利的数量型增长。也就是自上而下创新组织模式的考核方式也会容易产生资源错配。

三是自上而下的创新组织在项目上寻求短平快，容易形成模仿创新，忽视基础性研究，从而不利于原创性和独到性优势的形成。从投入来看，我国基础投入不足而偏向于应用技术研发，基础研究不够会导致制造业关键核心技术上不去。自上而下的创新组织方式由于考核机制的缺陷，即要尽快看得到看得见的成果，促使整个科技资源配置朝着短、平、快及可见的项目方向发展，这就使我国在实质性、革命性及颠覆盖性的创新方面严重不足。

---

① 黎文靖，郑曼妮. 实质性创新还是策略性创新？——宏观产业政策对微观企业创新的影响 [J]. 经济研究, 2016, 51（4）: 60 - 73.

② 杨汝岱. 中国制造业企业全要素生产率研究 [J]. 经济研究, 2015, 51（2）: 61 - 74.

为什么我国要从自上而下的组织创新模式为主转向以自下而上的组织创新模式为主？现代化经济体系的创新要求政府必须下放科技资源的直接支配权，并使之分散①。这也是我国高质量发展的内在要求。在西方国家，技术进步及创新很少是自上而下的，大多数是自下而上的，通常也不需要政府的直接参与，政府只是创造有利于创新的制度环境。但是，在中国唐宋时期，技术进步经常是由政府自上而下发起的②。现在我国理论界和实际部门对这种创新组织模式转变的重要性和必要性认识不够。为什么要转变？主要有以下四个方面的原因：

（一）市场决定资源配置的需要

当今世界的竞争是科技的竞争、是创新的竞争。谁能创新，谁在产业占有核心技术和关键技术，谁就会在竞争中处于有利地位。于是，越来越多的国家向科技增加投入，现在的问题是谁来决定这些科技资源的配置。创新不仅仅是一个投入多少钱的问题，更重要的是什么机制来决定这些科技资源的配置。从创新的角度来讲，千机制万机制，市场机制是最好的创新机制。但是，创新的组织模式与市场机制是否适应是值得我们探讨的问题。自上而下的创新组织模式是不利于发挥市场决定资源配置作用的。如前所述，自上而下的创新组织模式政府充当了许多投资的角色，包括各种财政补贴，这些投资或补贴有可能扭曲市场信号，使成本、价格失真。分析表明，要提高经济竞争力，新兴经济体需要更强的市场来取代政府机构的指导作用。

（二）构建企业为主体、市场为导向、产学研结合创新体系的需要

科学研究和商业应用之间有着广泛的交换。这通常是由中间组织、委员

---

① ［美］乔尔·莫基尔. 富裕的杠杆：技术革新与经济进步［M］. 陈小白译. 北京：华夏出版社，2008：196.
② ［美］乔尔·莫基尔. 雅典娜的礼物：知识经济的历史起源［M］. 段异兵，唐乐译. 北京：科学出版社，2011：227.

会、资金财团和联络机构构成的优秀网络来引导的，它们都有着自由搜索的优势。在中国，研究和实际应用之间是脱节的。知识的生成和应用是分开的"双重现实"。技术官僚通过对资助资金的控制有着过强的影响，并且缺乏外部的专业技术判断。国家规定的项目是优先进行的，因此也不利于其他交叉领域的发展①。在自上而下的创新组织下，我国一直是"三张皮"，研究机构、大学及产业都是自上而下的行政垂直管理。产学研结合的效率取决于创新的组织模式。自上而下的组织模式试图通过行政的方式来使产学研结合，效率是低下的。因此，构建我国现代化的创新体系必须从自上而下的创新组织模式转变到自下而上的创新组织模式上来。

（三）高质量发展和我国产业升级的需要

高质量发展的内涵是丰富的，一是增长不等于发展。过去我们强调增长比较多，现在要从强调增长转向发展。发展包含结构优化、包容性发展、从过去数量型增长转向质量型增长、产业升级等。二是从过去要素驱动转向创新驱动。三是制度创新、组织创新等。高质量发展是技术创新与制度创新的有机统一。我国正在从过去的高速增长阶段转向高质量发展阶段。实施这个转变取决于两大因素，一是通过全面深化改革和制度创新实现经济发展方式的转变。二是创新驱动。自上而下的创新组织模式有利于数量增长和产能扩大，这已经被中国改革开放40多年的发展所证实。而自下而上的创新组织模式则更有利于高质量发展和产业升级。对于我国来讲，技术层面的转型升级是一个方面，但更重要的是创新组织模式的转变，即从自上而下的创新组织模式转到自下而上的创新组织模式。

（四）从模仿型创新到自主型创新转变的需要

这些年来，我国总体上还属于模仿型创新，这与我国自上而下的创新组

---

① ［美］乐文睿，［美］马丁·肯尼等．中国创新的挑战 ［M］．刘圣明等译．北京：北京大学出版社，2016：66.

织模式是密切相关的。无论是从经济发展水平来讲,还是从科技教育和产业发展来讲,我国模仿追赶阶段都应该结束了。我国必须从模仿型创新转变到自主型创新上来。

是不是所有的国家都要从模仿竞争到创新竞争?在德国和美国,人们反对模仿追赶,他们认为模仿竞争会妨碍创新竞争。这种观念和理念有利于德国和美国构建自主创新的体系。第二次世界大战结束以后,德日两国没有接受美国的产业安排,即让德国和日本优先发展钢铁、纺织轻工等传统产业。实际上,德国和日本在发展汽车、电子等高附加值出口产业的基础上建立了高效完备的国家协作创新体系。这种创新体系就是市场经济 + 风险资本 + 中小企业的协作创新体系。

我国应该从体制、制度及政策层面改革模仿追赶的模式,并且具备了自主创新的物质基础和相应的条件,但是我们的科技体制、经济体制还不足以支撑从模仿追赶模式转向自主创新的模式。如果我们不能从模仿追赶模式转到自主创新的模式,那么我们有可能陷入中等收入陷阱。从竞争类型看,模仿追赶型模式是一种模仿竞争。如果不改革我国现行的科技体制、教育体制及经济制度,那么仍然难以改变我国是技术引进国和模仿国的事实。我国在经过技术引进与模仿的阶段之后,创新竞争非常重要。在我国现行体制下,企业从模仿竞争转向创新竞争都面临较大的风险。要从模仿竞争转向创新竞争必须从自上而下的创新组织模式转向自下而上的创新组织模式。

四、我国创新组织模式转变的难点

从高速增长阶段转向高质量发展阶段以后,我国的创新面临四大转变:(1)要从产业的低端向中端高端转变;(2)从数量型创新向质量型、原创性、革命性创新转变;(3)从模仿创新向自主创新转变;(4)从偏重应用型创新向基础性创新转变。解决我国创新体制问题必须从自上而下的创新组织模式转变到自下而上的创新组织模式上来,但这种转变面临以下难点:

（一）实施以市场换技术的发展战略

改革开放后，我国与国外发达国家在技术上的较大差距使我们不得不大力追赶，中国作为最大的发展中国家不可能不发展现代工业，改革开放初期中国政府试图"以市场换技术"。从国家层面来看，若我们在有限的资源情况下，选择引进消化吸收再创新的模式来看，最大的好处是有利于缩小差距。但问题在于，第一，一旦我们以这种模式为主，他们就会影响我们的企业及组织形式，甚至整个产业的发展者都会受到影响。第二，以市场换技术的发展战略容易忽视制度层面的引进。以市场换技术还涉及制度安排。如我国汽车行业在以市场换技术的发展战略中，我们选择了只允许合资并且规定了股权结构，实践证明这种制度安排不利于我国汽车行业技术水平的提高，尤其在关键核心技术上。用市场换技术并没有什么问题，问题是我们这里把技术仅仅作为交易的对象，而没有从制度、组织与技术相互联系的层面引进技术，这里的技术仅仅是模仿和复制，而没有从提高技术创新能力去引进技术。建立在组织创新基础上的技术创新者是可持续的。总的来讲，我国"用市场换技术"的战略是技术追赶阶段可行的一种方式，今后在引进技术和创新时一定要有相应的制度创新和组织形式的创新。

（二）模仿追赶中的路径依赖

模仿追赶中的路径依赖主要表现在以下几个方面：一是技术模仿中的路径依赖。长期的模仿追赶难以形成创新能力，在发展的早期阶段，这还不是问题，开始试图利用复杂技术之后，这就成为一个日益严重的问题。模仿追赶型创新也有层次之分，有的模仿超过别人了，有的总是在别人后面模仿，与别人的差距并没有缩小。其中的原因是什么？我们在模仿追赶中，从数量上看我国在技术上缩小了与发达国家的差距，但在核心技术及创新能力方面，与欧美国家还存在较大的差距。对廉价劳力、资源开发、资本投入等形成路径依赖还难以改变，多数企业尚缺乏创新的动力与能力。通过对发达国家的技术和工业管理进行模仿，从而实现经济上追赶的思维还难以改变。

二是企业层面产生的路径依赖。为了适应技术模仿追赶的需要，我们企业的组织及制度也打上了模仿的印迹，（1）组织结构和系统需要根据创新的类型来设计，然而，很多中国企业源于制造业模式（贴牌生产），所以它们的组织结构和系统关注的不是创新而是制造效率，而且它们发现很难快速而顺利地转向创新模式。（2）从企业创新产品来看，长时间生产渐进式创新产品的公司转而生产突破式创新产品的可能性较小。在这些企业中，已确立的规范更能支持渐进式创新而阻碍突破式创新①。（3）从创新获利的方式来看，企业必须通过满足消费者需求来获得市场份额。消费者要求企业开发差异化的产品和服务，然而我国大部分企业从过去30年大规模市场需求以及快速的经济增长中获利，由于它们已经习惯于建立在低成本战略上的成功路径，因此，能否通过创新开发差异化的产品和服务仍有待观察②。

三是从模仿创新转变到自主创新对制度创新与组织创新的要求越来越高。新产品、新方法和新的产业结构的引入急剧地增加了监督、实施和协调成本。从这些年我国技术引进的情况来看，我国大量引进技术并没有提高自身的技术创新能力。这需要从观念和制度层面去找原因。现在我们强调创新比较多，但更多地是从战略、技术层面比较多，而不重视制度、组织构架的变革。中国需要的是能够支持突破式创新的制度资本。从历史上看来，我们创新的短板不是缺少技术创新，而是缺少有利于创新的制度资本。威特（Witt）发现中国历史上从来不缺少创新技术，但是他也发现中国缺乏能够利用这些创新来实现经济升级的制度和社会结构。③ 他认为中国根本的问题并不是缺乏创新的能力，而是缺乏正确地形成高收入经济的制度。技术创新能力固然重要，但是必须要有相应的组织和制度创新能力配套，这些创新才能转化为现实的生产力。中国从高速增长转向高质量发展的关键是制度转型。中国创新的制

---

① ［美］乐文睿，［美］马丁·肯尼等. 中国创新的挑战［M］. 刘圣明等译. 北京：北京大学出版社，2016：317.

② ［美］乐文睿，［美］马丁·肯尼等. 中国创新的挑战［M］. 刘圣明等译. 北京：北京大学出版社，2016：290.

③ ［美］乐文睿，［美］马丁·肯尼等. 中国创新的挑战［M］. 刘圣明等译. 北京：北京大学出版社，2016：16.

度约束包括财政资源分配效率低下，无效的国家干预市场和对知识产权的保护不足①。快速的追赶使我们更不重视制度和体制层面的改革。短期在技术上缩小了与欧美国家的差距使我们容易忽视制度和体制层面的改革。模仿使我们产生了依赖而不是超越。没有相应的创新组织模式及制度变革，没有形成自主创新能力，就难以在实质性创新上有所突破。

---

① ［美］乐文睿，［美］马丁·肯尼等. 中国创新的挑战［M］. 刘圣明等译. 北京：北京大学出版社，2016：319.

第十一章　推进要素市场制度建设

在我国科技创新中，要素市场制度建设至关重要。中国共产党第十九届中央委员会第四次全体会议通过了《中共中央关于坚持和完善中国特色社会主义制度推进国家治理体系和治理能力现代化若干重大问题的决定》（以下简称《决定》）。《决定》指出，"推进要素市场制度建设，实现要素价格市场决定、流动自主有序、配置高效公平。"推进要素市场制度建设是坚持和完善中国特色社会主义制度的重要组成部分。本章从要素市场制度的内涵及特征、为什么要推进要素市场制度建设、推进要素市场制度建设的进程与重点以及推进要素市场制度建设的难点与思考四个方面阐释《决定》的精神。

一、要素市场制度的内涵及特征

要素包括土地、资金、劳动力、技术等，如过去我们只把土地、资金、劳动力等作为要素，这次《决定》把"知识、技术、管理、数据"也作为生产要素，反映了现代经济中知识、技术、管理等要素对经济增长的贡献越来越大。

要素市场制度建设涉及到两个层面，即要素市场的一般制度和特殊制度。所谓一般的制度是对土地、资金、劳动力、技术都适应的制度，这涉及到宪法、法律层面与要素市场有关的规定，这里的一般制度是指社会主义基本经济制度。这个层面的制度决定了要素市场制度的性质。而特殊的制度规定是指在一般性制度规定的基础上，土地市场、资金市场、劳动力市场、技术市场等领域的具体制度。一般制度是相对稳定的，但具体制度是根据外部条件变化及经济发展的需要，在一般制度性质不变的情况下，可以调整具体制度。要素市场的内容随着社会经济的发展在不断增加和完善，而要素市场制度也需要不断完善。

要素市场制度建设还涉及到单个要素市场与其他要素市场协同推进的问题，要素市场之间是相互联系、相互制约的。不仅单个要素市场的不完善制约着其他要素市场的发展，而且也制约着我国经济的发展。例如，土地市场不完善制约着金融市场的发展。如农村宅基地不能抵押，大大地制约了我国农村金融的发展。从各要素和资产结构看，其他所有的要素都吸收货币和形成货币流动，仅农村农业土地要素和资产，不仅不吸收货币，反而形成了经济运行中货币流动的梗阻。深化土地体制改革，就是要土地成为能够吸收货币的资产，并消除由于土地只是生活资料和生产资料而使货币不能流入农村农业领域的屏障。要素只有在产权明晰并能自由交易、转让的情况下才能产生价值和资产。美国的平均地价在 1900 ~ 2000 年这 100 年内只增长了 24%（扣除通货膨胀后），几乎不变。由于金融体系比较完整，他们不需要通过购买土地来实现财富的增值和保值。但在金融体系不完整的国家，特别是经济高速增长的国家，人们往往会将土地和房产作为财富保值和增值的手段①。

要素市场制度是随着市场经济体制的不断发展而逐步建立起来的。如为了降低市场中交易费用的制度，如货币、期货市场等先后产生。市场经济的实质不是风险而是不确定性，于是用于影响生产要素的所有者之间配置风险的制度，如合约、分成制、合作社、公司、保险、公共社会安全计划等也先后建立。资源分配和权利在市场经济体制中非常重要，于是用于提供职能组织与个人收入流之间的联系的制度，如财产，包括遗产法，资历和劳动者的其他权利等也先后建立。在现代化经济体系中，用于确立公共品和服务的生产与分配的框架的制度，如高速公路、飞机场、学校和农业试验站等也先后建立起来。②

与商品市场相比，要素市场对制度的要求比较高。要素市场发育不充分，

---

①　王永钦. 大国竞争的最终表现是什么？是金融能力的竞争 [N]. 第一财经，2019 - 07 - 31，https：//www. yicai. com/news/100279217. html.

②　舒尔茨. 制度与人的经济价值的不断提高，载科斯等著. 财产权利与制度变迁——产权学派与新制度学派译文集 [M]. 上海：上海三联书店，1991：253.

存在市场决定要素配置范围有限、要素流动存在体制机制障碍等问题。比如说，制度的差异对杠杆率的影响。法治不健全的国家，债权市场的发展也会受到限制。在这些国家中，未来抵押品价值的不确定性高，利率会更高；抵押率更低（杠杆更低）。例如，同样价值100万元的房产，在印度用做抵押，可能只能借出50万元，即杠杆只是2倍。但在首付率极低的美国，杠杆可以高至50倍，即可以借出98万元，只需支付2万元首付（杠杆倒数是首付率或称扣减率Haircut，其反映的就是对抵押品的不确定性）。

要素市场对制度的要求主要是在两个方面，一是产权明晰并能自由流动，二是法治化水平。比如说资金市场的潜力来自制度与法治。法治越健全的国家，金融的融资能力就越强。在这里制度本身就是生产力和潜力。法治不健全的国家，股票市场一般不太发达。普通法系（如英美）比大陆法系的国家有比较好的股票市场和相对完整的金融体系。法治不健全的国家，债权市场的发展也会受到限制。像拉丁美洲或印度，土地都很难被用作抵押品，无法被证券化。而在美国，居民可以用住房做抵押获得按揭贷款，银行将许多按揭贷款打包在一起作抵押，作为基础资产，发行抵押贷款支持证券。[①]《决定》提出"加强资本市场基础制度建设，健全具有高度适应性、竞争力、普惠性的现代金融体系。"建立这个现代金融体系的关键还是要素市场制度建设及法治建设。

要推进要素市场制度建设，重点是在劳动、土地、金融、科技、数据等领域健全制度规则。综上所述，要素市场制度的基本特征：

1. 产权明晰。产权明晰主要包括三个方面的含义：一是产权必须是明确的。二是产权必须是可自由交易的。三是产权必须是有保障的。产权的清晰界定是市场交易的前提。市场只有在稀有资源的产权得到明确规定时才是有效率的。产权制度最重要的制度是产权保护制度。只有产权得到平等、有效保护，市场主体才能放心投资。在我国，如《决定》所说，健全以公平为原则的产权保护制度，依法平等保护各类产权。这些年来，我国在公有制产权与非公有制产权上，对非公有制产权保护还不够；在一般产权与知识产权保

---

① 王永钦. 大国竞争的最终表现是什么？是金融能力的竞争 [N]. 第一财经，2019 - 07 - 31，https：//www. yicai. com/news/100279217. html.

护上，对知识产权保护还不够。在近年来，党中央推动一批典型涉企产权冤假错案得到纠正。知识产权保护上，但仍存在侵权赔偿标准低等问题，因此，《决定》特别强调，建立知识产权侵权惩罚性赔偿制度和加强企业商业秘密保护。正规的所有权制度的五种效应如下："确定资产中的经济潜能；把分散的信息综合融入一个制度；建立责任制度；使资产能够互换；建立人际关系网络；保护交易。"① 没有有效要素产权制度的建立，社会主义市场经济体制是不可能建立和完善的。秘鲁经济学家索托发现某些贫穷的第三世界国家和地区所缺少的不是财富和企业，而是没有建立起把资产转换成为资本的所有权法律制度。

2. 有利于要素交易成本最小化，有利于要素流动自主有序。要素市场制度建设的目的是在要素配置资源时交易成本最小化。正如阿尔钦一直强调的，在市场交易中约束竞争和解决冲突的规则就是产权。不可转让的产权不能被他人出售和使用，并因此而经常不能在使用上充分发挥其潜能。也就是说，在禁止出售产权的地方，尽管其他人对该财产具备更好的知识和技能而可以更好地利用该财产，使该财产的价值更高，但由于产权被束缚在一个既有的所有者手里——不可转让，结果减少了这些财产对其所有者的价值。除非产权是可转让的，否则我们不能把资源从低价值使用者手里转移到高价值使用者手里。如果出售权或进行资本化的权利受法律或其他制度安排的限制，财产的价值就会下降。产权制度的改革就是要使要素流动自主有序。据国务院发展中心农村经济研究部课题组的量化评估，我国农村总净资产高达127 万亿元，其中土地资产达 88.81 万亿元，占农村总净资产的 69.76%。② 农民拥有如此巨额的集体资产但大多处于沉睡状态。推进集体产权制度改革，赋予和保障农村以土地为核心的财产权利，是新一轮改革的重中之重。在米塞斯看来，"传统社会主义计划经济体制的"人造市场"行不通的一个理由正是因为社会主义经理之间财货的转让不能与市场经济的财货的转让相同：在传统社会主义经济中，转让的不是完整的产权；相应的，价格与激励是扭曲

---

① 赫尔南多·德·索托. 资本的秘密［M］. 南京：江苏人民出版社，2001：47.
② 国务院发展研究中心农村经济研究部. 集体所有制下的产权重构［M］. 北京：中国发展出版社，2015：76.

的。"① 要素市场制度的改革就是要让我国要素市场真正流动起来，既可以让市场决定资源配置，又可提高资源配置的效率。

3. 要素价格市场决定。市场定价机制是一种限制或解决冲突的机制，而所有的定价机制背后是产权。产权的存在是产生成本、价格、生产、分工、交换、储蓄、投资等一系列经济行为的前提。科斯把产权及交易成本分析引入经济运行中，使新古典经济学过去只分析血液而没有躯体的经济学框架得到根本改观。在米塞斯看来，市场价格是人们以能够获得满足的方式进行财产贸易的结果，如果产权不明晰，那就不存在反映个人评估意见的市场价格，如果没有市场价格，也就不存在合理的经济计算。② 诺思认为，"产权导致有效的价格体系，因此建立产权是必需的一步"。如《决定》所说，"健全劳动、资本、土地、知识、技术、管理、数据等生产要素由市场评价贡献、按贡献决定报酬的机制。"③ 这就是要素价格的市场决定。要素由市场评价、要素价格市场决定的关键就是产权明晰。

4. 配置高效公平。如科斯所说，能够使各种经济资源包括人力资源得到有效利用的产权系统，就是好的产权系统。制度决定着资源配置的绩效。健全要素市场制度必然会影响人们的行为方式，并通过对行为的影响，进而影响资源的配置、产出的构成和收入的分配等。科斯曾言，在交易成本不为零的社会，有的产权配置会提高效率，而另一些产权配置则可能让民众陷入贫穷。产权能有效配置资源。产权为商贸和市场经济提供了制度基础。产权能有效配置资源是建立在产权明晰并能自由转让基础上的。我国要素市场制度建设有两点值得指出的，一是要素的市场配置比行政配置更有效。二是社会主义要素市场制度建设中要处理好效率与公平的关系。要素如何做到既高效又公平？这是一个资本主义制度下无法解决的问题。社会主义制度的优势应该体现在这方面。既然私有产权比其他产权形式更有效率，为什么当今世界许多地方并没有采用私有产权呢？这也表明，决定产权选择和产权结构的并不仅仅是经济效率。有比效率更深层次的原因，这就是公平问题。一个国家

---

① 米塞斯. 社会主义：经济与社会学的分析 [M]. 北京：中国社会科学出版社，2016：89.
② ［美］卡伦·沃恩. 奥地利学派经济学在美国 [M]. 杭州：浙江大学出版社，2008：47.
③ 中共中央关于坚持和完善中国特色社会主义制度推进国家治理体系和治理能力现代化若干重大问题的决定 [N]. 人民日报，2019 – 11 – 6.

宏观产权结构（即公有产权与私有产权的比重）是如何确定的？在我国的基本经济制度中，公有制经济与非公有制经济是同样重要的，都是社会主义市场经济的重要组成部分。我们应该根据竞争中性、产权明晰、自由转让及公平原则来建立和优化我国产权制度，从而做到要素配置高效公平。

二、为什么要推进要素市场制度建设

1. 坚持和完善社会主义基本经济制度的需要。要素市场制度是实现社会主义基本经济制度的重要组成部分。党的十九届四中全会《决定》将公有制为主体、多种所有制经济共同发展，按劳分配为主体、多种分配方式并存，社会主义市场经济体制三项制度并列，都作为社会主义基本经济制度，是对社会主义基本经济制度做出的新概括，是社会主义基本经济制度内涵的重要发展和深化。

威廉姆森把制度分为四个层面，一是嵌入制度或者社会和文化的基础。这包括非正式制度、习俗、传统、道德和社会规范、宗教以及语言和认知的一些方面。这个层级的制度是社会制度的基础。如孟子所说有恒产才有恒心的文化价值观就属于这个层面。二是基本的制度环境。这个层级的制度包括基本的制度环境，如详细制定的宪法、政治体制和基本的人权；产权及其分配等。三是治理机制。这一层级制度是指给定基本的制度环境，人们将参照制度（治理）的安排作出选择，通过这种安排，给定了基本的制度环境的属性后经济关系将得到治理。如我们所说的要素市场制度等。四是短期资源分配制度。在前三个层级的制度给定的情况下，这一层次的制度实际上指的是经济的日常运行。在垄断、寡头等不完全市场条件下，价格、工资、成本、买卖的数量等由市场的性质决定。[1] 社会主义基本经济制度属于第二层次的制度，而要素市场制度则是第三层次的制度，是在第二层次制度基础上的制度安排。社会主义基本经济制度是稳定的，而建立在基本经济制度基础上的制度安排可以根据外部条件的变化不断调整。如我国基本土地产权制度是国家

---

[1] 卢现祥. 寻找一种好制度——卢现祥制度分析文选 [M]. 北京：北京大学出版社，2012：32.

所有和集体所有，但在社会主义初级阶段其实现形式和产权制度安排是可以不断与社会经济发展相适应并进行调整的。现在我国政府对要素市场制度根据社会基本经济制度及社会经济发展的需要进行了调整，如农村承包地"三权分置"及宅基地"三权分置"改革都是这种体现。

2. 加快完善社会主义市场经济体制的需要。要形成全国统一开放、竞争有序的商品和要素市场。一是从市场体系来看，完整的市场体系包括商品市场与要素市场，改革开放40多年来，我国商品市场得到了较大发展，但要素市场发展滞后，这主要表现为要素还主要由政府或国有企业控制，市场化程度不高，行政配置及垄断经营，配置低效并且不公平，在创新驱动发展阶段，要素市场越来越重要。二是加快完善社会主义市场经济体制需要要素市场制度建设。市场决定资源配置的核心在于要素市场化配置。《决定》在加快完善社会主义市场经济体制这一部分中。除了强调各种市场制度建设外，还强调了"健全以公平为原则的产权保护制度，建立知识产权侵权惩罚性赔偿制度，加强企业商业秘密保护。推进要素市场制度建设，实现要素价格市场决定、流动自主有序、配置高效公平。加强资本市场基础制度建设，健全具有高度适应性、竞争力、普惠性的现代金融体系，有效防范化解金融风险。"[1] 要素市场制度建设是完善社会主义市场经济体制极为重要的部分。

3. 高质量发展的需要。要从高速增长转向高质量发展，必须从政府主导资源配置转向市场决定资源配置，主要是要素（土地、劳动力、资金及技术等）的市场化配置，而要素市场化又取决于产权的明晰及产权保护。党的十九大报告强调使市场在资源配置中起决定性作用，更好发挥政府作用。"经济体制改革必须以完善产权制度和要素市场化配置为重点，实现产权有效激励、要素自由流动、价格反应灵活、竞争公平有序、企业优胜劣汰。"[2]

党的十九大报告提出，我国经济已由高速增长阶段转向高质量发展阶段。其中最为关键的就是要素从行政配置转向市场化配置，这个转变会带来三个方面的变化：

---

① 中共中央关于坚持和完善中国特色社会主义制度推进国家治理体系和治理能力现代化若干重大问题的决定［N］. 人民日报，2019-11-6.

② 习近平在中共第十九次全国代表大会上的报告［N］. 人民日报，2017-10-27.

　　一是在资源配置上总量与结构的差异。我国当前经济发展中的主要问题，如资源配置扭曲、基础性成本过高及创新不足主要与要素市场化配置的缺失密切相关。这些年我国保持了高速增长，但要素配置扭曲的现象较为严重。基础性成本高是这些年我国经济下行的重要原因之一。我国基础性成本较高主要表现在要素市场领域，像土地、能源、通信、物流、融资等基础性成本比美国等发达国家都要高，而环境、资源、土地（招商引资无偿划拨）和劳动力成本还在上升，这大大增加了实体经济的成本，也是这些年我国经济下行的重要原因之一。基础性成本高是要素行政化配置的必然结果。我国土地价格不断上涨、土地资源大量浪费和土地资源配置严重不合理都与行政配置土地资源体制有关，而能源及通信成本的上升也与行政垄断有关。我国要素的行政性配置可以集中精力加快促进一些产业发展，可以带来经济增长率的上升，但这是以资源配置的结构性扭曲和基础性成本增高为代价的。如我国西部劳动力及人口更多地向沿海及发达地区转移，但在我国"建设用地指标"制度下，向西部分配的建设用地指标占比增长反而高一些。这些现象在要素市场化配置后是可以大大减少或避免的。所以高质量发展需要优化经济结构，而市场机制能有效地优化经济结构。

　　二是激励机制上的差异。是用行政力量推动要素配置还是用市场力量推动要素配置，其效果和结果是不一样的。行政配置要素更多的是与发展战略、追赶目标、信息不对称有联系的，但最大的问题是激励机制不足。而要素市场化配置需要明晰产权，让财产权在要素配置及要素流动中发挥作用。"财产权的真正目的，并不是使拥有这种权利的个人或集体受益，而是使他们产生更大的动力进行投资，从而更大规模地生产、发明和创造，或把自己的财产与其他资源有效地结合起来，进一步增加他们财产的价值，从某种意义上来说，这就给整个社会带来更多的盈利。"[1] 行政配置资源只是模拟这些功能，其激励是不足的。

　　三是创新驱动上的差异。土地、资金、技术、劳动力、数据、管理等这些要素都是创新驱动的重要因素。行政配置要素资源除了能集中资源和快速投资以外，对创新也存在不足，如北京大学国家发展研究院张晓波教授和哥

① ［秘］德·索托. 另一条道路［M］. 北京：华夏出版社，2007：123.

伦比亚大学魏尚进教授的合作研究显示，国家的创新补贴大部分流向了国有企业，但国内大部分的创新成果却都是由民企贡献。[①] 在研发投入上，行政推动的要素配置受许多因素的影响，而要素市场化配置则是谁创新能力强资源就流向谁手中。创新面临着不确定性，市场决定资源配置的体制更有利于降低创新中的风险。

我国供给侧结构性改革主要是要把政府对要素控制转变到要素由市场决定配置上来了，这也是党的十九大报告对我国经济体制改革提出的基本要求。市场决定资源配置和更好发挥政府作用成为我国高质量发展的制度基础。

三、推进要素市场制度建设的进程与重点

改革开放以来，通过"大力推进产权制度改革，我国基本形成了归属清晰、权责明确、保护严格、流转顺畅的现代产权制度和产权保护法律框架，全社会产权保护意识不断增强，保护力度不断加大。"[②]

推进要素市场制度建设的关键和重点都是产权。下面从三个方面对要素市场（土地和金融）的构成进行分析。我国要素市场制度建设的实质就是通过产权改革使要素由行政配置转变为市场化配置。这个转变涉及到前述的三个层面，一是产权明晰及其制度安排，二是自主流动有序及价格市场决定，三是配置高效公平。这些年我国要素市场的建设进入了以政府为主体建立模拟要素市场的阶段。

1. 土地产权制度与土地市场发展。

一是土地产权明晰及其制度安排。社会主义基本经济制度和我国宪法规定了我国土地制度的基本性质。我国土地产权制度安排必须在坚持我国土地制度的基本性质基础上来完善。党的十八届三中全会决定提出建立城乡统一的建设用地市场，实现农村集体经营性建设用地入市。我们要把所有制与产

---

① 黄益平. 以改革与创新消除对民企的歧视. 2018 年 9 月 22 日，新浪财经，http：//finance. sina. com. cn/china/2018 - 09 - 22/doc-ihkhfqnt6309599. shtml.

② 中共中央 国务院关于完善产权保护制度依法保护产权的意见［N］. 人民日报，2016 - 11 - 28.

权的"权利束"区别开来。所有制是由基本制度决定的，如土地的国有和集体所有。但土地的权利（如使用权、转让权、收益权等）是可分离的。必须在坚持所有制的条件下，让其他权利市场化。通过市场流转，节约出来的土地资源才能得到有效利用。提高现行土地利用的效率关键是制度。（1）完善农村承包地"三权分置"制度，在依法保护集体所有权的前提下，可以让承包权和土地经营权更好地发挥作用。为规模经营和产业化经营提供制度保障。（2）探索宅基地所有权、资格权、使用权"三权分置"，在落实宅基地集体所有权的基础上，要让农户资格权和农民房屋财产权更好地市场化、资产化，要让农民拥有财产权收益。（3）按照国家统一部署，在符合国土空间规划、用途管制和依法取得前提下，允许农村集体经营性建设用地入市等，要通过要素市场制度的建立，让农村各种要素市场化，要流动起来，更好地优化配置。[1]

　　进一步推进土地体制改革，关键是形成公平竞争城乡统一的土地市场，由市场机制决定城乡土地要素的配置，土地要从目前的生产资料和生活资料，成为有价值的资产。其不可或缺的条件是，能够定价，而定价的机制是交易。为什么要形成公平竞争城乡统一的土地市场？农民没有完整的土地产权，导致市场制度建立不起来。市场制度的完善，是一个过程，需要政府、中介、买卖双方在长期的互动中累积制度建设的知识。城市的国有土地已建立了一套市场交易制度，积累了一系列市场交易的知识。但中国的农村集体建设用地是没有市场的，这就导致了抵押、评估、中介、仲裁等大量市场功能的缺失。市场的缺失，背后是农村产权的缺失。现行制度规定，农村集体建设用地，包括农民的宅基地，不准入市交易。中介公司、评估公司、金融机构、法院也不愿意为农村土地房屋提供市场服务。既有的土地制度，阻碍了工商业从大城市郊区向农村和内陆地区的迁移，推高了企业的生产和交易成本。计划配置土地指标的制度，以及对集体土地入市的限制，已不再适应经济结构转型的需要，极大地制约了农村发展、农民致富。

　　二是土地自主流动有序及价格市场决定。土地要素市场化配置的改革就是要使土地价值化、资产化。这次中央经济工作会议首次提出"要改革土地

---

　　① 中共中央关于坚持和完善中国特色社会主义制度推进国家治理体系和治理能力现代化若干重大问题的决定［N］．人民日报，2019－11－6.

计划管理方式"。我们农村的耕地、园地、林地、宅地和其他建设用地以及城市、工矿企业和水利交通设施中划拨的土地,过去由于是生产和生活资料,限制交易,不能定价,几乎没有价值。随着我国市场化改革的深入,这些土地要素的价值开始显示出来,并与金融联系在一起,如抵押贷款。

但是由于产权制度的不完善,这些土地要素的价格不是由市场决定的。我国土地的价格不是由供求双方真实的供求决定的,而主要是由政府决定的。由于政府作为唯一的土地供应者,可以限制土地供应的数量,这样土地价格就会不断上升。土地不能合理定价会产生许多问题。我国经济运行中的许多问题都与此有关。理论上的不突破,制约着我国土地市场的发展。由于产权还是不清,实际占有和使用的土地退出不能通过市场机制得到使用财产交易收入,农民即使土地闲置撂荒,也不愿意使用财产权流转让其优化配置,使中国无法推进农业生产的规模化。

三是土地配置高效公平。农业技术、资金等并不是制约我国农业发展的主要因素,根本的原因在于我国土地产权制度不利于现代农业产业体系和现代农业制度的建立。由于土地产权不明晰,产权制度不健全,土地不能自主流动有序,市场还不能决定土地的价格,我国土地的价值远没有体现出来。中国可以改革的无价值和低价值土地资产,规模为 623.6 万亿元。其中农村耕地、林地、园地、宅地和其他建设用地等被限制交易的生产资料和生活资料性质的土地,用影子价格等办法计算,若能够定价交易,规模为 473.4 万亿元。城镇国有土地价值,包括划拨和低价出让的,现价规模在 304.2 万亿元,其中可交易资产规模 150 万亿元左右。[①]

从土地要素的配置来看,由于缺乏明晰的土地产权制度,土地要素出现了低效配置。我国土地制度最大的问题是土地行政配置带来的两大问题,具体如下:一是低效配置。从土地要素的配置来看,由于缺乏明晰的土地产权制度,土地要素出现了低效配置。由于土地制度和户籍制度的原因,我国不少农民进城了,但村庄占地面积并没有减少。二是行政主导土地配置带来土地在空间上的错配。在 2003 年以后,为追求平衡发展,我国的建设用地指标

---

① 周天勇. 以重大改革和发展举措稳经济 [EB/OL]. 财新网,http://opinion.caixin.com/2019 - 12 - 16/101494490.html.

大量倾向于中西部地区和中小城市，但恰恰在中西部地区、中小城市存在人口流出情况。相反，在人口流入地，尤其东南沿海地区，土地供应在建设用地指标制度之下是相应收紧的。这样一来，就出现人口流动方向和土地建设用地指标的配置方向在空间上的错配，从而导致一方面人口流入地的土地价格和住房价格高企，另一方面大量建设用地指标在中西部、中小城市用来建设工业园和新城，结果工业园过剩、新城空置，地方政府用来搞建设的债务最后也成为巨额财政负担。

土地产权制度的缺失，也降低了农民的收入。与日本、韩国和中国台湾地区相比，我国农村户籍人口少了两项最重要的收入：即土地财产性收入和以地为本的创业收入。中国农民半数的收入来自农业，而日本农民只有 1/5 的收入来自农业（尽管数据可能不具可比性）。而与城镇居民相比，农村居民的住宅、耕地、林地等只是生活资料，而不是有价值的资产和财富。由于土地产权制度的不健全，中国土地资源使用的潜力远没有发挥出来，如中国农业里有近 2 亿就业劳动力，20 亿亩耕地，劳均耕地水平可以说是世界最低；对居民住宅用地供给也是全世界各国和地区间人均水平最少的国家。960 万平方千米国土中，已开发利用土地占国土总面积比率远低于美国、日本、韩国和欧洲等国家。不从改革农村财产权制度入手，是不可能提高我国农业资源配置的效率从而提高我国农业劳动生产率的。

2. 金融产权制度与金融市场发展。中国金融最大的问题其实就是一个产权制度问题。我国融资的主体主要是商业银行，而商业银行也是国有控股为主的银行。金融制度改革最为关键的是真正推进混合所有制改革，让市场决定资源配置在金融领域落到实处。这些年政府、国有商业银行及国有企业成为金融资源配置的基本控制力量。我国金融的供给侧结构性改革就是要从金融体制入手。这也是我国要素市场制度建设最为关键的领域之一。现在研究中国金融问题谈技术层面的比较多，而分析产权及制度的比较少。产权与金融的发展是密切相关的。像拉丁美洲或印度，土地都很难被用作抵押品，无法被证券化。而在美国，居民可以用住房做抵押获得按揭贷款，银行将许多按揭贷款打包在一起作抵押，作为基础资产，发行抵押贷款支持证券。没有现代产权制度作基础，现代金融体制是难以建立的。金融体系的供给侧结构性改革就是要解决金融供给制度与实体经济制度的冲突问题。解决这种冲突的关键在于产权及制度的改革。

改革开放以来，我国金融市场得到了较大的发展，但政府对金融业的干预和参与基本上没有多少改变。这主要表现为中国的金融机构最终所有权基本上是政府所主导和占有，银行、证券、保险等传统金融基本上如此。这不仅导致中国金融市场有效的价格机制难以确立，也导致金融市场的资源配置的低效率。比如，中国银行业的资金基本上是流入国有企业手上，为何这样？就在于企业的国有性质。而国有企业很容易拿到便宜的资金之后，不是用于投资生产，而是把不少资金通过影子银行或者金融市场里的委托贷款、信托等方式转移到其他贷款者手上。所以，中国金融市场在政府主导与控制下，已经形成了一个巨大的寻租和套利市场。而这种金融市场是低效率和高风险的。①

由于中国的绝大多数金融机构为政府所主导与控制，这必然导致中国的绝大多数金融机构的信用完全由政府隐性担保，其金融机构治理同样让机构的主事者拥有绝对的权力。在这些金融机构的信用完全由政府隐性担保的情况下，这些金融机构一定会愿意从事高风险的投资，因为这样可以把收益归自身而把风险转移给社会承担。② 国务院金融稳定发展委员会力推"资产管理产品新规"，顶住阻力"打破刚性兑付"，这是金融市场的一次巨变。为了保持对金融的控制，我国金融行业的开放度也不够。如在中国目前近 300 万亿的金融资产中，外资金融机构的比重只占 1.8%，非常低。

3. 新要素产权制度与新要素市场发展。《决定》强调了"知识、技术、管理、数据"作为生产要素。这些新要素产权制度的建立和完善对于我国创新驱动和高质量发展意义极为重大。这里我们重点分析知识产权制度和数据制度问题。

健全知识产权制度是新要素市场发展的关键：

（1）健全的知识产权制度是促进创新的关键。如我国企业基础研究不足与知识产权保护不够密切相关。中国的 R&D 投入中基础研究、应用研究与试验发展经费长年维持在 5%：10%：85% 左右的比例上，尤其是试验发展经费多年居高不下。这与创新中的产权保护不够是有关的。在知识产权保护不力

①② 易宪容. 当前中国金融市场的问题及风险到底在哪？［EB/OL］2019 - 12 - 16，https：// baijiahao. baidu. com/s？id = 1653062662276576411&wfr = spider&for = pc.

的情况下，企业进行模仿创新的风险小、收益快，但自主创新投入大、风险大，所以原始创新必须建立在严格的知识产权保护制度基础之上，否则谁也不愿意让自己投资的研发费"打水漂"。

（2）惩罚性赔偿制度的建立。党的十九届四中全会报告中提出建立知识产权侵权惩罚性赔偿制度。惩罚性赔偿制度是与补偿性赔偿制度相对应的赔偿制度。《布莱克法律大词典》对惩罚性赔偿的解释是：惩罚性赔偿，是指被告因从事暴力、压迫、恶意、欺诈、漠视他人权益以及不道德行为等严重不法行为，而判决被告向原告支付的超过仅仅补偿原告财产损失的损害赔偿金，目的是慰藉原告精神上的痛苦、情感上的创伤、羞辱感、人格受损或者因不法行为导致的其他严重后果，或者是因被告的恶意行为而对其进行惩罚，或者是对被告做出一定的行为示范。基于以上原因，这种损害赔偿也被称为惩罚性赔偿或报复性赔偿。建立知识产权侵权惩罚性赔偿制度是我国加大知识产权保护力度的制度规定，必将有利于我国创新驱动发展。

（3）不断完善营商环境，建立自由企业制度。英国、美国等都有自由企业制度，这是创新的微观基础。自由企业制度使创新收益的直接定价转为间接定价，从而大大地降低了实现创新收益的交易成本。如在英国有半数的新技术是靠自由企业制度来实现和保护的。美国创新能力强主要建立在"市场经济＋风险资本＋中小企业的制度基础上"。[①]

（4）不断建立和完善鼓励与促进创新的新制度，"如设计专利和版权保护体系，还拥有其他旨在鼓励参与者承受探索未来不确定性的制度，有限责任制度、在企业失败时对债权人和所有人的保护，以及保护经理人免受股东诉讼的制度等"。[②] 这些制度在我国都有待建立和完善。

党的十九届四中全会在官方正式文件中首次提出数据是新生产要素。作为生产要素，一是数据对经济增长有贡献，提高现有产品和服务生产的效率，也创造新的产品和服务；二是数据参与产出的分配，这反映了经济结构的变化。其中一个重要方面是各要素之间具有替代性，这会对收入分配产生深远

---

① 许成钢. 当把"大众创业 万众创新"作为目标，要警惕什么？［EB/OL］. https：//mp. weixin. qq. com/s/RJbjaf9QO4mqQpIjGKOmIw，2016 - 09 - 28.

② ［美］埃德蒙·费尔普斯. 大繁荣［M］. 北京：中信出版社，2013：211.

的影响。作为要素新组成部分的数据反映了随着经济活动数字化转型加快，数据对提高生产效率的乘数作用凸显，成为最具时代特征新生产要素的重要变化。① 作为新的生产要素，数据与传统要素如土地、资本等还是有许多不同点的。还有数据的产权制度如何决定，这些都是需要研究的新问题。

四、推进要素市场制度建设的难点及思考

为什么我国商品市场发展很快，而要素市场发展却严重滞后？从大的方面看，我国经济体制改革的核心是处理政府与市场的关系，这种关系在要素市场的体现就是要素到底是由政府主导配置还是市场来配置？按理论上讲，市场决定资源配置已经成为我国经济体制改革的基本取向。这次中央经济工作会议又强调完善产权制度和要素市场化配置，但这些年为什么这个重点改革难以推进，或者说推进得很缓慢？

我国要素市场制度建设的难点有两个方面：

一是重视要素市场的技术层面建设，并形成了模拟要素市场管理模式，而忽视要素市场制度建设。我们可从思拉恩·埃格特森提出的生产技术与社会技术概念入手来分析这个问题，社会技术描述了社会制度创造行为模式的方法或机制。生产技术描述了将投入转化为产出的方法。但是，生产过程也只有在适当的制度框架下才会产生效率。生产技术在国家之间是容易移植的，而社会制度的移植却是相当困难的。② 我们把要素作为一种类似生产技术的东西在处理，是可以由政府部门规划或计算的，我们就不愿意在产权和制度上做文章，也就是在社会技术上做文章。要素市场制度就是要在社会技术层面变革。比如说在土地上我们强调土地的规划及监管，而忽视了土地市场的产权明晰、使用的主体以及土地的流动等。资金市场上我们把国外的生产技术（股票市场的运行体系等）、商业银行的管理模式都移植过来了，但我们就没

① 彭文生. 谈下个十年：数字经济［DB/OL］. 同花顺财经，2019 - 12 - 10，https：//baijiahao. baidu. com/s？id = 1652512164839491788&wfr = spider&for = pc.

② 思拉恩·埃格特森. 并非完美的制度：改革的可能性与局限性［M］. 北京：中国人民出版社，2017：27.

有引进社会技术。其实，中国金融市场最大的问题就是国有商业银行产权不明晰，市场还没有决定金融资源的配置。在劳动力市场上，户籍制度限制了劳动力权利的实现，我们把它称为模拟的要素市场。市场决定资源配置最关键的是要有产权明晰的市场主体。这个市场主体肯定不能是政府，而只能是企业、个人或其他经济组织。

兰格的市场社会主义对我国影响还是比较深的。在我们的潜意识里，计划的市场比真实的世界更有效率。我国还处在模拟市场经济体制阶段，即我国政府部门按照市场经济的信号来运行我国要素市场，这个市场偏离了"自然价格"决定的市场。如前所述，我国土地的价格、利率等这些要素的价格都是模拟的价格，它们并不是在产权明晰的条件下由供求双方决定的。它们更多是政府"看得见的手"作用的结果，而不是在市场这只"看不见的手"作用下的结果。转型国家模仿空间很大，这种模仿有两种形式，一种是模仿制度；另一种是模仿技术和工业化模式。由于巨大的落差所导致的巨大模仿空间，会使很多后进国家只重视模仿生产、管理和技术，而不去认真地进行国家制度层面的变革。

米塞斯就曾指出，"东方民族没认识到他们最需要的并非西方的技术，而是产生这些技术的社会秩序，他们最为缺乏的是经济自由和民间的原创力，但是实际上他们只是寻求工程师和机器，东西方的差距在社会和经济制度。"[1]党的十九大报告提出经济体制改革的重点是完善产权制度和要素市场化配置，这是抓住了中国经济体制改革的实质。

二是我国是自上而下的制度安排，在基于基本经济制度和社会主义市场经济体制建设要素市场制度安排上还存在一些制约因素。明晰的财产权鼓励高效率和创造性行为，用较低的成本执行这些法律的司法体系，作为这种正式规则之补充的内化于人心的行为规范，构成了高效率的支柱。而明晰的产权和有效的司法体系，都是政治结构的产物。[2] 如阿西莫格鲁所说，具体经济制度作为一种集体产品体现的不是个人偏好而是集体选择。由于经济制度具有再分配功能，不同的利益集团偏好不同，最终什么样的制度会被选择，就

---

① 米塞斯. 社会主义：经济与社会学的分析 [M]. 北京：中国社会科学出版社，2016：120.
② 诺思. 理解经济变迁过程 [M]. 北京：中国人民大学出版社，2008：97.

取决于该社会中政治权力的分配。经济制度是由掌握政治权力的集团供给的，具体到我国，我国要素市场的制度安排及转型与各个部委的决定是密切相关的。其他集团也在通过改变权力的分配状况才有可能改变经济制度。我国各利益集团在基本制度环境的前提下，将会不断地让制度安排适合我国基本制度的要求和市场经济体制发展的需要。党的十九届四中全会决定把社会主义市场经济体制也作为基本经济制度确立下来，这更表明要素市场制度建设的重要性。要素市场建设是一项复杂系统工程，在这个过程中，由于我国是自上而下的制度改革，这涉及如何与自下而上的制度改革结合起来。自下而上的制度变革是制度变革的重要力量。如19世纪美国国会和最高法院承认了西部移民和金矿占有者的财产权，从而使美国资本主义一跃而居世界前列。正是靠着把不正规的财产权制度转化成正规的制度安排，西方才得以在19世纪和20世纪从第三世界发展到第一世界[①]。二是我国要注意吸取苏联改革中的教训，即部委不愿意分权和对非公有制经济的歧视。苏联改革中出现了两种导致所有权缺失的因素：一是抑制国家部门中分权化管理因素，即国家部门支配非排他性拥有的资源，他们通过对财富创造过程的控制而获取租金。各部委的焦点就在于争夺从无效率的经济体制获取更多利益的位置。各部委都想控制更多的资源和掌握更多的规则制定的权力。[②] 二是抑制扩大私人部门的因素。从国有部门向私人部门的转移活动减少了经济官员们获取租金的可能性。为什么国企改革阻力重重？产权不清晰会导致人们争相攫取稀缺的经济资源和机会。中国的改革需要避免出现苏联改革中出现的问题。如国有经济产权不明晰就会产生大量的租金，国有经济在市场中的腐败成为国有资产流失的重要因素。我们必须按照党的十九大精神，搞好国有企业的改革。广泛的财产权利也是以人民为中心的发展和赋权于民的关键。这也是马克思主义政治经济学所重点强调的观点，即全民所有制的意义所在，以人民为中心的社会主义政治经济学是完全可以解决这个问题的。必须在发展社会主义公有制经济和非公有制经济中坚持竞争中性原则，在产权保护上实现非人格化保护，从而使社会主义基本经济制度的优势发挥出来。

---

① [秘] 德·索托. 资本的秘密 [M]. 北京：华夏出版社，2007：99.
② 李·J. 阿尔斯通等. 制度变革的经验研究 [M]. 北京：经济科学出版社，2003：82.

参考文献

[1] 白旭云，王砚羽，苏欣．研发补贴还是税收激励——政府干预对企业创新绩效和创新质量的影响 [J]．科研管理，2019 (6)．

[2] 蔡绍洪，彭长生，俞立平．企业规模对创新政策绩效的影响研究——以高技术产业为例 [J]．中国软科学，2019 (9)．

[3] 陈林，朱卫平．出口退税和创新补贴政策效应研究 [J]．经济研究，2008 (11)．

[4] 戴静等．银行业竞争、创新资源配置和企业创新产出——基于中国工业企业的经验证据 [J]．金融研究，2020 (2)．

[5] 董晓庆，赵坚，袁朋伟．国有企业创新效率损失研究 [J]．中国工业经济，2014 (2)．

[6] 冯根福等．究竟哪些因素决定了中国企业的技术创新——基于九大中文经济学权威期刊和 A 股上市公司数据的再实证 [J]．中国工业经济，2021 (1)．

[7] 冯海红，曲婉，李铭禄．税收优惠政策有利于企业加大研发投入吗？[J]．科学学研究，2015 (5)．

[8] 高良谋，李宇．企业规模与技术创新倒 U 关系的形成机制与动态拓展 [J]．管理世界，2009 (8)．

[9] 顾雷雷，王鸿宇．社会信任、融资约束与企业创新 [J]．经济学家，2020 (11)．

[10] 韩仁月，马海涛．税收优惠方式与企业研发投入——基于双重差分模型的实证检验 [J]．中央财经大学学报，2019 (3)．

[11] 贾根良，李家瑞．国有企业的创新优势——基于演化经济学的分析

[J]. 山东大学学报(哲学社会科学版),2018(4).

[12] 贾俊生,伦晓波,林树. 金融发展、微观企业创新产出与经济增长——基于上市公司专利视角的实证分析 [J]. 金融研究,2017(1).

[13] 康志勇,汤学良,刘馨."鱼与熊掌能兼得"吗?——市场竞争、政府补贴与企业研发行为 [J]. 世界经济文汇,2018(4).

[14] 黎文靖,郑曼妮. 实质性创新还是策略性创新?——宏观产业政策对微观企业创新的影响 [J]. 经济研究,2016(4).

[15] 李健,江金鸥,陈传明. 包容性视角下数字普惠金融与企业创新的关系:基于中国 A 股上市企业的证据 [J]. 管理科学,2020(6).

[16] 李双建,李俊青,张云. 社会信任、商业信用融资与企业创新 [J]. 南开经济研究,2020(3).

[17] 李爽. 专利制度是否提高了中国工业企业的技术创新积极性——基于专利保护强度和地区经济发展水平的"门槛效应" [J]. 财贸研究,2017(4).

[18] 李维安,李浩波,李慧聪. 创新激励还是税盾?——高新技术企业税收优惠研究 [J]. 科研管理,2016(11).

[19] 李宇,魏若蕴. 企业规模质量对产业创新升级的影响机制研究——基于规模阈值突破的视角 [J]. 科研管理,2018(6).

[20] 林志帆,刘诗源. 税收负担与企业研发创新——来自世界银行中国企业调查数据的经验证据 [J]. 财政研究,2017(2).

[21] 林洲钰,林汉川,邓兴华. 所得税改革与中国企业技术创新 [J]. 中国工业经济,2013(3).

[22] 凌鸿程,孙怡龙. 社会信任提高了企业创新能力吗?[J]. 科学学研究,2019(10).

[23] 刘灿雷,王永进,王若兰. 上游管制、行业间谈判势力与企业研发创新 [J]. 国际贸易问题,2019(6).

[24] 刘瑞明,石磊. 上游垄断、非对称竞争与社会福利——兼论大中型国有企业利润的性质 [J]. 经济研究,2011(12).

[25] 刘思明,侯鹏,赵彦云. 知识产权保护与中国工业创新能力——来自省级大中型工业企业面板数据的实证研究 [J]. 数量经济技术经济研究,

2015（3）.

［26］刘婷婷，高凯，何晓斐．高管激励、约束机制与企业创新［J］．工业技术经济，2018（9）.

［27］刘学元，丁雯婧，赵先德．企业创新网络中关系强度、吸收能力与创新绩效的关系研究［J］．南开管理评论，2016（1）.

［28］柳卸林，张伟捷，董彩婷．企业多元化、所有制差异和创新持续性——基于ICT产业的研究［J］．科学学与科学技术管理，2021（1）.

［29］卢现祥，滕宇汰．产权保护及其经济绩效——兼论产权保护量化演变和"中国之谜"的实质［J］．经济学动态，2020（11）.

［30］鲁若愚等．企业创新网络：溯源、演化与研究展望［J］．管理世界，2021（1）.

［31］鲁桐、党印．公司治理与技术创新：分行业比较［J］．经济研究，2014（6）.

［32］鲁小东，焦捷，朱世武．普通员工薪酬、公司规模与成长性——来自中国上市公司面板数据的经验证据［N］．清华大学学报（自然科学版），2011（12）.

［33］路畅等．正式/非正式合作网络对中小企业创新绩效的影响研究［J］．研究与发展管理，2019（6）.

［34］罗润东等．2020年中国经济学研究热点分析［J］．经济学动态，2021（3）.

［35］马晶梅等．融资约束、研发操纵与企业创新决策［J］．科研管理，2020（12）.

［36］马永军，张志武，赵泽．技术引进、吸收能力与创新质量——来自中国高技术产业的经验证据［J］．宏观质量研究，2021（2）.

［37］潘健平，王铭榕，吴沛雯．企业家精神、知识产权保护与企业创新［J］．财经问题研究，2015（12）.

［38］钱锡红，杨永福，徐万里．企业网络位置、吸收能力与创新绩效——一个交互效应模型［J］．管理世界，2010（5）.

［39］任曙明，吕镯．融资约束、政府补贴与全要素生产率——来自中国装备制造企业的实证研究［J］．管理世界，2014（11）.

[40] 孙泽宇，齐保垒. 正式制度的有限激励作用——基于地区信任环境对企业创新影响的实证研究 [N]. 山西财经大学学报，2020 (3).

[41] 唐清泉，甄丽明. 管理层风险偏爱、薪酬激励与企业 R&D 投入——基于我国上市公司的经验研究 [J]. 经济管理，2009 (5).

[42] 唐松，伍旭川，祝佳. 数字金融与企业技术创新——结构特征、机制识别与金融监管下的效应差异 [J]. 管理世界，2020 (5).

[43] 万佳彧，周勤，肖义. 数字金融、融资约束与企业创新 [J]. 经济评论，2020 (1).

[44] 王海成，吕铁. 知识产权司法保护与企业创新——基于广东省知识产权案件"三审合一"的准自然试验 [J]. 管理世界，2016 (10).

[45] 王黎萤等. 专利合作网络影响科技型中小企业创新绩效的机理研究 [J]. 科研管理，2021 (1).

[46] 王岭，周立宏，祁晓凤. 反腐败、政治关联与技术创新——基于 2010—2015 年创业板企业数据的实证分析 [J]. 经济理论与经济管理，2019 (12).

[47] 王永进，刘灿雷. 国有企业上游垄断阻碍了中国的经济增长？——基于制造业数据的微观考察 [J]. 管理世界，2016 (6).

[48] 魏浩，巫俊. 知识产权保护、进口贸易与创新型领军企业创新 [J]. 金融研究，2018 (9).

[49] 吴超鹏，唐菂. 知识产权保护执法力度、技术创新与企业绩效——来自中国上市公司的证据 [J]. 经济研究，2016 (11).

[50] 吴伟伟，张天一. 非研发补贴与研发补贴对新创企业创新产出的非对称影响研究 [J]. 管理世界，2021 (3).

[51] 伍健等. 战略性新兴产业中政府补贴对企业创新的影响 [J]. 科学学研究，2018 (1).

[52] 夏后学，谭清美，白俊红. 营商环境、企业寻租与市场创新——来自中国企业营商环境调查的经验证据 [J]. 经济研究，2019 (4).

[53] 夏清华，黄剑. 市场竞争、政府资源配置方式与企业创新投入——中国高新技术企业的证据 [J]. 经济管理，2019 (8).

[54] 肖虹，曲晓辉. R&D 投资迎合行为：理性迎合渠道与股权融资渠

道？——基于中国上市公司的经验证据 [J]. 会计研究，2012 (2).

[55] 肖利平. 公司治理如何影响企业研发投入？——来自中国战略性新兴产业的经验考察 [J]. 产业经济研究，2016 (1).

[56] 徐晓萍，张顺晨，许庆. 市场竞争下国有企业与民营企业的创新性差异研究 [J]. 财贸经济，2017 (2).

[57] 徐业坤，钱先航，李维安. 政治不确定性、政治关联与民营企业投资——来自市委书记更替的证据 [J]. 管理世界，2013 (5).

[58] 许玲玲，郑春美. 高新技术企业认定公告的市场反应研究 [J]. 科研管理，2016 (12).

[59] 阳丹. 企业创新行为的关键影响因素研究述评——基于企业、市场和政府的视角 [J]. 当代财经，2020 (6).

[60] 杨东，柴慧敏. 企业绿色技术创新的驱动因素及其绩效影响研究综述 [J]. 中国人口·资源与环境，2015 (2).

[61] 杨国超等. 减税激励、研发操纵与研发绩效 [J]. 经济研究，2017 (8).

[62] 杨建君，王婷，刘林波. 股权集中度与企业自主创新行为：基于行为动机视角 [J]. 管理科学，2015 (2).

[63] 杨洋，魏江，罗来军. 谁在利用政府补贴进行创新？——所有制和要素市场扭曲的联合调节效应 [J]. 管理世界，2015 (1).

[64] 杨震宁，赵红. 中国企业的开放式创新：制度环境、"竞合"关系与创新绩效 [J]. 管理世界，2020 (2).

[65] 杨治等. 国有企业研发投入对民营企业创新行为的影响 [J]. 科研管理，2015 (4).

[66] 叶静怡等. 中国国有企业的独特作用：基于知识溢出的视角 [J]. 经济研究，2019 (6).

[67] 尹美群，盛磊，李文博. 高管激励、创新投入与公司绩效——基于内生性视角的分行业实证研究 [J]. 南开管理评论，2018 (1).

[68] 尹志锋等. 知识产权保护与企业创新：传导机制及其检验 [J]. 世界经济，2013 (12).

[69] 于长宏，原毅军. 企业规模、技术获取模式与 R&D 结构 [J]. 科

学学研究, 2017 (10).

[70] 余明桂, 潘红波. 政治关系、制度环境与民营企业银行贷款 [J]. 管理世界, 2008 (8).

[71] 余明桂, 慧洁, 范蕊. 民营化、融资约束与企业创新——来自中国工业企业的证据 [J]. 金融研究, 2019 (4).

[72] 俞仁智, 何洁芳, 刘志迎. 基于组织层面的公司企业家精神与新产品创新绩效——环境不确定性的调节效应 [J]. 管理评论, 2015 (9).

[73] 袁建国, 后青松, 程晨. 企业政治资源的诅咒效应——基于政治关联与企业技术创新的考察 [J]. 管理世界, 2015 (1).

[74] 张杰, 郑文平, 翟福昕. 竞争如何影响创新: 中国情景的新检验 [J]. 中国工业经济, 2014 (11).

[75] 张杰. 政府创新补贴对中国企业创新的激励效应——基于 U 型关系的一个解释 [J]. 经济学动态, 2020 (6).

[76] 张维迎, 柯荣住. 信任及其解释: 来自中国的跨省调查分析 [J]. 经济研究, 2002 (10).

[77] 张希, 罗能生, 彭郁. 税收安排与区域创新——基于中国省际面板数据的实证研究 [J]. 经济地理, 2014 (9).

[78] 张璇, 李子健, 李春涛. 银行业竞争、融资约束与企业创新——中国工业企业的经验证据 [J]. 金融研究, 2019 (10).

[79] 张璇等. 信贷寻租、融资约束与企业创新 [J]. 经济研究, 2017 (5).

[80] 赵庆. 国有企业真的低效吗? ——基于区域创新效率溢出效应的视角 [J]. 科学学与科学技术管理, 2017 (3).

[81] 钟腾, 汪昌云. 金融发展与企业创新产出——基于不同融资模式对比视角 [J]. 金融研究, 2017 (12).

[82] 朱德胜, 周晓珮. 股权制衡、高管持股与企业创新效率 [J]. 南开管理评论, 2016 (3).

[83] 朱德胜. 不确定环境下股权激励对企业创新活动的影响 [J]. 经济管理, 2019 (2).

[84] 庄毓敏, 储青青, 马勇. 金融发展、企业创新与经济增长 [J]. 金

融研究，2020（4）.

[85] 庄子银，贾红静，肖春唤. 突破性创新研究进展 [J]. 经济学动态，2020（9）.

[86] 中国社会科学院工业经济研究所课题组，史丹."十四五"时期中国工业发展战略研究 [J]. 中国工业经济，2020（2）.

[87] 龚刚，魏熙晔，杨先明，赵亮亮. 建设中国特色国家创新体系 跨越中等收入陷阱 [J]. 中国社会科学，2017（8）.

[88] 吴晓波，吴东. 中国企业技术创新与发展 [J]. 科学学研究，2018（12）.

[89] 卢福财，胡平波. 全球价值网络下中国企业低端锁定的博弈分析 [J]. 中国工业经，2008（10）.

[90] 滕明杰. 交易费用视角下企业技术创新主体地位研究 [J]. 山东社会科学，2009（12）.

[91] 王钦，张崔. 中国工业企业技术创新 40 年：制度环境与企业行为的共同演进 [J]. 经济管理，2018（11）.

[92] 张维迎. 企业家精神与中国企业家成长 [J]. 经济界，2010（2）.

[93] 李新男. 企业技术创新主体地位与建设创新型国家 [J]. 中国科技论坛，2007（6）.

[94] 李学勇. 确立企业在技术创新中的主体地位 [J]. 求是，2007（8）.

[95] 李永周，庄芳丽. 论高新技术企业网络组织的集聚创新机制 [J]. 科技管理研究，2008（12）.

[96] 蒋敏，陈昭. 我国企业自主创新的研发资源集聚模式 [J]. 生产力研究，2009（3）.

[97] 罗小芳，卢现祥. 高质量发展中的创新组织方式转型研究 [J]. 经济纵横，2018（12）.

[98] 卢现祥. 寻租阻碍中国自主创新——基于制度视角的分析 [J]. 学术界，2016（1）.

[99] 王娟茹，杨苗苗，李正锋. 跨界搜索、知识整合与突破性创新 [J]. 研究与发展管理，2020（3）.

［100］卢现祥．强化企业创新主体地位［N］．中国纪检监察报，2020 - 12 - 17（007）．

［101］李兰，仲为国，彭泗清，郝大海，王云峰．当代企业家精神：特征、影响因素与对策建议——2019 中国企业家成长与发展专题调查报告［J］．南开管理评论，2019（5）．

［102］庄子银，贾红静，肖春唤．突破性创新研究进展［J］．经济学动态，2020（9）．

［103］［美］埃德蒙·费尔普斯．大繁荣［M］．北京：中信出版社，2013．

［104］赫尔曼·西蒙．隐形冠军．谁是全球最优秀的公司［M］．北京：新华出版社，2002．

［105］黎文靖，郑曼妮．实质性创新还是策略性创新？宏观产业政策对微观企业创新的影响［J］．经济研究，2016（4）．

［106］戴魁早，刘友金．要素市场扭曲与创新效率——对中国高技术产业发展的经验分析［J］．经济研究，2016（7）．

［107］刘思明，侯鹏，赵彦云．知识产权保护与中国工业创新能力——来自省级大中型工业企业面板数据的实证研究［J］．数量经济技术经济研究，2016（7）．

［108］高楠，于文超，梁平汉．市场、法制环境与区域创新活动［J］．科研管理，2017（38）．

［109］吴超鹏，唐茜．知识产权保护执法力度、技术创新与企业绩效——来自中国上市公司的证据［J］．经济研究，2016（11）．

［110］唐保庆．中国服务业增长的区域失衡研究——知识产权保护实际强度与最适强度偏离度的视角［J］．经济研究，2018（8）．

［111］温忠麟，叶宝娟．中介效应分析：方法和模型发展［J］．心理科学进展，2014（5）．

［112］吴延兵．R&D 存量、知识函数与生产效率［J］．经济学，2006（4）．

［113］朱平芳，徐伟民．政府的科技激励政策对大中型工业企业 R&D 投入及其专利产出的影响——上海市的实证研究［J］．经济研究，2003（6）．

［114］韩玉雄，李怀祖．关于中国知识产权保护水平的定量分析［J］．科学学研究，2005（6）．

［115］魏浩，李晓庆．知识产权保护与中国企业进口产品质量［J］．世界经济，2019（6）．

［116］樊纲，王小鲁，朱恒鹏．中国市场化指数——各地区市场化相对进程2011年报告［M］．北京：经济科学出版社，2011．

［117］谢千里，罗斯基，张轶凡．中国工业生产率的增长与收敛［J］．经济学（季刊），2008（7）．

［118］张海玲．技术距离、环境规制与企业创新［N］．中南财经政法大学学报，2019（2）．

［119］林毅夫，张鹏飞．后发优势、技术引进和落后国家的经济增长［J］．经济学（季刊），2005（4）．

［120］李小平．自主R&D、技术引进和生产率增长［J］．数量经济技术经济研究，2007（7）．

［121］于明超，申俊喜．区域异质性与创新效率［J］．中国软科学，2010（11）．

［122］吴延兵，米增渝．创新、模仿与企业效率——来自制造业非国有企业的经验证据［J］．中国社会科学，2011（4）．

［123］吴延兵．自主研发、技术引进与生产率——基于中国地区工业的实证研究［J］．经济研究，2008（8）．

［124］白俊红．企业规模、市场结构与创新效率——来自高技术产业的经验数据［J］．中国经济问题，2011（9）．

［125］钟廷勇，安烨．文化创意产业技术效率的空间差异及影响因素［N］．中南财经政法大学学报，2014（1）．

［126］陈建丽，孟令杰，姜彩楼．两阶段视角下高技术产业技术创新效率及影响因素研究［J］．数学的实践与认识，2014（2）．

［127］杨浩昌，李廉水，张发明．高技术产业集聚与绿色技术创新绩效［J］．科研管理，2020（9）．

［128］陈长石，姜廷廷，刘晨晖．产业集聚方向对城市技术创新影响的实证研究［J］．科学学研究，2019（1）．

［129］平新乔．产业结构调整与产业政策［J］．中国经济报告，2016（12）．

［130］T.佩尔森，G.塔贝里尼．政治经济学：对经济政策的解释［M］．

中国人民大学出版社，2007.

[131] J-J 拉丰. 激励与政治经济学 [M]. 中国人民大学出版社，2013.

[132] 杨帆，卢周来. 中国的"特殊利益集团"如何影响地方政府决策——以房地产利益集团为例 [J]. 管理世界，2010 (6).

[133] 孙早，席建成. 中国式产业政策的实施效果：产业升级还是短期经济增长 [J]. 中国工业经济，2015 (7).

[134] 张同斌，高铁梅. 财税政策激励、高新技术产业发展与产业结构调整 [J]. 经济研究，2012 (5).

[135] 宋凌云，王贤彬. 政府补贴与产业结构变动 [J]. 中国工业经济，2013 (4).

[136] 王宇，刘志彪. 补贴方式与均衡发展：战略性新兴产业成长与传统产业调整 [J]. 中国工业经济，2013 (8).

[137] 韩永辉，黄亮雄等. 产业政策推动地方产业结构升级了吗？——基于发展型地方政府的理论解释与实证检验 [J]. 经济研究，2017 (8).

[138] 瞿宛文. 如何研究中国产业：多种理论资源综论 [J]. 人文杂志，2018 (12).

[139] 文贯中. 重新审视产业政策 [DB/OL]. 爱思想，2019 - 01 - 17，http://www. aisixiang. com/data/114626. html.

[140] 张杰，翟福昕等. 政府补贴、市场竞争与出口产品质量 [J]. 数量经济技术经济研究，2015 (4).

[141] 李旭超，罗德明等. 资源错置与中国企业规模分布特征 [J]. 中国社会科学，2017 (2).

[142] D. 瓦尔德纳. 国家建构与后发展 [M]. 长春：吉林出版集团，2011 (127).

[143] D. 阿西莫格鲁. 制度视角下的中国未来经济增长 [J]. 比较，2014 (74).

[144] 尹玉婷，卢现祥. 我国财政补贴的配置效率与适应性效率分析 [J]. 福建论坛（人文社会科学版），2018 (11).

[145] 顾昕. 协作治理与发展主义：产业政策中的国家、市场与社会 [J]. 学习与探索，2017 (10).

［146］卢现祥，尹玉婷．中国人际关系化产业补贴的有效性分析［J］．江汉论坛，2018（5）.

［147］C. 约翰逊．通产省与日本奇迹［M］．长春：吉林出版集团，2010.

［148］博伊德（Boyd Richard）．日本与中国台湾地区的寻租模式及其经济后果［J］．公共管理评论，2005（149）.

［149］L. 津加莱斯．繁荣的真谛［M］．北京：中信出版社，2015.

［150］余明桂，回雅甫等．政治联系、寻租与地方政府财政补贴有效性［J］．经济研究，2010（3）.

［151］D. C. 诺思、J. J. 瓦利斯等．暴力与社会秩序：诠释有文字记载的人类历史的一个概念性框架［M］．上海：上海人民出版社，2013.

［152］杨洋，魏江等．谁在利用政府补贴进行创新？——所有制和要素市场扭曲的联合调节效应［J］．管理世界，2015（1）.

［153］张杰，陈志远等．中国创新补贴政策的绩效评估：理论与证据［J］．经济研究，2015（10）.

［154］余明桂，范蕊等．中国产业政策与企业技术创新［J］．中国工业经济，2016（12）.

［155］邵敏，包群．政府补贴与企业生产率——基于我国工业企业的经验分析［J］．中国工业经济，2012（7）.

［156］D. 阿西莫格鲁，J. A. 罗宾逊，李增刚，徐彬译．国家为什么会失败［M］．长沙：湖南科学技术出版社，2015.

［157］刘海洋，孔祥贞等．补贴扭曲了中国工业企业的购买行为吗？——基于讨价还价理论的分析［J］．管理世界，2012（10）.

［158］江飞涛，李晓萍．直接干预市场与限制竞争：中国产业政策的取向与根本缺陷．中国工业经济，2010（9）.

［159］王永进，冯笑．行政审批制度改革与企业创新［J］．中国工业经济，2018（2）.

［160］肖兴志，王伊攀．政府补贴与企业社会资本投资决策——来自战略性新兴产业的经验证据［J］．中国工业经济，2014（9）.

［161］伍健，田志龙等．战略性新兴产业中政府补贴对企业创新的影响［J］．科学学研究，2018（1）.

[162] D. 诺思. 制度、制度变迁与经济绩效 [M]. 上海：上海格致出版社，2014.

[163] 陈永清，夏青等. 产业政策研究及其争论述评 [J]. 经济评论，2016 (6).

[164] 毛其淋，许家云. 政府补贴、异质性与企业风险承担 [J]. 经济学（季刊），2016 (4).

[165] 邓若冰，吴福象. 研发模式、技术溢出与政府最优补贴强度 [J]. 科学学研究，2017 (6).

[166] 王刚刚，谢富纪等. R&D 补贴政策激励机制的重新审视——基于外部融资激励机制的考察 [J]. 中国工业经济，2017 (2).

[167] 汪秋明，韩庆潇等. 战略性新兴产业中的政府补贴与企业行为——基于政府规制下的动态博弈分析视角 [J]. 财经研究，2014 (7).

[168] 孔东民，刘莎莎等. 市场竞争、产权与政府补贴 [J]. 经济研究，2013 (2).

[169] 宋凌云，王贤彬. 产业政策如何推动产业增长——财政手段效应及信息和竞争的调节作用 [J]. 财贸研究，2017 (3).

[170] 孟辉，白雪洁. 新兴产业的投资扩张、产品补贴与资源错配 [J]. 数量经济技术经济研究，2017 (6).

[171] 陈小亮，陈伟泽. 垂直生产结构、利率管制和资本错配 [J]. 经济研究，2017 (10).

[172] 徐志伟，郭树龙. 政府补贴、市场进入与企业盈利——兼评政府补贴的技术效应与反竞争效应 [J]. 当代财经，2018 (1).

[173] 江飞涛，曹建海. 市场失灵还是体制扭曲——重复建设形成机理研究中的争论、缺陷与新进展 [J]. 中国工业经济，2009 (1).

[174] 江飞涛，耿强等. 地区竞争、体制扭曲与产能过剩的形成机理 [J]. 中国工业经济，2012 (6).

[175] 卢现祥. 对我国产能过剩的制度经济学思考 [J]. 福建论坛（人文社会科学版），2014 (8).

[176] 黄先海，谢璐. 战略性贸易产业 R&D 补贴的实施策略研究——事前补贴与事后补贴之比较 [J]. 国际贸易问题，2007 (11).

[177] 郑绪涛，柳剑平. 促进 R&D 活动的税收和补贴政策工具的有效搭配 [J]. 产业经济研究，2008 (1).

[178] 熊勇清，李晓云等. 战略性新兴产业财政补贴方向：供给端抑或需求端——以光伏产业为例 [J]. 审计与经济研究，2015 (5).

[179] 唐书林，肖振红等. 上市公司自主创新的国家激励扭曲之困——是政府补贴还是税收递延？[J]. 科学学研究，2016 (5).

[180] 柳光强. 税收优惠、财政补贴政策的激励效应分析——基于信息不对称理论视角的实证研究 [J]. 管理世界，2016 (10).

[181] 张辉，刘佳颖等. 政府补贴对企业研发投入的影响——基于中国工业企业数据库的门槛分析 [J]. 经济学动态，2016 (12).

[182] 黄先海，宋学印等. 中国产业政策的最优实施空间界定——补贴效应、竞争兼容与过剩破解 [J]. 中国工业经济，2015 (4).

[183] 吴敬琏. 我国的产业政策：不是存废，而是转型 [J]. 中国流通经济，2017 (11).

[184] 杜爽，冯晶，杜传忠. 产业集聚、市场集中对区域创新能力的作用——基于京津冀、长三角两大经济圈制造业的比较 [J]. 经济与管理研究，2018 (1).

[185] 张长征，黄德春，马昭洁. 产业集聚与产业创新效率：金融市场的联结和推动——以高新技术产业集聚和创新为例 [J]. 产业经济研究，2012 (6).

[186] 曹玉平. 出口贸易、产业空间集聚与技术创新——基于 20 个细分制造行业面板数据的实证研究 [J]. 经济与管理研究，2012 (9).

[187] 周明，李宗植. 基于产业集聚的高技术产业创新能力研究 [J]. 科研管理，2011 (1).

[188] 胡彬，万道侠. 产业集聚如何影响制造业企业的技术创新模式——兼论企业"创新惰性"的形成原因 [J]. 财经研究，2017 (11).

[189] 杜江，张伟科，葛尧. 产业集聚对区域技术创新影响的双重特征分析 [J]. 软科学，2017 (11).

[190] 原毅军，郭然. 生产性服务业集聚、制造业集聚与技术创新——基于省级面板数据的实证研究 [J]. 经济学家，2018 (5).

[191] 何守超, 陈斐. 生产服务业聚集与技术创新: 理论及实证——基于 2003—2015 年省级面板数据 [J]. 经济体制改革, 2017 (5).

[192] 曾庆均, 王纯, 张晴云. 生产性服务业集聚与区域创新效率的空间效应研究 [J]. 软科学, 2019 (1).

[193] 王鹏, 李军花. 产业互动外部性、生产性服务业集聚与城市创新力——对我国七大城市群的一项实证比较 [J]. 产经评论, 2020 (2).

[194] 陈恩, 王惟. 生产性服务业的集聚能否促进区域创新能力的提高?——基于广东省 21 个地级市的计量分析 [J]. 科技管理研究, 2019 (6).

[195] 刘维刚, 周凌云, 李静. 生产投入的服务质量与企业创新——基于生产外包模型的分析 [J]. 中国工业经济, 2020 (8).

[196] 韩峰, 谢锐. 生产性服务业集聚降低碳排放了吗?——对我国地级及以上城市面板数据的空间计量分析 [J]. 数量经济技术经济研究, 2017 (3).

[197] 曾艺, 韩峰, 刘俊峰. 生产性服务业集聚提升城市经济增长质量了吗?[J]. 数量经济技术经济研究, 2019 (5).

[198] 韩峰, 阳立高. 生产性服务业集聚如何影响制造业结构升级?——一个集聚经济与熊彼特内生增长理论的综合框架 [J]. 管理世界, 2020 (2).

[199] 王志强, 刘伯凡, 曹建华. 生产性服务业集聚对制造业集聚的影响——基于一般制造业和高技术产业的比较分析 [J]. 经济问题探索, 2017 (3).

[200] 陈启斐, 刘志彪. 生产性服务进口对我国制造业技术进步的实证分析 [J]. 数量经济技术经济研究, 2014 (3).

[201] 刘欢. 工业智能化如何影响城乡收入差距 [J]. 中国农村经济, 2020 (5).

[202] 贺娅, 徐康宁. 互联网对城乡收入差距的影响: 基于中国事实的检验 [J]. 经济经纬, 2019 (3).

[203] 蔡跃洲, 陈楠. 新技术革命下人工智能与高质量增长、高质量就业 [J]. 数量经济技术经济研究, 2019 (5).

[204] 王林辉, 胡晟明, 董直庆. 人工智能技术会诱致劳动收入不平等

吗 [J]. 中国工业经济, 2020 (4).

[205] 何宗樾, 宋旭光. 数字经济促进就业的机理与启示 [J]. 经济学家, 2020 (5).

[206] 周利, 冯大威, 易行健. 数字普惠金融与城乡收入差距: "数字红利" 还是 "数字鸿沟" [J]. 经济学家, 2020 (5).

[207] 张勋等. 数字经济、普惠金融与包容性增长 [J]. 经济研究, 2019 (8).

[208] 谢绚丽等. 数字金融能促进创业吗? ——来自中国的证据 [J]. 经济学, 2018 (7).

[209] 伟明, 粟麟, 王明伟. 数字普惠金融与城乡居民收入 [N]. 上海财经大学学报, 2020 (8).

[210] 李牧辰, 封思贤, 谢星. 数字普惠金融对城乡收入差距的异质性影响研究 [N]. 南京农业大学学报, 2020 (5).

[211] 丛屹, 俞伯阳. 数字经济对中国劳动力资源配置效率的影响 [J]. 财经理论与实践 (双月刊), 2020 (3).

[212] 郭亚军. 一种新的动态综合评价方法 [J]. 管理科学学报, 2002 (4).

[213] 白重恩等. 地方保护主义及产业集中度的决定因素和变动趋势 [J]. 经济研究, 2004 (2).

[214] 刘培林. 地方保护和市场分割的损失 [J]. 中国工业经济, 2005 (4).

[215] 谢攀, 林致远. 地方保护、要素价格扭曲与资源误置——来自A股上市公司的经验证据 [J]. 财贸经济, 2016 (2).

[216] 方军雄. 市场分割与资源配置效率的损害 [J]. 财经研究, 2009 (9).

[217] 刘凤委. 地方保护能提升公司绩效吗——来自上市公司的经验证据 [J]. 中国工业经济, 2007 (4).

[218] 陈冬. 谁动了上市公司的壳? ——地方保护主义与上市公司壳交易 [J]. 金融研究, 2016 (7).

[219] 王磊. 市场分割与资源错配——基于生产率分布视角的理论与实

证分析 [J]. 经济理论与经济管理, 2016 (11).

[220] 陈瑾瑜. 市场分割条件下金融支持技术进步的路径分析 [J]. 统计与决策, 2015 (6).

[221] 孙早. 市场化程度、地方保护主义与 R&D 的溢出效应 [J]. 管理世界, 2014 (8).

[222] 范剑勇. 产品同质性、投资的地方保护与国内产品市场一体化测度 [J]. 经济研究, 2011 (11).

[223] 胡向婷. 地区保护主义对地区产业结构的影响——理论与实证分析 [J]. 经济研究, 2005 (2).

[224] 余东华. 地方保护, 区域市场分割与产业技术创新能力——基于 2000—2005 年中国制造业数据的实证分析 [J]. 中国地质大学学报 (社会科学版), 2009 (9).

[225] 黄玖立. 市场规模与中国省区的产业增长 [J]. 经济学 (季刊), 2008 (4).

[226] 桂琦寒. 中国国内商品市场趋于分割还是整合——基于相对价格法的分析 [J]. 世界经济, 2006 (2).

[227] 盛斌. 贸易开放、国内市场一体化与中国省际经济增长: 1985—2008 年 [J]. 世界经济, 2011 (11).

[228] 夏骥. 市场分割与边界效应研究述评 [J]. 区域经济评论, 2014 (2).

[229] 王永健. 市场分割对企业跨区域经营的影响研究 [J]. 科技管理研究, 2014 (10).

[230] 戴觅. 企业出口前研发投入、出口及生产率进步——来自中国制造业企业的证据 [J]. 经济学 (季刊), 2011 (1).

[231] 卢现祥, 朱巧玲. 新制度经济学 (第三版) [M]. 北京: 北京大学出版社, 2021.

[232] 卢现祥, 罗小芳. 完善投入机制 促进科技创新 [N]. 人民日报, 2011 - 2 - 22.

[233] [美] 道格拉斯·C. 诺思. 经济史中的结构与变迁 [M]. 上海: 上海三联书店, 1991.

[234] Aghion, P. et al., Competition and innovation: An inverted-U relationship? [J]. *Quarterly Journal of Economics*, 2005, 120 (2): 701 –728.

[235] Allocca, M. A. & E. H. Kessler, Innovation speed in small and medium-sized enterprises [J]. *Creativity & Innovation Management*, 2006, 15 (3): 279 –295.

[236] Amore, M. D. & M. Bennedsen, The value of local political connections in a low-corruption environment [J]. *Journal of Financial Economics*, 2013, 110 (2): 387 –402.

[237] Arrow, K., Economic welfare and the allocation of resources for invention [J]. *The Rate and Direction of Inventive Activity: Economic and Social Factors*, 1972 (2): 609 –626.

[238] Audretsch, D. & M. Keilbach, Entrepreneurship capital and economic performance [J]. *Regional Studies*, 2004, 38 (8): 949 –959.

[239] Audretsch, D. B. & M. Keilbach, The theory of knowledge spillover entrepreneurship [J]. *Journal of Management Studies*, 2010, 44 (7): 1242 –1254.

[240] Baumol, W. J., Entrepreneurship: Productive, unproductive, and destructive [J]. *Journal of Political Economy*, 1990, 98 (5): 893 –921.

[241] Baumol, W. J., Entrprecurship in Economic Theory [J]. *American Economic Review*, 1968, 58 (2): 64 –71.

[242] Boeing, P., The Allocation and effectiveness of China's R&D subsidies—Evidence from listed firms [J]. *Research policy*, 2016, 45 (9): 1774 –1789.

[243] Bourles, R. et al., Do Product Market Regulations in Upstream Sectors Curb Productivity Growth? Panel Data Evidence for OECD Countries [J]. *Review of Economics & Statistics*, 2010, 95 (5): 1750 –1768.

[244] Bradley, S. W. et al., Swinging a Double-Edged Sword: The Effect of Slack on Entrepreneurial Management and Growth [J]. *Journal of Business Venturing*, 2011, 26 (5): 537 –554.

[245] Cao, X. et al., Political Capital and CEO Entrenchment: Evidence from CEO Turnover in Chinese non-SOES, *Journal of Corporate Finance*, 2017,

42: 1 –14.

[246] Chen, J. , The Distinct Signaling Effects of R&D Subsidy and Non-R&D Subsidy on IPO Performance of IT Entrepreneurial Firms in China [J]. *Research Policy*, 2018, 47 (1): 108 –120.

[247] Cheng, S. , R&D Expenditures and CEO compensation [J]. *Accounting Review*, 2004, 79 (2): 305 –328.

[248] Cohen, W. M. & D. A. Levinthal, Absorptive Capacity: A New Perspective on Learning and Innovation [J]. *Administrative Science Quarterly*, 1990, 35 (1): 128 –152.

[249] Coles, J. et al. , Managerial Incentives and Risk-taking [J]. *Journal of Financial Economics*, 2006, 79 (2): 431 –468.

[250] Currim, I. S. et al. , You Get What You Pay for: The Effect of Top Executives' Compensation on Advertising and R&D Spending Decisions and Stock Market Return [J]. *Journal of Marketing*, 2012, 76 (5): 33 –48.

[251] Czarnitzki, D. et al. , Evaluating the Impact of R&D Tax Credits on Innovation: A Microeconometric Study on Canadian Firms [J]. *Research Policy*, 2011, 40 (2): 217 –229.

[252] Dai, X. & L. Cheng, The effect of public subsidies on corporate R&D investment: An application of the generalized propensity score [J]. *Technological Forecasting and Social Change*, 2015, 90 (2): 410 –419.

[253] Fagerberg, J. et al. , The Oxford Handbook of Innovation [M]. *Oxford University Press*, 2005.

[254] Fang, L. H. et al. , Intellectual Property Rights Protection, Ownership, and Innovation: Evidence from China [J]. *Review of Financial Studies*, 2017, 30 (7): 2446 –2477.

[255] Ferreras-Méndez, J. L. et al. , Depth and breadth of external knowledge search and performance: the mediating role of absorptive capacity [J]. *Industrial Marketing Management*, 2015, 47 (3): 86 –97.

[256] Gilbert, R. J. & D. M. Newbery, Preemptive patenting and the persistence of monopoly [J]. *American Economic Review*, 1982 (72): 514 –526.

[257] Greenstein, S. & G. Ramey, Market structure, innovation and vertical product differentiation [J]. *International Journal of Industrial Organization*, 1998, 16 (3): 285 –311.

[258] Guo, D. et al. , Government-subsidized R&D and firm innovation: Evidence from China [J]. *Research Policy*, 2016, 45 (6): 1129 –1144.

[259] Gupta, A. et al. , Do Informal Contracts Matter for Corporate Innovation? Evidence from Social Capital [J]. *Journal of Financial and Quantitative Analysis*, 2020, 55 (5): 1657 –1684.

[260] Himmelberg, C. P. et al. , Research and Internal Finance: A Panel Study of Small Firms in High-Tech Industries [J]. *Review of Economics and Statistics*, 1994, 76 (1): 38 –51.

[261] Hovakimian, G. , Financial constraints and investment efficiency: Internal capital allocation across the business cycle [J]. *Journal of Financial Intermediation*, 2011, 20 (2): 264 –283.

[262] Howell, A. , Firm R&D, Innovation and Easing Financial Constraints in China: Does Corporate Tax Reform Matter? [J]. *Research Policy*, 2016, 45 (10): 1996 –2007.

[263] Jansen, J. & A. J. Frans, Managing Potential and Realized Absorptive Capacity: How Do Organizational Antecedents Matter [J]. *Academy of Management Journal*, 2023, 48 (6): 999 –1015.

[264] Jia, J. & G. Ma, Do R&D tax incentives work? Firm-level evidence from China [J]. *China Economic Review*, 2017, 46 (12): 50 –66.

[265] Jugend, D. et al. , Relationships among open innovation, innovative performance, government support and firm size: Comparing Brazilian firms embracing different levels of radicalism in innovation [J]. *Technovation*, 2018, 74 (1): 54 –65.

[266] Keupp, M. M. & O. Gassmann, Resource constraints as triggers of radical innovation: Longitudinal evidence from the manufacturing sector [J]. *Research Policy*, 2013, 42 (8): 1457 –1468.

[267] Kim, C. & L. D. Zhang, Corporate political connections and tax ag-

gressiveness [J]. *Contemporary Accounting Research*, 2016, 33 (1): 78 –114.

[268] L'ubošPÁStor &P. Veronesi, Technological Revolutions and Stock Prices [J]. *American Economic Review*, 2009 (99): 1451 –1483.

[269] Levin, R. C. et al. , R&D Appropriability, Opportunity, and Market Structure: New Evidence on Some Schumpeterian Hypotheses [J]. *American Economic Review*, 1985, 75 (2): 20 –24.

[270] Lichtenthaler, U. , Absorptive Capacity, Environmental Turbulence, and the Complementarity of Organizational Learning Processes [J]. *Academy of Management Journal*, 2009, 52 (4): 822 –846.

[271] Lowik, S. et al. , Antecedents and effects of individual absorptive capacity: A micro-foundational perspective on open innovation [J]. *Journal of Knowledge Management*, 2017, 21 (6): 1319 –1341.

[272] Maury, B. & A. Pajuste, Multiple Large Shardolders and Firm Value [J]. *Journal of Banking & Finance*, 2005, 29 (7): 1813 –1834.

[273] McCaffrey, M. , Extending the Economic Foundations of Entrepreneurship Research [J]. *European Management Review*, 2018, 15 (2): 191 –199.

[274] Mei, L. et al. , Exploring the effects of inter-firm linkages on SMEs'open innovation from an ecosystem perspective: An empirical study of Chinese manufacturing SMEs [J]. *Technological Forecasting and Social Change*, 2019, 144 (7): 118 –128.

[275] Moser, P. , How Do Patent Laws Influence Innovation? [J]. *American Economic Review*, 2005, 95 (4): 1214 –1236.

[276] North, D. C. , Institutions, Institutional Change and Economic Performance [M]. Cambridge University Press, 1990.

[277] O'Donoghues, T. & J. Zweimuller, Patents in a Model of Endogenous Growth [J]. *Journal of Economic Growth*, 2004, 9 (1): 81 –123.

[278] Park, W. , International Patent Protectiom: 1960 – 2005 [J]. *Research Policy*, 2008, 37 (4): 761 –766.

[279] Ren, S. et al. , How do marketing, research and development capabilities, and degree of internationalization synergistically affect the innovation per-

formance of small and medium-sized enterprises (SMEs)? A panel data study of Chinese SMEs [J]. *International Business Review*, 2015, 24 (4): 642 -651.

[280] Rumelt, R. P., Toward a Strategic Theory of the Firm [M]. *Competitive Strategic Management*. 1984.

[281] Scherer, F. M., Size of firm, oligopoly and research: A comment [J]. Canadian *Journal of Economics and Political Science*, 1965, 31 (2): 256 - 266.

[282] Scherer, F. M., Market Structure and the Employment of Scientists and Engineers [J]. *American Economic Review*, 1967, 57 (3): 524 -531.

[283] Schumpeter, J. A., Capitalism, Socialism and Democracy [J]. *American Economic Review*, 1942, 3 (4): 594 -602.

[284] Shapiro, D. et al, The effects of corporate governance on innovation in Chinese firms [J]. *Journal of Chinese Economic and Business Studies*, 2015, 13 (4): 311 -335.

[285] Shefer, D. et al., Firm size and innovation: an empirical analysis [J]. *Technovation*, 2005, 25 (1): 25 -32.

[286] Troilo, G. et al., More innovation with less? A strategic contingency view of slack resources, information search, and radical innovation [J]. *Journal of Product Innovatiom Management*, 2014, 31 (2): 259 -277.

[287] Tsai, W., Knowledge Transfer in Intraorganizational Networks: Effects of Network Position and Absorptive Capacity on Business Unit Innovation and Performance [J]. *Academy of Management Journal*, 2001, 44 (5): 996 -1004.

[288] Wu, A., The signal effect of Government R&D Subsidies in China: Does ownership matter? [J]. *Technological Forecasting and Social Change*, 2017, 117: 339 -345.

[289] Zahra, S. A. & G. George, Absorptive Capacity: A Review, Reconceptualization, and Extension [J]. *Academy of Management Review*, 2002, 27 (2): 185 -203.

[290] Zhou, W., Political connections and entrepreneurial investment: Evidence from China's transition economy [J]. *Journal of Business Venturing*, 2013,

28 (2): 299 – 315.

[291] Mathews J. A. , Cho D. S. Combinative Capabilities and Organizational Learning by Latecomer Firms: The Case of the Korean Semiconductor Industry [J]. *Journal of World Business*, 1999, 34 (2): 139 – 156.

[292] Shang Jin Wei Zhuan Xie Xiaobo Zhang. "From" Made in China "to" Innovated in China ": Necessity, Prospect, and Challenges," [J]. *Journal of Economic Perspectives*, *American Economic Association*, 2017, 31 (1): 49 – 70.

[293] Hagedoorn J, Cloodt M. Measuring Innovative Performance: Is There an Advantage in Using Multiple Indicators? [J]. *Research Policy*, 2003, 32 (8): 1365 – 1379.

[294] North D. C, Thomas R P. The rise of the western world: A new economic history [M]. Cambridge University Press, 1973.

[295] Cohen, W. M. and Klepper, Firm Size and the Nature of invention within Industries: The Case of Process and Product R&D [J]. *Review of Economics and Statistics*, 1997 (78): 232 – 243.

[296] Arrow K. J. Economic Welfare and the Allocation of Resources for Invention [M]. Readings in industrial economics. Palgrave, London, 1972.

[297] Scherer, Firm Size, Market Structure, Opportunity and the Output of Patented Inventions [M]. American Economic Review, 1965.

[298] Acs Z. J. et al. , Innovation and Small Firms [M]. The MIT Press Cambridge, Massachusetts, London, England, 1990.

[299] Audretsch D. B. , Keilbach M. The Theory of Knowledge Spillover Entrepreneurship [J]. *Journal of Management Studies*, 2010, 44 (7): 1242 – 1254.

[300] A. Jaffe, Technological opportunity and spillovers of R&D: Evidence from firms' patents profits, and market value [J]. *American Economic Review*, 1986, 76 (5): 984 – 1001.

[301] C. Carreira, L. Lopes, Regional knowledge spillovers: a firm-based analysis of non-linear effects [J]. *Regional Studies*, 2018: 1 – 11.

[302] A. Jaffe, T. R. Henderson, Geographic Localization of Knowledge

Spillovers as Evidenced by Patent Citations [J]. *Quarterly Journal of Economics*, 1993, 63 (3): 577 – 598.

[303] W. J. Baumol, Entrepreneurship: Productive, unproductive, and destructive [J]. *The Journal of Political Economy*, 1990, 98 (5): 893 – 921.

[304] D. C. North, Institutions, institutional change and economic performance [M]. Cambridge: Cambridge University Press, 1990.

[305] Y. Wu, E. W. Welch, W. L. Huang, Commercialization of university inventions: Individual and institutional factors affecting licensing of university patents [J]. *Technovation*, 2015, 36 (2): 12 – 25.

[306] L. H. Fang, J. Lerner, W. Chaopeng, Intellectual Property Rights Protection, Ownership, and Innovation: Evidence from China [J]. *The Review of Financial Studies*, 2019, 30 (7): 2446 – 2477.

[307] B. H. Hall et al., The Importance (or not) of patents to UK firms, National Bureau of Economic Research Working Paper Series No. 19089, 2013.

[308] S. Jandhyala, Property Rights and International Investment in Information Technology Services [J]. *Strategic Management Journal*, 2013, 34 (7): 877 – 889.

[309] K. Gangopadhyay, D. Mondal, Does stronger protection of intellectual property stimulate innovation? [J]. *Econ Lett*, 2012, 116 (1): 80 – 82.

[310] B. Sampat, H. L. Williams, How Do Patents Affect Follow-On Innovation? Evidence from the Human Genome [J]. *American Economic Review*, 2019, 109 (1): 203 – 236.

[311] R. M. Baron, D. A. Kenny, The moderator-mediator variable distinction in social psychological research: Conceptual, strategic, and statistical considerations [J]. *Journal of Personality and Social Psychology*, 1986 (51): 1173 – 1182.

[312] M. E. Sobel, Asymptotic confidence intervals for indirect effects in structural equation models. In S. Leinhardt (Ed.) [J]. *Sociological methodology*, 1982 (13): 290 – 312.

[313] Griliches, R&D and the productivity slowdown [J]. *American Eco-*

nomic Review, 1980, 70 (2): 1918 - 1927.

[314] A. Jaffe, Demand Supply Influences in R&D Intensity and Productivity Growth [J]. *Review of Economics and Statistics*, 1988, 70 (3): 431 - 437.

[315] M. C. J. Caniels, Knowledge Spillovers and Economic Growth: Regional Growth Differentials across Europe, Cheltenham and Northampton [M]. MA: Edward. Elgar, 2000.

[316] A. Colombellia, Q. Francesco, New Firm Formation and Regional Knowledge Production Modes: Italian Evidence [J]. *Research Policy*, 2018, 47 (1): 139 - 157.

[317] H. Cai, Q. Liu, Competition and Corporate Tax Avoidance: Evidence from Chinese Industrial Firms [J]. *Economic Journal*, 2009, 119 (537): 764 - 795.

[318] W. Holzl, J. Janger, Distance to the frontier and the perception of innovation barriers across European countries [J]. *Research Policy*, 2014, 43 (4): 707 - 725.

[319] A. D. Malva, E. Santarelli, Intellectual property rights, distance to the frontier, and R&D: evidence from microdata [J]. *Eurasian Bus Rev*, 2016 (6): 1 - 24.

[320] P. Krugman, Geography and Trade [M]. The MIT Press, 1991.

[321] P. Romer, Endogenous technological change [J]. *Journal of Political Economy*, 1990, 98 (5): 71 - 102.

[322] A. Triguero, S. Fernández, Determining the effects of open innovation: the role of knowledge and geographical spillovers [J]. *Regional Studies*, 2018, 52 (5): 632 - 644.

[323] C. Barra, O. W. Maietta, R. Zotti, Academic excellence, local knowledge spillovers and innovation in Europe [J]. *Regional Studies*, 2019, 53 (7): 1058 - 1069.

[324] D. Acemoglu, U. Akcigit, Intellectual property rights policy, competition and innovation [J]. *Journal of the European Economic Association*, 2012, 10 (1): 1 - 42.

[325] Y. Kim, K. Lee, W. G. Park, K. Choo, Appropriate intellectual property protection and economic growth in countries at different levels of development [J]. *Research Policy*, 2012, 41 (2): 358 - 375.

[326] C. Sweet, D. Eterovic, Do Stronger Intellectual Property Rights Increase Innovation [J]. *World Development*, 2015, 66 (2): 665 - 677.

[327] C. Sweet, D. Eterovic, Do patent rights matter? 40 years of innovation n, complexity and productivity [J]. *World Development*, 2019, 115 (c): 78 - 93.

[328] De la Roca, Puga, Learning by working in big cities [J]. *Review of Economic Studies*, 2012, 84 (1): 106 - 142.

[329] P. Aghion, X. Jaravel, Knowledge Spillovers, Innovation and Growth [J]. *Economic Journal*, 2015, 125 (583): 533 - 573.

[330] Z. J. Acs et al. , The knowledge spillover theory of entrepreneurship [J]. *Small Business Economics*, 2009, 32 (1): 15 - 30.

[331] P. Braunerhjelm, Z. J. Acs, D. B. Audretsche, B. Carlsson, The missing link: Knowledge diffusion and entrepreneurship in endogenous growth [J]. *Small Business Economics*, 2010, 34 (2): 105 - 125.

[332] Z. J. Acs, M. Sanders, Knowledge spillover entrepreneurship in an endogenous growth model [J]. *Small Business Economics*, 2013, 41 (4): 775 - 795.

[333] C. Criscuolo and J. Haskel. Innovations and Productivity Growth in the UK: Evidence from CIS2 and CIS3 [R]. Ceriba Working Paper, 2003.

[334] R. Griffith, E. Huergo, J. Mairesse, B. Peters. Innovation and Productivity across Four European Countries [J]. *Oxford Review of Economic Policy*, 2006 (4): 483 - 498.

[335] Belderbos R. , Carree M. and Lokshin B. R&D cooperation and firm performance [J]. *Research Policy*, 2004, 33 (10): 1477 - 1492.

[336] D. Faems, B. Van Looy, K. Debackere. Interorganizational Collaboration and Innovation: Toward a Portfolio Approach [J]. *Product Innovation Management*, 2005 (3): 238 - 250.

［337］Albert G. Z. Hu, G. H. Jefferson, and Qian Jinchang. R&D and Technology Transfer: Firm-Level Evidence from Chinese Industry ［J］. *Review of Economics and Statistics*, 2005, 87 (4): 780 – 786.

［338］B. H. Hall, F. Lotti, J. Mairesse. Innovation and Productivity in SMEs: Empirical Evidence for Italy ［R］. Nber Working Paper, 2008 (12).

［339］Philippe Aghion, John Van Reenen, Luigi Zingales. Innovation and Institutional Ownership ［J］. *American Economic Review*, 2013, 103 (1): 277 – 304.

［340］Steven Brnkman, Arry G. and Charlesvan M. An Introduction to Geographical Economics ［M］. Cambridge University Press, 2001.

［341］Banga R. , Critical Issues in India's Service-Led Growth ［R］. ICRIER Working Paper, 2005, No. 171.

［342］Hoover, E. M. , Location Theory and the Shoe and Leather Industries, Cambridge ［R］. MA: Harvard University Press. 1936.

［343］Glaeser E. , Hedi K. , Jose S. , Andrei S. , Growth in Cities ［J］. *Journal of Political Economy*, 1993, 100 (6): 1126 – 1152.

［344］LeSage P. , Pace R. K. , Introduction to Spatial Econometrics ［M］. Taylor & Francis Group, LLC, 2009.

［345］Ezcurra R, Pascual P, Rapunm. , Regional Specialization in the European Union ［J］. *Regional Studies*, 2006, 40 (6): 601 – 616.

［346］Duranton G. , D. Puga. , Nursery Cities: Urban Diversity, Process Innovation, and the Life Cycle Products ［J］. *American Economic Association*, 2001, 91 (5): 1454 – 1477.

［347］Anselin L. , Spatial Econometrics: Methods and Models ［M］. Springer Netherlands Publishers, 1988.

［348］Glaese E. L. , Growth in Cities ［J］. *The Journal of Political Economy*, 1992, 100 (6): 1126 – 1152.

［349］M. Goos, et al. , Explaining job polarization: routine-biased technological change and offshoring ［J］. *American economic review*, 2014, 104 (8): 2509 – 2526.

［350］D. Autor & A. Salomon, Is automation labour-displacing? productivity growth, employment, and the labour share ［R］. NBER working paper, 2018, No 24871.

［351］D. Acemoglu & P. Restrepo, Factor shares and employment ［J］. *American economic review*, 2018, 108 (6): 1488 – 1542.

［352］J. Bessen, AI and jobs: the role of demand ［R］. NBER working paper, 2018, No 14026.

［353］J. Furman & R. Seamans, AI and the economy ［R］. NBER working paper, 2015, No 24689.

［354］D. H. Autor, et al. , Untangling trade and technology: evidence from local labor markets ［J］. *Economic Journal*, 2015, 125 (584): 621 –646.

［355］K. Prettner & H. Strulik, The lost race against the machine: automation, education and inequality in an R&D-based growth model ［R］. CEGE discussion papers, 2017.

［356］D. Acemoglu & D. Autor, Skills, tasks and technologies: implications for employment and earnings ［J］. *Handbook of labor economics*, 2011, 4 (b): 1043 –1171.

［357］http: //finance. sina. com. cn/zl/bank/2020 – 05 – 15/zl-iircuyvi3326882. shtml.

［358］A. B. Krueger, How computers have changed the wage structure: evidence from microdata, 1984 – 1989 ［J］. *Quarterly journal of economics*, 1993, 108 (1): 33 –60.

［359］Young, A. The razor's Edge: Distortions and Incremental Reform in The People's Republic of China ［J］. *Quarterly Journal of Economics*, 2000, 115 (4).

［360］Qian Y. Y. The Process of China's Market Transition (1978 – 1998): The Evolutionary, Historical, and Comparative Perspectives ［J］. *Journal of Institutional and Theoretical Economics*, 2000 (156).

［361］Sandra Poncet. Measuring Chinese Domestic and International Integration ［J］. *China Economic Review*, 2003, 14 (1).

[362] X. Xu. Have the Chinese provinces become integrated under reform? [J]. *China Economic Review*, 2002 (13).

[363] Naughton, B. How much can Regional Integration do to Unify China's Market [Z]. Conference for Research on Economic Development and Policy, Stanford University, 1999.

[364] von Hayek F. A. , The Use of Knowledge in Society [J]. *American Economic Review*, 1945 (4): 519-30.

[365] Stiglitz J. E. , Lin J. Y. and Monga C. , The Rejuvenation of Industrial Policy [M]. Policy Research Working Paper, WPS6628. 2013.

[366] Lin J. Y. , Rosenblatt D. , Shifting patterns of economic growth and rethinking development [J]. *Journal of Economic Policy Reform*, 2012, 15 (3): 171-194.

[367] Wade R. , After the Crisis: Industrial Policy and the Developmental State in Low-Income Countries [J]. *Global Policy*, 2010, 1 (2): 150-161.

[368] Amsden A. H. , The division of labour is limited by the type of market: The case of the Taiwanese machine tool industry [J]. *World Development*, 1977, 5 (3): 217-233.

[369] Amsden A. H. , Lagrue J. , The Division of Labour Is Limited by the Rate of Growth of the Market: The Taiwan Machine Tool Industry in the 1970s [J]. *Cambridge Journal of Economics*, 1985, 9 (3): 271-284.

[370] Cerqua A. , Pellegrini G. , Do subsidies to private capital boost firms' growth? A multiple regression discontinuity design approach [J]. *Journal of Public Economics*, 2014 (109): 114-126.

[371] Bernini C. , Cerqua A. et al. , Public subsidies, TFP and efficiency: A tale of complex relationships [J]. *Research Policy*, 2017, 46 (4): 751-767.

[372] Criscuolo C. , Martin R. et al. , The Causal Effects of an Industrial Policy [J]. *American Economic Review*, 2019, 109 (1): 48-85.

[373] Yi, F. , C. Y. C. Lin Lawell, and K. E. Thome. The Effects of Subsidies and Mandates: A Dynamic Model of the Ethanol Industry [R]. Working Pa-

per, Cornell University, 2017.

[374] Cohen, E. , Theoretical foundations of industrial policy, EIB Papers, ISSN 0257 – 7755, European Investment Bank (EIB) [J]. *Luxembourg*, 2006, 11 (1): 84 – 106.

[375] De Ferranti D. , Perry G. E. et al. , From Natural Resources to the Knowledge Economy: Trade and Job Quality [M]. World Bank, 2002.

[376] Hatta T. , Competition policy vs. industrial policy as a growth strategy [J]. *China Economic Journal*, 2017, 10 (2): 162 – 174

[377] Chu W. , Industry policy with Chinese characteristics: a multi-layered model [J]. *China Economic Journal*, 2017, 10 (3): 305 – 318.

[378] Mao J. , Tang S. et al. , China as a "Developmental State" Miracle: Industrial Policy, Technological Change, and Productivity Growth: SSRN, 2017.

[379] Aghion P. , Cai J. et al. , Industrial Policy and Competition [J]. *American Economic Journal: Macroeconomics*, 2015, 7 (4): 1 – 32.

[380] Robinson J. A. , Industrial Policy and Development: A Political Economy Perspective [M]. the 2009 World Bank ABCDE conference, Seoul, 2009.

[381] Feldman M. P. , Kelley M. R. , The ex ante assessment of knowledge spillovers: Government R&D policy, economic incentives and private firm behavior [J]. *Research Policy*, 2006, 35 (10): 1509 – 1521.

[382] Acemoglu D. , Institutions, Factor Prices and Taxation: Virtues of Strong States [J]. *American Economic Review*, 2010, 100 (2): 115 – 119.

[383] Boeing P. , The allocation and effectiveness of China's R&D subsidies-Evidence from listed firms [J]. *Research Policy*, 2016, 45 (9): 1774 – 1789.

[384] Boeing P. , Mueller E. et al. , China's R&D explosion—Analyzing productivity effects across ownership types and over time [J]. *Research Policy*, 2016, 45 (1): 159 – 176.

[385] Chen J. , Heng C. S. et al. , The distinct signaling effects of R&D subsidy and non-R&D subsidy on IPO performance of IT entrepreneurial firms in China [J]. *Research Policy*, 2018, 47 (1): 108 – 120.

[386] Kalouptsidi M. , Detection and Impact of Industrial Subsidies: The

Case of Chinese Shipbuilding [J]. *The Review of Economic Studies*, 2018, 85 (2): 1111 – 1158.

[387] Mariko S. , Cho D. , Cooperative R&D in Japan and Korea: a comparison of industrial policy [J]. *Research Policy*, 2002, 31 (5): 673 – 692.

[388] Wei S. , Xie Z. et al. , From "Made in China" to "Innovated in China": Necessity, Prospect, and Challenges [J]. *Journal of Economic Perspectives*, 2017, 31 (1): 49 – 70.

[389] Junichi N. , Hiroyuki O. , Subsidy and networking: The effects of direct and indirect support programs of the cluster policy [J]. *Research Policy*, 2011, 40 (5): 714 – 727.

[390] Hiroyuki O. , Junichi N. , Whose business is your project? A comparative study of different subsidy policy schemes for collaborative R&D [J]. *Technological Forecasting and Social Change*, 2018 (127): 85 – 96.

[391] Bérubé C. , Mohnen P. , Are firms that received R&D subsidies more innovative [J]. *Canadian Journal of Economics*, 2009, 42 (1): 206 – 225.

[392] Hausmann R. , Rodrik D. , Economic Development as Self Discovery [J]. *Journal of Development Economics*, 2002, 72 (2): 603 – 633.

[393] Nie P. , Wang C. et al. , Comparison of energy efficiency subsidies under market power [J]. *Energy Policy*, 2017 (110): 144 – 149.